当代乡村媒介空间转型

The Transformation of Contemporary Rural Media Space

关琮严 著

清华大学出版社
北京

图书在版编目（CIP）数据

当代乡村媒介空间转型 / 关琼严著 . —北京：清华大学出版社，2023.5
ISBN 978-7-302-62527-8

Ⅰ.①当…　Ⅱ.①关…　Ⅲ.①农村文化—传播媒介—研究—中国　Ⅳ.① G219.2

中国国家版本馆 CIP 数据核字（2023）第 017662 号

责任编辑：纪海虹
封面设计：常雪影
责任校对：王凤芝
责任印制：朱雨萌

出版发行：清华大学出版社
　　　　　网　　　址：http://www.tup.com.cn，http://www.wqbook.com
　　　　　地　　　址：北京清华大学学研大厦 A 座　　　　**邮　　编：**100084
　　　　　社 总 机：010-83470000　　　　　　　　　　　**邮　　购：**010-62786544
　　　　　投稿与读者服务：010-62776969，c-service@tup.tsinghua.edu.cn
　　　　　质 量 反 馈：010-62772015，zhiliang@tup.tsinghua.edu.cn
印 装 者：小森印刷霸州有限公司
经　　销：全国新华书店
开　　本：160mm×230mm　　　　**印　　张：**18.25　　**字　　数：**215 千字
版　　次：2023 年 5 月第 1 版　　　**印　　次：**2023 年 5 月第 1 次印刷
定　　价：68.00 元

产品编号：094552-01

目　录

第一章 引言

第一节 研究缘起

党的十九大报告中明确指出,"农业农村农民问题是关系国计民生的根本性问题,必须始终把解决好'三农'问题作为全党工作的重中之重",实施乡村振兴战略。2018年2月4日,国务院正式公布《中共中央国务院关于实施乡村振兴战略的意见》。2018年9月,中共中央、国务院印发《乡村振兴战略规划(2018—2022年)》,对之后5年的乡村振兴进行了具体部署,乡村振兴战略进入具体实施阶段。其中的乡村文化振兴作为乡村振兴战略的重要内容,对推动整体战略实施意义重大。战略规划中对繁荣发展乡村文化提出了具体要求,即"坚持以社会主义核心价值观为引领,以传承发展中华优秀传统文化为核心,以乡村公共文化服务体系建设为载体,培育文明乡风、良好家风、淳朴民风,推动乡村文化振兴,建设邻里守望、诚信重礼、勤俭节约的文明乡村"。

2018 年 8 月，习近平总书记在全国宣传思想工作会议上明确提出要"扎实抓好县级融媒体中心建设，更好引导群众、服务群众。"至此，乡村振兴战略和媒体融合战略在乡村交汇，让媒体助推乡村振兴的主旨更加明确，也让媒介与乡村社会研究具有了新的时代意义。党的十九届四中全会提出"坚持和完善中国特色社会主义制度、推进国家治理体系和治理能力现代化"的总体要求，乡村处于国家治理体系的最末端，是国家治理现代化的薄弱环节之一，乡村治理能力的现代化成为国家治理能力现代化的关键之一。传播与治理具有天然联系，乡村传播也相应地成为推动乡村治理水平提升的重要力量、助推乡村振兴的重要抓手。从上述重大时代背景和现实意义上来讲，对媒介与乡村社会发展的研究，尤其是从历史维度深入探讨乡村媒介空间的结构转型问题，将有助于廓清乡村传播的历史脉络和基本规律，从传播学的视角为乡村治理乃至乡村振兴贡献理论思考，提供一些有参考价值的传播策略。

　　媒介作为人与人之间信息传播的载体，在满足人们信息往来和需求的同时，建构了复杂的传播关系和鲜活的传播场景，即媒介空间。媒介空间内嵌于社会生活中，既是人们形成传播关系、建立社会交往的场域，也作为内隐的传播制度规制着人们的传播活动。乡村日常文化生活零乱、琐碎，看似没有明确的主线，难寻其规律。然而，如果将媒介空间作为我们审视乡村文化生活的突破口，会发现乡村媒介空间的结构变化可以小见大，映射出乡村社会的变迁。为此，可以尝试从媒介空间的视角，进入历史语境与日常生活场景，考察乡村媒介空间的变化。这样可以避免在以往媒介与乡村社会变迁的相关研究中，过度聚焦于媒介，尤其是现代媒介对乡村社会变迁的线性影响，从而遮蔽了乡村传播关系的复杂性。因此，本研究在焕新媒介与乡村社会变迁研究视角之外，还试图通过对乡村媒介空间变革的历史考察，纠正以往将空间与媒介割裂的认知和研究倾向，尝试探讨媒介空间研究的社会意义和理论价值。

在滋泥水调查时碰巧赶上村里庙会，庙会上的民间信仰仪式貌似一如既往，但庙会上的文化活动已经变了样。戏台上看不到传统的秦腔戏，律动着时尚节拍的舞蹈队成了戏台的主角。舞蹈演员她们着装统一、训练有素，跳着时下城里最流行的广场舞。台上舞者跳得起劲，台下观众看得欢喜。

与台下村民搭讪，问及为何会有这种变化？他们介绍说以前村里过庙会都是请县秦剧团演秦腔戏，花钱多少不说，没人爱看。现在村里有了自己的舞蹈队免费为庙会演出，村里人觉得洋气热闹。由此推开，聊到了村民文化生活的变化。比如以前晚饭过后，村里妇女多待在家里看电视，现在一到晚上就急着去跳舞；以前村里打麻将都约在私人家中，现在主要去村里的文化活动室。乡村文化生活的变化不单体现在文化媒介的变化上，还体现在文化活动空间的变化上，这种变化既反映了时代的变迁，也演绎出媒介空间变革从观念和行为层面对乡村社会所具有的结构性影响与意义。这些媒介空间变化的点点滴滴汇聚在一起，描绘出乡村文化生活与社会变迁的历史轨迹。从这个角度出发，探讨中华人民共和国成立以来，乡村媒介空间如何转型，就成了一个颇有意义和价值的课题。

第二节　研究现状

随着现代传播媒介在乡村社会发展中的作用日益凸显，"媒介与乡村社会"不但成为传播学研究的一个重要领域，而且成为传播学本土化的一种有益尝试。目前虽然取得了一些阶段性成果，但一些研究难以摆脱对西方研究的移植或模仿。尽管西方理论有借鉴价值，但立足中国的现实，以历史与社会交叉的视角来重新构建研究框架和理论逻辑才是重点所在。

一、以往研究的路径探寻

目前，"媒介与乡村社会"研究大体沿着两条路径展开，即发展传播学与社会－人类学。从发展传播学的学术传统来看，基本上有两个理论流派，一个是现代化理论，主要关注近代发达国家的现代化进程；还有一个是发展理论，主要关注 20 世纪 60 年代以后发展中国家的社会进步与发展。[1] 现代化理论的着眼点在于把现代媒介看作传统社会向现代社会发展的主要动因。如丹尼尔·勒纳教授对中东现代化问题的研究，就是基于对土耳其等 6 个中东国家的社会调查，从传播媒介与社会发展阶段的相互关系中说明传播媒介对社会发展的推动作用。[2] 施拉姆受联合国教科文组织委托进行的大众传播与社会发展的研究，也是集中分析了大众传媒在发展中国家社会发展中扮演的角色。[3] 罗杰斯则具体关注创新与发明如何在农村中进行传播与扩散、普及与推广。[4] Chatterjee 重点分析了广播对于印度社会发展的重要作用。[5] Bauer 从美国大众媒介与大众社会的关系角度，审视了大众媒介的社会影响。这些研究都是

1　尤游：《社会转型期大众传媒在农村社区的角色分析——关于湘中三甲村的个案阐释》，7 页，博士学位论文，上海大学研究生院，2006。
2　Daniel Lerner. The Passing of Traditional Society: Modernizing the Middle East. New York: Free Press, 1958.
3　[美]韦尔伯·施拉姆：《大众传播媒介与社会发展》，金燕宁等译，北京，华夏出版社，1989。
4　[美]埃弗雷特·M. 罗杰斯：《创新的扩散》，关欣译，北京，中央编译出版社，2002。
5　Chatterjee.P.C.Broadcasting in India. New Delhi: Sage Publieations，1987.

将传播媒介置于现代化进程中进行考察的。[1]

如果单从媒介与社会发展的角度看，现代化理论与发展理论有诸多重合之处，不管研究对象是发达国家还是发展中国家，都是在西方的现代化语境下进行研究的，其中，大众传播媒介推动社会走向现代化，这一点构成研究的既定目标。发展理论与现代化理论的区别在于，是否借大众传播媒介系统来研究发达国家与发展中国家在世界传播格局中的不平等关系。由于在传播媒介与社会发展的研究中，现代化理论对大众传播媒介作用的过度强调，此类研究往往陷入了大众传播媒介与社会发展的线性关联之中。在此背景下，发展理论开始将视野向外扩展，通过内外对比，重新审视发展中国家的传播现状，并将国际传播格局与秩序确定为新的研究内容。例如赫伯特·席勒的"媒介帝国主义"理论，就致力于探讨全球传播格局中的依附关系及其根源，[2] 由此形成了传播研究的依附范式。

"二战"以后，发展传播学的缺陷逐渐被认识和强调，如秉持进化论立场，西方中心主义的价值观以及现代与传统的二元视角等。韩鸿指出，20世纪70年代，拉美传播学者倡议摆脱依附，立足本国实际，进而创立本土理论与方法的呼声，逐渐在第三世界国家中得到积极回应，由此形成了新的研究路径，即参与式传播[3]。该研究路径注重对个人主体性的发现和挖掘，对个人自信与自尊的满足以及对个人独立思考与判断力的强调，试图通过对个人主体性的凸显，来摆脱对西方的研究依赖。近年来，国外知名学者赵月枝以及国内学者郭建斌、孙信茹、李红艳、

1　Bauer, R.A, A.Bauer. America Mass Society and Mass Media. Journal of Social Issues, 1960（3）: 3 ~ 66.

2　赫伯特·席勒：《大众传播与美利坚帝国》，刘晓红译，上海，上海译文出版社，2006。

3　韩鸿：《参与式传播：发展传播学的范式转换及其中国价值———一种基于媒介传播偏向的研究》，载《新闻与传播研究》，2001（1），40 ~ 49页。

沙垚等，立足乡村民众的鲜活实践，在乡村传播研究中突出农民的主体性，并由此开启了我国乡村传播研究的逻辑重构和理论创新之路。

社会－人类学的研究路径在我国早有实践，主要研究领域集中在乡村社会学。早在 20 世纪初就已经形成了一些重要的研究成果，如库尔普对华南农村生活的调查研究，毛泽东对湖南农民运动的考察，以及费孝通和梁漱溟对乡村经济社会的系统研究等。乡村社会研究由于立足日常生活之细节，试图以小见大，折射出社会关系之变化。这一思路在社会史研究中也有类似趋势，包括搜集细致入微的生活细节资料，还原地方社会历史原貌等，如李长莉对近代上海人各种生活状态的考察研究。

与此同时，人类学的研究思维也在发生转变。原先倾向于将研究对象确定为封闭保守的偏远村落，现在却由于全球化，再难有置身世外的社区。各地方相互连通，相互影响，处于复杂的交流沟通和关系网络之中。[1] 因此，社会学与人类学在对乡村社会的研究中发生了交叉与重合，在相互借鉴融合中形成了社会－人类学的研究路径。

上述各种研究路径都服务于具体的研究问题，皆有其可取之处，不必拘泥于方法与路径的分隔，关键是立足中国的现实问题，不能因对研究路径的依赖而受困于西方的问题指向与理论框架。

二、媒介与乡村研究的历史与现状

（一）国外研究

国外对于该问题的研究主要有两种导向，即专题导向与问题导向。专题导向强调从系统论的角度来看待大众传播媒介与社会的关系，通

1　〔美〕柯克·约翰逊：《电视与乡村社会变迁》，展明辉、张金玺译，11 页，北京，中国人民大学出版社，2005。

过对社会各方面的考察来衡量大众传播媒介的作用和影响。比较典型的研究有柯克·约翰逊对印度两个偏僻乡村的民族志研究，该研究探求了"电视对社会性别、种姓制度和家庭关系产生了什么影响？村民的志向、前程和关切什么？电视是怎样冲击他们的？村民认为电视在该地区不同的社会、政治和经济过程中扮演了什么样的角色？"[1]等一系列问题。研究旨在通过对上述问题的探讨，深入分析电视在乡村社会发展与村民生活中扮演的角色。问题导向着重就某个具体问题进行深入研究，如 Moraru 曾对信息传播与受众需求的错位问题进行了研究[2]，Aufderheide 研究了录像在印第安部落形成政治联盟过程中发挥的作用[3]，Chandrasekhar，P 考察了无线电广播对印度社区发展变革的作用[4]。此类研究均表现出很强的应用性。

此外，一些社会学与人类学的研究中，也会涉及乡村社会的传播问题。如阎云翔在《私人生活的变革：一个中国村庄里的爱情、家庭与亲密关系（1949—1999）》一书中，谈及村民公共生活时，以农村有线广播为例，论述了村民在每天收听广播节目的过程中，形成了对有线广播的依赖。这也给村民的公共生活"无可避免地打上了国家干预的烙印"。[5]

---

1 〔美〕柯克·约翰逊：《电视与乡村社会变迁》，展明辉、张金玺译，17页，北京，中国人民大学出版社，2005。

2 Moraru, Mǎdǎlina. The Contemporary Profile of the Romanian Peasant Portrayed in the "Village Antenna" Radio Station Progams. Styles of Communication，2010（2）：100~114.

3 Aufderheied. pat. You See the World of the other and You Look at Your Own: The Evolution of the Video in the Village Project. Journal of Film & Video, 2008，60（2）：26 ~ 34.

4 Chandrasekhar,P. A Study of Community Radio in Andhra Pradesh. Global Media Journal: Indian Edition，2010（31）：1 ~ 31.

5 阎云翔：《私人生活的变革：一个中国村庄里的爱情、家庭与亲密关系（1949—1999）》，龚小夏译，41页，上海，上海书店出版社，2006。

并且，他认为，在电视和其他大众媒体普及的情况下，村庄公共生活逐渐萎缩，"村民们只好待在家里打发越来越多的空闲时间。也正因为如此，家庭、家属关系、社会关系网络等就变得更加重要"。[1] 阎云翔还对人与人关系互动的特殊媒介——礼物，进行了专题性的探讨。他在《礼物的流动：一个中国村庄中的互惠原则与社会网络》中，重点研究了乡村社会的礼物交换体系和人际关系，并以此作为"理解和诠释既定社会中不同文化规则及社会关系结构的途径"。[2] 通过对下岬村的实地调查以及对国外相关研究的梳理讨论，他认为："作为一种社会现象，礼物馈赠见于世界各地。然而，它所采取的形式则依据文化母体的不同而不同。本项研究的意义在于它对中国文化在礼物世界中位置的勾勒和诠释。"[3] 乡村社会传播存在控制与被控制的不平等关系，莫里斯·弗里德曼在《中国东南的宗族组织》中，通过对祖先灵牌在宗祠中的安排进行研究，认为"死者和后人的社会地位改变了谱系原则的安排"。[4] 灵牌作为连接先人与后代的媒介，其安排或摆放受到了现实社会规则的影响和制约，它实际上反映了乡村社会中宗族精英的话语权与仪式控制。有控制就会有反控制，农民在面对乡村权威时，有自己的反抗方式。斯科特的《弱者的武器》对农民反抗乡村权威的"日常"形式进行了分析，认为："偷懒、装糊涂、开小差、假装顺从、偷盗、装傻卖呆、诽谤、纵火、暗中破坏等"

1　阎云翔：《私人生活的变革：一个中国村庄里的爱情、家庭与亲密关系（1949—1999）》，龚小夏译，42～43页，上海，上海书店出版社，2006。

2　阎云翔：《礼物的流动：一个中国村庄中的互惠原则与社会网络》，李放春、刘瑜译，1页，上海，上海人民出版社，2000。

3　阎云翔：《礼物的流动：一个中国村庄中的互惠原则与社会网络》，李放春、刘瑜译，21～22页，上海，上海人民出版社，2000。

4　〔英〕莫里斯·弗里德曼：《中国东南的宗族组织》，刘晓春译，101页，上海，上海人民出版社，2000。

日常武器，"避免了公开的集体反抗的风险"。[1] 研究者认为这种斗争形式的共同特点是，"它们几乎不需要协调或计划，它们利用心照不宣的理解和非正式的网络，通常表现为一种个体的自助形式，它们避免直接地、象征性地与权威对抗。"[2] 这对弱者来说是最有意义和有效的。乡村社会的权力如何实施是乡村研究的重要问题。杜赞奇通过对华北平原村庄的历史考察，提出"权力的文化网络"[3]，涵盖"不断相互交错影响作用的等级组织和非正式相互关系网。诸如市场、宗族、宗教和水利控制的等级组织以及诸如庇护人与被庇护者、亲戚朋友间的相互关联，构成了施展权力和权威的基础"。[4] 谣言或闲话在乡村社会是一种普遍的传播现象。孔飞力的《叫魂：1768 年中国妖术大恐慌》，尽管主要关注中国近代政治制度史研究，但也堪称传统社会谣言传播研究的经典之作。该书主要就"叫魂"这一妖术如何在数省范围内引起恐慌，进行了抽丝剥茧、条分缕析的论述。谣言如何扩散蔓延，在书中展现得淋漓尽致，从中也能看出谣言快速传播背后的社会心理。乡村社会的传播涉及日常生活的方方面面，明恩溥在《中国乡村生活》中，从乡村结构、乡村道路、乡村水井、乡村戏剧、乡村商店、乡村新年等方面，对中国乡村社会生活进行了全景扫描，从中能清晰看出乡村社会的信息传播状况。

（二）国内研究

自 20 世纪 80 年代，媒介与乡村社会的研究主题作为传播学本土化

1　〔美〕斯科特：《弱者的武器》，郑广怀、张敏、何江穗译，2 页，南京，译林出版社，2007。
2　〔美〕斯科特：《弱者的武器》，郑广怀、张敏、何江穗译，2 ~ 3 页，南京，译林出版社，2007。
3　〔美〕杜赞奇：《文化、权力与国家》，王福民译，4 页，南京，江苏人民出版社，1996。
4　〔美〕杜赞奇：《文化、权力与国家》，王福民译，4 ~ 5 页，南京，江苏人民出版社，1996。

的一种尝试得以出现，最初是一些受众调查，如杨云胜与程世寿在湖北襄阳做的农村读者调查；祝建华在上海郊区做的农村传播网络调查等。[1] 20 世纪 90 年代以后，对该问题的认识逐渐转向了理论思考，如裘正义以"发展传播学"为理论指导，着重探讨了大众传播媒介如何推动乡村社会的发展，[2]这推动了传播学本土化的理论实践。其后的研究中对西方理论的重视，也造成了一种注脚型的研究套路，主要是用中国的现实验证西方的理论，这种做法在当时起到了加强研究的理论性，提高研究的规范性等作用，但也让后来的研究形成了对西方理论的过度依赖。

新媒介在农村推广普及以后，对媒介与乡村社会的研究出现了两种不同取向，一种主要以宏观视角来考察媒介与农村社会发展。如方晓红教授进行的"苏南农村大众媒介与政治、经济、文化发展的互动关系"[3]研究。该研究以大量翔实的调查材料和数据证明："大众传播媒介是江苏农村现代性增长的推进器。"[4] 同时，她认为，"信息的效益不是永恒的，观念的变革才具有长效性"。[5] 此外，还有张国良关于"新媒介与扶贫"的研究等。另一种取向则注重对微观社会的深描，将研究范围缩小为某一种媒介如电视、广播，乡村社会也缩小为乡村社区，即一个村落或社区。从此类研究的整体现状来看，媒介与乡村社会的研究并不平衡，一些媒介被重视，一些媒介被忽略。[6] 如郭建斌教授博士论文，就是通过田野

---

1 郭建斌：《电视下乡：社会转型期大众传媒与少数民族社区——独龙江个案的民族志阐释》，6 页，博士学位论文，复旦大学研究生院，2003。
2 裘正义：《大众传播与中国乡村发展》，3 页，博士学位论文，复旦大学研究院，1991。
3 方晓红：《大众传媒与农村》，4 页，北京，中华书局，2002。
4 方晓红：《大众传媒与农村》，5 页，北京，中华书局，2002。
5 同上。
6 戴维·巴勒特：《媒介社会学》，赵伯英、孟春译，16 页，北京，社会科学文献出版社，1989。

调查对独龙族人日常生活中的电视使用情况进行深描，通过鲜活的生活场景展现媒介对村民潜移默化的影响和作用。研究者试图回答一个问题，即"中国社会转型期大众传播媒介在少数民族地区所扮演的角色"。[1] 此论文开风气之先，民族志的研究方法开始为传播学所用，尤其是在媒介与乡村社会的研究领域运用最多，由此也产生了一些新的研究成果，如李春霞的博士论文《电视与中国彝民生活》，主要研究电视是如何进入彝民生活，并被理解、接受和消费的。研究将这一论题纳入仪式分析的框架之中，试图还原彝族村民的媒介生活，并从细致入微的生活片段中，爬梳电视与受众的相互关系。[2] 金玉萍的博士学位论文《日常生活实践中的电视使用——托台村维吾尔族受众研究》，主要考察了电视对维吾尔族村民日常生活的重构，并试图找寻其实践规律。[3] 可以看出上述研究都将媒介还原于村民的日常生活，通过村民的媒介使用，以小见大，折射出媒介与乡村社会变迁的内在逻辑。这种研究思路在媒介与乡村社会研究中非常实用且普遍。

新媒体兴起以后，关注新媒体对乡村社会和乡村民众的影响成为乡村传播研究的又一方向。其中，最多的是新媒体进入乡村的过程研究，学者们将其视为乡村的信息化进程，并展开了多角度的问题研究和对策研究。叶明睿借助认同理论对互联网在农村地区的人际扩散进行了研究，认为"家庭子女和本地教师对互联网的人际扩散具有显著影响，外出务

---

1 郭建斌：《传媒与乡村社会：中国大陆 20 年研究的回顾、评价与思考》，载《现代传播》，2003（3），44 ~ 47 页。

2 李春霞：《电视与中国彝族生活——对一个彝族社区电视与生活关系的跨学科研究》，博士学位论文，四川大学研究生院，2005。

3 金玉萍：《日常生活实践中的电视使用——托台村维吾尔族爱的研究》，博士学位论文，复旦大学研究生院，2010。

工者和有关商家对普及互联网知识起着一定的推动作用，而乡村干部及农业示范户对互联网的人际扩散影响较小。"[1] 周海英认为"乡村网络信息入户是推进乡村信息网络建设的关键。利用有线电视、手机终端与互联网新媒体技术结合等间接手段把网络信息送到农户手中是现阶段切实可行的方式和途径。"[2]

新媒体作为乡村信息化的"利器"，在推动乡村经济社会发展中的作用得到肯定的同时，也为诸多学者寻求乡村社会治理新路径提供了可能。牛耀红针对乡村社会化"离散化"的现状，研究认为微信群成为乡村社会新型公共空间，它"实现了'离散化'村庄的再次聚合，将'半熟人社会'转变为'熟人社会'。"[3] 陈绚、董书华认为农村在现代化过程中日益"去集体化"和"原子化"，建议"在乡村引进参与式传播，发展草根媒介促进乡村社区建设。"[4] 孙信茹通过对云南普米族乡村一群年轻人的微信使用和微信群活动的民族志考察，认为"借助微信，个体在生活空间与网络虚拟空间之间可以自由转换，其乡村个体意识与族群信念得以交织融合；村民在村落内部和村落外部实现更为紧密和多元的互动。"[5]

国内社会学和人类学关于乡村社会的研究也部分涉及与媒介相关的

1　叶明睿：《互联网在农村地区的人际扩散：基于认同理论的实证研究》，载《当代传播》，2015（7），87～89页。

2　周海英：《新媒体在民族地区乡村社会发展的可行模式研究：以湘西自治州为例》，载《新闻界》，2010（9），76～77页。

3　牛耀红：《在场与互训：微信群与乡村秩序维系：基于一个西部农村的考察》，载《新闻界》，2017（8），2～9页。

4　陈绚、董书华：《乡村居民媒介使用调查报告：2012年1月～2月河北第什营村实证研究》，载《国际新闻界》，2012（5），70～80页。

5　孙信茹：《微信的"书写"与"勾连"：对一个普米族村民微信群的考察》，载《新闻与传播研究》，2016（10），6～24页。

主题。费孝通在《乡土中国》中，对村落社群的语言现象进行了分析，认为相同生活环境、生活经历形成了统一的意义体系。"语言只能在一个社群所有相同经验的一层上发生。群体愈大，包括的人所有的经验愈繁杂，发生语言的一层共同的基础也必然愈有限，于是语言也愈趋于简单化。"[1] 同时，他还对存在于熟人中的行话进行了分析，最终认为"在乡土社会中，不但文字是多余的，连语言都并不是传达情意的唯一象征体系"。[2] 黄树民在《林村的故事：1949 年后的中国农村变革》中对村民利用乡村广播的情况进行了考察，发现村民多注意来自广播的生活实用信息，而不关注政令宣传。这种传播方式只要求"村民接受这些指令和讯息，并照着去做，而不是要问他们有何意见"。[3] 贺雪峰在对乡村社会进行田野调查的基础上，就人际传播提出了两种类型的关系：一种是传统关系，以血缘和地缘为基础，如亲属关系、朋友关系等；另一种是现代关系，以契约与利益为基础，如买卖关系等。[4] 此外，他还就乡村社会中的人情观念进行了较为详尽的论述。张乐天在《告别理想：人民公社制度研究》中也对人民公社时期的乡村社会交往进行分类，予以阐述和说明，大体上分为亲戚交往、邻里交往、朋友交往以及市场交往。[5]乡村社会的传播现象在社会学与人类学的很多研究中都有涉及，这为媒介社会学研究提供了丰富的营养。

---

1 费孝通：《乡土中国》，16 ~ 17 页，北京，北京出版社，2004。
2 费孝通：《乡土中国》，18 页，北京，北京出版社，2004。
3 黄树民：《林村的故事：1949 年后的中国农村变革》，素兰、纳日碧力戈译，142 页，北京，生活·读书·新知三联书店，2002。
4 贺雪峰：《新乡土中国：转型期乡村社会调查笔记》，6 页，桂林，广西师范大学出版社，2003。
5 张乐天：《告别理想：人民公社制度研究》，306 页，上海，上海人民出版社，2005。

三、对新时代媒介与乡村社会研究的思考

多数乡村传播研究遵循了"以媒介为中心"的研究范式，注重从宏观视角考量媒介对乡村社会的影响或媒介如何推动了乡村社会的变迁。在该研究范式中，人是集合概念被社会所取代，人是被动的存在，人的媒介实践成为对媒介的被动响应。

《乡村振兴战略规划（2018—2022年）》中对乡村的界定是"具有自然、社会、经济特征的地域综合体，兼具生产、生活、生态、文化等多重功能，与城镇互促互进、共生共存，共同构成人类活动的主要空间。"党的十九大提出实施乡村振兴战略，其中繁荣发展乡村文化至关重要，而乡村文化繁荣发展的关键在于如何激活乡村民众的文化主体性和创造性，同时加强乡村公共文化服务体系建设和乡村公共文化传播体系建设。这对乡村传播研究提出了新的要求，也强调了"以人为中心"的乡村传播研究范式。在媒介与社会的复杂互动场域中，人的主体性、创造性渗透其中，具有重要的积极意义。于是，通过提出和建立"媒介空间"的概念，容纳人、媒介、空间的复杂互动并形成新的阐释框架和审视媒介与乡村社会关系的维度，成为"以人为中心"研究范式的新思考。从"媒介空间"的概念和逻辑出发，"以人为中心"的乡村传播研究范式主要从两条逻辑路径展开，一条是以"服务于民"的视角考察乡村公共文化传播体系建设，这主要是解析乡村社会空间如何实现媒介化；另一条是以人为中心考察乡村媒介的空间化实践，主要解析媒介如何通过人的主体性实践，成为乡村社会的结构化存在。

在当下的乡村传播研究中，媒介空间的概念和研究框架对强调"以人为中心"的乡村传播研究范式具有重要的理论价值。一方面，可以摆

脱媒介效果论或媒介影响论的逻辑，避免将媒介作为单独的直接变量进行考察，强调将媒介作为中介或结构化机制，协同和连接多种因素进行社会关系建构。另一方面，将媒介还原于场景，还原于生活，还原于文化，还原于社会，从鲜活生动、纷繁复杂的媒介实践中发现人的主体性，探究人主体性形成的媒介机制。

此外，在乡村传播研究中还需要警惕被"城市中心主义"所裹挟。以往，多数乡村传播研究将传统与现代的二元对立等同为乡村与城市的二元对立，使得乡村传播研究延续城市传播研究的价值逻辑。其中一个较为典型的情况是将媒介视为城市与现代的象征，只看到了外生性媒介对乡村社会的改变，没有顾及乡村社会对外生性媒介的本地化改造，也没有顾及内生性媒介的创新发展给乡村社会带来的重要变化。这些被忽视的部分恰恰是乡村传播研究今后需要进一步开拓和深挖的领地。

第三节　研究问题与突破口

"媒介与乡村社会"是传播学本土化的重要研究方向，在相关研究中，总是难以避开乡村社会现代化的主题，一些研究是通过勾连媒介发展与乡村社会变化的线性关系来呈现的，这种认识存在一定偏狭，它潜在的指向是刻意突出媒介对乡村社会变迁的直接影响，回避了媒介的结构化特质和媒介与多种社会因素共同作用于乡村社会的复杂生态。本研究并未沿用过往思路，而是引入媒介空间的概念以容纳媒介结构化特质和包括媒介在内的复杂因素，从而形成媒介空间的阐释框架，将乡村社会的变迁具象化为媒介空间的变化，将媒介空间视为一个历时态发展的连续体，在历史的脉络中重新认识和理解媒介与社会的复杂互动。同时通过对乡村媒介空间深描和阐释，从细部发现和揭示媒介与社会空间的形构关系，进一步考察媒介与乡村社会变迁的微观机制。

虽然空间早已成为社会学研究的一个关键领域，但对于传播学而言却仍处于相对边缘的地带。在社会学看来，空间绝不仅仅是有形的实体空间，更是指社会关系空间，由此形成了不同的空间形态，比如戈夫曼的情境论将空间视为一种情境。按此理解，媒介及其传播活动总是存在于一定的空间之中，不管是有形的实体空间还是无形的社会空间，而且媒介及其传播活动本身也在建构或塑造着空间。比如"灵媒"存在于村庙空间并建构出民间信仰空间，"人情"存在于婚丧嫁娶等特定的日常生活空间并建构出独特的"人情"交往空间。与此同时，这些再造空间也在强化媒介存在的社会价值和意义。在乡村传播的研究中，没有必要人为地将某种传播形态或媒介分离出相应的媒介空间，重要的是将这种传播形态或媒介还原于相应的空间中去理解，并对其进行情景式的考察，理清其构建的复杂社会关系脉络。此外，乡村社会中的传播形态或媒介也是不断革新发展的，由此开辟出来新的媒介空间也在不断更替转换，形成的媒介观念也在不断递进更新。因此，村庄的媒介空间以及村民媒介观念等一系列变化，以及背后社会关系的流动就成为本研究力图揭示的核心问题。

将乡村媒介空间的转型放在中华人民共和国成立至今乡村社会生活变迁的历史脉络中进行考察，既可以展现一定空间中的媒介实践，也可以揭示媒介实践建构的空间样貌。而且还能从乡村媒介空间变迁的历史进程中，廓清空间与媒介相互作用的变化轨迹。需要说明的是，研究中所谈的媒介空间与村民生活息息相关，并非是抽象的哲学概念，研究主要是想回答乡村媒介空间转型如何改变了人这一根本问题。因此，在后面章节的陈述中，对媒介空间的深描和阐释交织着由被动"人"向主动"人"转变的主线，渗透着对人主体性的发掘。

第四节　研究方法与村庄选择

从方法论的角度讲，乡村文化生活可以通过描述媒介、空间、人这三方要素及其内在关联来展现。由于本研究立足于乡村社会变迁，因此，免不了涉及历史资料文献，但对于一个小村庄而言，相关的历史资料记载本来就不多，涉及村民日常生活的描述更少。关于这部分的事实材料只能通过村民的回忆获得，尽管一些事情时隔多年，有些细节或许会有遗忘缺失，但总体上能勾勒出村庄大体的历史变化，最关键的是潜藏在村民心中的一些细腻真挚的感受至今仍留存着，交谈中能明显感觉到不同的情绪变化和观念更迭。该部分着眼于个人的体验，突出人的主体性，通过对村民在村庙、村校、家庭等空间中媒介活动的描述来窥探媒介空间与人的互动关系。在涉及当下情况时，主要借助田野调查，重点放在对"舞市"、家庙、祠堂、村庙等公共媒介空间的考察上。由于研究者本人是当地人，不存在文化上的交流障碍，也容易产生相通的理解与体验。正如阎云翔在《私人生活的变革：一个中国村庄里的爱情、家庭与亲密关系（1949—1999）》中谈到的Hollan关于个人中心民族志的三类研究方法，即"强调个人主观经验的叙述、就研究对象的行为以及利害关系进行的参与观察，以及对深藏不露的生活体验所作的类似于将心比心式的诠释"。[1]因此，在实际的调查中，我着重注意了以上三个方面。

为了能将当地乡村媒介空间的历史变迁呈现出来，本研究结合被调查村庄社会形态的历史变化，首先确定了一个历史与逻辑的起点，即传统乡村社会，并对其进行了界定，大致以中华人民共和国成立为分水岭，之前为传统社会，之后社会形态的发展变化都在此基础上展开并呈现出完全不同的样貌。尽管这种粗略的划分不见得能准确涵盖传统与现代的所有意涵，但中华人民共和国成立前后乡村社会结构、公共文化、制度体系、媒介系统都发生了翻天覆地的变化，尤其是集体化时代开始以后，国家媒介体系的延伸、人民文化的推广以及乡村社会结构的改造三者相配合带来了乡村社会的巨大变革。这样划分的好处是便于进行历史比照，便于构建研究的逻辑体系。为了能以点带面，映射出乡村媒介空间转型的历史轨迹，本研究着重选取了每个历史阶段具有代表性的乡村媒介空间，如村庙、村校、"舞市"等，通过对这些空间中媒介及其传播活动的考察，分析其如何组织和构建媒介空间，同时关注人在媒介空间中的观念、行为以及相互关系的变化。这部分主要是通过访谈相关人员，如村庙会长、村校的公办和民办教师、广场舞队的创办者和队员等。需要说明的是，乡村媒介空间的转型与乡村公共文化的兴衰紧密交织在一起。乡村媒介空间的转型可以通过乡村公共文化的变革得以说明，乡村公共文化的兴衰变化也可以通过乡村媒介空间的转型得到阐释。此外，乡村家庭媒介空间看似与乡村公

---

1 阎云翔：《私人生活的变革：一个中国村庄里的爱情、家庭与亲密关系（1949—1999）》，龚小夏译，16 页，上海，上海书店出版社，2006。

共文化变革无太大关联，但家庭媒介空间的成长发展却是从另一角度映射乡村公共文化发展兴衰的有力证据。20 世纪 80 年代初，原有的以村校为中心的乡村公共媒介空间日渐式微，家庭媒介空间发展成为村民文化生活的主要领地。通过家庭媒介空间中新的媒介技术分工，年轻人掌握了媒介主导权，并在后来不断发展的个体化媒介实践中完成了个人的崛起，家庭成员走出家门在开放的社会空间和新的文化意义体系中聚合为"小圈子"，多元的"圈子文化"和社群媒介空间逐渐形成。其间虽然伴随着乡村对传统公共文化复兴的努力，但受市场、媒介技术等力量的影响，乡村公共媒介空间的重新构建异常曲折。因此，本研究在乡村媒介空间的多种表现形态中跳跃，试图展示日常化的媒介实践，这样做尽管看似有一些迂回，但乡村媒介空间转型主线是一以贯之的。

按照史学界的主要观点，中华人民共和国成立是当代史的起点。本研究主要梳理中华人民共和国成立以来乡村媒介空间转型的历史脉络，探讨乡村媒介空间转型中出现的现实问题，探寻乡村媒介空间演变的内在规律，因此本研究所涉及的历史阶段应属于当代史范畴，重点是当代乡村媒介空间转型。但对于乡村媒介空间转型的历史进程而言，这是一个从传统到现代不断发展的历史连续体，其中包括持续发展变化的传播关系结构、意义体系以及思想观念体系。需要说明的是，本研究中涉及的传统乡村社会的相关情况只是作为当代乡村媒介空间转型的比照和逻辑起点，以考察当代乡村媒介空间的变与不变。

正如费孝通先生在谈到为何将江村作为研究对象时所指出的，尽管中国各地农村均有差异，江村并不能代表其他中国农村，"所得到的研究成果也不能解释其他农村，但这种研究的意义就在于比较，如果我们用比较方法将中国农村的各种类型一个一个地描述出来，那么不需要将千千万万个农村——地加以观察而接近于了解中国所有的农村了。"[1] 因此，本研究以一个普通的中国西北村庄作为研究对象，现实的考虑是通过对该村庄的考察，参考其他乡村研究，达到对一个地区的了解，得出哪怕是区域性的结论。

本研究以中华人民共和国成立以来滋泥水的社会变迁为样本，对乡村媒介空间转型着重从两方面展开探讨。一方面以空间建构为切入点，重点对乡村媒介空间的形变进行考察；另一方面以关系生产为切入点，重点对乡村媒介实践进行考察。通过对媒介空间中传播网络和传播关系的交叉考察来揭示媒介与乡村社会间的深层互动关系。本书的具体结构安排如下：

第一章，引言。主要说明了研究缘起、研究现状、研究问题、研究方法，其中着重从国内国外的相关研究现状出发，梳理此类研究的路径以及主要研究的问题，并由此引出本研究的问题与思路。其中也对研究方法和材料收集情况做了交代，对村庄选取的意义和价值做了说明。

第二章，理解媒介空间。主要围绕对媒介空间的认知与理解，先从社会学与传播学两个角度讨论空间与媒介的具体内涵。进而探寻空间与媒介的内在关联，提出媒介空间的定义。立足媒介空间意涵，安排研究路径，一方面从纵向的传播场景变化把握乡村媒介空间的历史演变，另一方面从横向的传播关系变化审视乡村媒介实践，揭示媒介与乡村社会的深层互动。

---

1 费孝通：《人的研究在中国——个人的经历》，载北京大学社会学人类学研究所编：《东亚社会研究》，15～16页，北京，北京大学出版社，1993。

第三章，乡村媒介空间的传统与日常。关于传统社会的认识有不同的说法，本研究结合国内学界对此问题的界定以及滋泥水的村史，将传统乡村社会与现代乡村社会的分水岭确定为中华人民共和国成立前后。本章着重从媒介空间的视角对滋泥水的传统乡村社会生活图景进行全景扫描，就内化于日常生活空间之中的传播媒介形态及村民的社会交往活动进行考察并对传统乡村媒介空间的生产与再生产机制进行了探究。

第四章，村庙：乡村公共媒介空间的记忆。在中华人民共和国成立前的滋泥水，村庙是传统乡村社会主要的公共媒介空间。本章着重对村庙的空间文化进行探究，对其中的传播场景和传播关系进行分析，对村庙这一公共媒介空间共同体意识的生产和集体记忆的传承进行探究，揭示了传统乡村社会中相对稳定的媒介空间生产与再生产的内在机理。

第五章，村校：乡村公共媒介空间的结构转型。中华人民共和国成立以后，国家力量深入乡村社会，通过现代媒介的植入对传统乡村公共媒介空间进行了国家化改造，以村庙为代表的乡村公共媒介空间快速衰落。村校取代村庙成为新的乡村公共媒介空间。本章就这一历史过程进行梳理，探讨国家力量如何借助现代媒介网络和村校完成对乡村公共媒介空间的改造。在此过程中，村民们经历了现代媒介启蒙，形成了现代媒介观念。

第六章，家庭媒介空间的分离与崛起。随着乡村集体化生产生活方式向家庭生产生活方式转变，现代媒介开始脱离公共领域，走向乡村家庭，以村校为中心的乡村公共媒介空间逐渐走向衰落，家庭成为组织村民媒介生活的主要空间。继收音机、电视之后出现的录像机、VCD、

DVD、卫星天线等媒介，都在不断强化着家庭媒介空间。现代媒介也在此过程中促成了家庭媒介空间的结构、伦理等方面的变化。本章着重对乡村家庭媒介空间的变革以及家庭成员传播关系的变化进行探究，揭示村民的媒介私人化观念如何形成。

第七章，改革开放后村民自觉的媒介空间再生产。自 20 世纪 80 年代末开始，乡村民间信仰活动升温，以村庙、家庙为代表的传统公共媒介空间逐渐恢复，以"舞市"为代表的公共媒介空间逐渐形成并兴起。由此掀开了自觉的乡村媒介空间再生产序幕。本章着重以"舞市"和村庙重建为切入点，探讨在村民作为主体在开放的社会交往中遇到的问题以及村民如何借助媒介空间的再生产拓展外部社会交往。

第八章，技术催动下的乡村媒介空间再生产。滋泥水的媒介系统经历了由文化偏向到技术偏向的历史转变，这种转变主要体现在媒介空间生产方式以及对村民生活交往方式的塑造上。本章着重就技术媒介在乡村社会的空间化实践进行详细论述，就流动空间与地方空间的关系问题进行探讨。

第九章，乡村振兴与乡村媒介空间生产的制度转型。改革开放以后，一方面乡村劳动力开始向城市转移，农村社区逐渐萎缩，另一方面乡村媒介文化的低俗化等问题开始显现。国家重建乡村公共媒介空间的努力遭遇挫折。新时代，乡村振兴战略的实施成为重建乡村公共媒介空间的历史机遇，为此，本章在梳理问题总结经验的基础上，着重对新时代乡村媒介空间生产秩序的转向和以县级融媒体建设为中心的乡村媒介空间再生产等问题进行深入探讨。

第十章，乡村媒介空间转型的反思。从滋泥水公共媒介空间转型的历史过程出发，尝试对媒介空间的生产机制进行总结，即空间的媒介化与媒介的空间化；通过深入剖析乡村媒介空间转型揭示出人主体性的形成与发展，解读和理解乡村的媒介启蒙；重新回归媒介空间的意涵，结合对乡村媒介空间转型的历史考察，总结梳理乡村媒介空间的转型规律并探讨乡村媒介空间生产中存在的问题。

第二章 理解媒介空间

对乡村媒介空间转型的探讨表面看是一个纯理论问题，但实际上却是对乡村社会生活的考察和梳理，它折射出中华人民共和国成立以来乡村社会的变革。研究之初，不仅要从理论上对媒介空间的概念进行必要的界定和阐释，还要将其置于历史脉络和现实观照中进行演绎和深描。在搭建的理论框架中既要尽可能展现结构上的逻辑关联，又要有清晰的历史主线。

第一节 理解空间

一、社会学中的空间

（一）空间的社会属性

早期人们对空间的理解仅停留在直观感知层面，局限于物化的实体空间，形成了一系列具有代表性的空间观，比如牛顿的"实体论空间观"、康德的"绝对空间观"等。此类空间观主要基于物理空间对人的天然限制，并以人活动的地理界限来认识和理解空间。它强调地理空间对人们行动的限制，在交通不便、传播不畅的情况下，空间距离成了分隔社会和阻断社会交往的重要障碍。较早跳出物理空间观、从社会学视野解释空间问题的代表人物是马克思与涂尔干，他们都将空间视为外在的实体环境。马克思将空间置于和社会交往相互关系的视角下去理解。在马克思看来，交往革命带来的一个显著变化是空间超越了"自然"属性成为社会关系的重构。民族交往向世界交往的迈进就是空间的社会再生产。"他为我们理解空间社会化现象给出了一个重要的致思路向：人类生存的空间秩序形成于空间的社会性生产，各种空间结构既为社会所建构又构建着社会，要从生存空间的物理性形态和社会化意义的结合上，去考察与澄明相关问题。"[1] 涂尔干在对康德"绝对空间观"质疑的基础上，以情感价值为勾连建立空间的社会逻辑，"在涂尔干看来，社会空间是产生于集体生活之中，可以集体生活中的人群分类和差异化的情感价值为依据对空间进行社会性的区分，因而，社会空间是人类集体活动的产物。"[2] 齐美尔对空间的认识也超越了物理空间的局限，将心灵和互动作为赋予空间社会意义的根本。他认为："并非空间，而是它的各个部分的由心灵方而实现的划分和概括，具有社会的意义。"[3] 此后，学者对空间的理解开始转向了社会关系层面，戈夫曼从空间对人扮演社会角色的影响角度阐明了空间的社

---

1 胡潇：《空间的社会逻辑——关于马克思恩格斯空间理论的思考》，载《中国社会科学》，2013（1），113～131。
2 林聚任、向维：《涂尔干的社会空间观及其影响》，载《西北师大学报（社会科学版）》，2018（2），17～23。
3 〔德〕格奥尔格·齐美尔：《社会是如何可能的——齐美尔社会学文选》，林荣远译，291页，桂林，广西师范大学出版社，2002。

第二章　理解媒介空间　　025

会意义，福柯以及列斐伏尔在承认空间实体性的基础上，进一步说明了空间的社会意义产生机制，如社会转型、社会经验、社会变化等。空间因人才有意义，空间只有在人与人以及人与物的社会关系中才能得到体现。"空间的本质属性在于社会性"。[1]

（二）空间与社会的互动

空间的本质是社会关系，社会关系定义了空间。涂尔干认为，社会实体就是"关系的总体，正是这些关系，构成了外在于彼此的位置空间，并且由彼此之间的邻近性与距离，以及它们或上或下或居中的相对位置，来定义这个空间"。[2]如宗族等级关系体现为家庭空间设置上的中心与边缘、主与次以及空间的性别准入规定等。家长居于"上房"，年轻人居于"耳房"或厨房，年轻女子不能与男子同在"上房"吃饭等空间限制，都体现了秩序化的家庭社会关系。与此同时，空间也并非只是社会关系的产物，它也在改造社会关系。正如爱德华·苏贾所言，"空间的组织结构不单单产生于社会，同时也能反过来影响各种社会关系。"[3]例如，在调查中发现，村民的对外社会交往活动因缺少有效的社会关系援助而受阻，出外办事难的情况非常普遍。为此，通过定期组织家族聚会，让在外工作的家族成员与村内家族成员增进情感联系，整合家族成员的外部社会关系资源，为家族成员从事村外社会活动提供了清晰的社会关系地图和有效的社会关系援助。以祠堂或家庙为中心的社会空间不仅是家族内部关系产生的重要场域，也是家族对外社会关系资源整合的重要场域，为

1　李彬、关琼严：《空间媒介化与媒介空间化：论媒介进化及其研究的空间转向》，载《国际新闻界》，2012（5），38～42页。

2　包亚明：《后现代性与地理学的政治》，296页，上海，上海教育出版社，2001。

3　〔美〕爱德华·苏贾：《后现代地理学：重申批判社会理论中的空间》，王文斌译，87～88页，北京，商务印书馆，2004。

家族成员社会关系的对外延伸提供了可能。可见，在现实交往环境中，作为社会空间的祠堂或家庙塑造着村民的社会关系格局，提升了村民的社会活动能力。由此也可以看出，"离开社会结构，空间结构就不可能得到理论上的阐述，反之亦然。再者……离开空间结构，社会结构就不可能得到实践，反之亦是如此。"[1] 从空间与社会之间的互动关系，以及空间所具有的社会意义可以看出空间本身就是一种媒介，人借此进行着广泛的社会交往，同时它本身也表达着一定的社会意义。

二、传播学中的空间

（一）传播的空间意涵

追寻空间与传播的内在关联，得先从对传播的理解入手。詹姆斯·凯瑞曾在《作为文化的传播》一书中，把传播的定义分成两类，即"传播的传递观和传播的仪式观"。[2] 其中，传播的传递观是理解传播的主流视角，"在我们思想的最深处，对传播的基本理解仍定位于'传递'这一观念：传播是一个讯息得以在空间传递和发布的过程，以达到对距离和人的控制"。[3] 在对该定义进行分析中，凯瑞引入了空间这一要素，将传播的目的视为对空间的控制，尤其是在探讨该定义的宗教根源时，他将传播"传递观"的现代含义追溯到美洲拓荒时期宗教催动下的空间扩张。其后的运输、媒介技术等传播形态除了破除宗教隐喻之外，主要在努力实现着控制空间和人的目的。在分析传播的"仪式观"时，他指出"传

1　〔美〕爱德华·苏贾：《后现代地理学：重申批判社会理论中的空间》，王文斌译，88 页，北京，商务印书馆，2004。

2　〔美〕詹姆斯·凯瑞：《作为文化的传播》，丁未译，4 页，北京，华夏出版社，2005。

3　〔美〕詹姆斯·凯瑞：《作为文化的传播》，丁未译，5 页，北京，华夏出版社，2005。

播一词与'分享''参与''联合''团体'及'拥有共同信仰'这一类词有关"，[1] 旨在"构建并维系一个有秩序、有意义、能够用来支配和容纳人类行为的文化世界"。[2] 从仪式观的角度对传播的理解也是在着力呈现一种空间，通过这种文化空间的创造来达成对人行为的规制。总之，上述两种传播观念都与空间紧密相关。在上述两种理解之外还有一种理解，即从人类社会交往的角度来审视传播与空间的关系，最具代表性的就是马克思关于"用时间消灭空间"的思想，虽然马克思是将时间与空间视为生产的要素，用来阐明信息传播与物流的关系，[3] 但该思想也回答了媒介与空间的关系。马克思秉持泛媒介的思想，将轮船、铁路、电报等视为突破时间与空间限制，实现从民族交往向世界交往转变的前提条件。在加速世界物质交往的同时也刺激了精神交往。曼纽尔·卡斯特沿袭了马克思的视角，提出了"流动的空间"，对互联网兴起以后社会空间的变化进行了探讨，认为"网络建构了我们社会的新社会形态，而网络化逻辑的扩散根本地改变了生产、经验、权力与文化过程中的操作和结果。"[4] 国内学者陈先红也认为"传播的本质是寓于传播关系的建构和传播主体的互动之中的，传播是社会关系的整合"。[5] 这种对传播的理解更贴近于社会学中对空间本质的认识。

在传播学的研究中，尤其是关于电子媒介传播的研究中，有关空间的探讨比比皆是。例如国外有学者在研究家庭妇女对电视的接受行为时

1　〔美〕詹姆斯·凯瑞：《作为文化的传播》，丁未译，7页，北京，华夏出版社，2005。
2　同上。
3　陈力丹、王晶：《马克思"用时间消灭空间"的思想》，载《新闻前哨》，2011（5），89～90页。
4　〔美〕曼纽尔·卡斯特：《网络社会的崛起》，夏铸九、王志弘译，569页，北京，社会科学文献出版社，2001。
5　陈先红：《论新媒介即关系》，载《现代传播》，2006（3），54～56页。

发现，妇女们并非是在接受确定的信息，而是把电视作为一种背景来对待。莫利在对家庭休闲与收视行为的研究中发现："只有在家庭休闲行为的整体语境中，才能够理解变化多端的电视收视类型。先前这方面的研究，过分狭窄地局限于相关问题中的一方，而这两方面实际上应当放在一起来考虑：观众如何理解他们看到的素材，以及在收看电视过程中所涉及到的社会（主要是家庭）关系。"[1]类似的情况非常普遍，在乡村社会中很多传播行为都与特定的社会空间联系在一起，例如说闲话这种乡村社会独特的传播行为与其发生空间的对应关系已经改变，"最近十几年，随着经济的发展，生产方式的转变和生活方式的变化，农村中生产闲话的场所也发生了改变，从而使闲话本身也发生了变化"[2]。"以前那个构成闲话生产传播最佳场所的半公半私的小院或串门聊天，现在已经不再有。闲话失去了生产与传播的空间。"[3]

此外，空间还被视为媒介的一种属性或者传播偏向，如加拿大学者伊尼斯认为正是由于有些媒介在传播知识时更长于克服空间局限，因而具有了空间偏向。[4]并且他将传播媒介的偏向看作是塑造文明的主要力量，认为"一种新媒介的长处，将导致一种新文明的产生"[5]。

（二）空间的媒介属性

空间本身也具有媒介属性，它是人与人进行社会交往的媒介，传递

---

1 〔英〕戴维·莫利：《电视、受众与文化研究》，史安斌主译，157 页，北京，新华出版社，2005。

2 贺雪峰：《乡村社会关键词：进入 21 世纪的中国乡村素描》，184 页，济南，山东人民出版社，2010。

3 贺雪峰：《乡村社会关键词：进入 21 世纪的中国乡村素描》，185 页，济南，山东人民出版社，2010。

4 〔加〕伊尼斯：《传播的偏向》，何道宽译，27 页，北京，中国人民大学出版社，2003。

5 〔加〕伊尼斯：《传播的偏向》，何道宽译，28 页，北京，中国人民大学出版社，2003。

和表达的是社会文化意涵和社会关系状态。关于此种观念，一些学者早有洞见。美国学者爱德华·霍尔对此就有深刻见解，他认为："成千上万的经验无意中告诉我们，空间也会传达信息，然而如果不认识到每种文化中空间的组织是不同的，也许永远也不能意识到上述事实。"[1] 他在《无声的语言》中，就空间是如何进行传播这一问题进行了说明，认为："空间的变化赋予交流一种语调，加重它的语气，有时甚至超越口头词语所表达的意思。两个人在交谈时间隔距离的变动和改变是这个交流过程的重要内容。"[2] 他从文化的视角切入认知空间的传播功能，将空间传播的意涵归结为文化暗示或文化接触，认为不同的文化有着不同的空间传播规则与意义。福柯则从空间、知识及权力的三者关系出发，将知识视为一种权力，将空间视为权力运作的场所，空间变换所传达的是权力关系的变化。人们经常将空间作为一种既成的、可供形象感知的客观实在，从而忽视了由于人的能动作用所带来的空间的能动性。正如爱德华·W.苏贾对空间传播的功能所进行的说明："空间不仅仅是作为人类互动的一致性背景而起作用，而是通过这种活动得到社会性的创造和改变。"[3]

对于乡村社会来说，媒介以及与之相应的传播活动总与乡村社会中的各种空间对应并融合，很难将传播活动从鲜活的生活中抽离出来，就媒介论媒介，就传播谈传播。如上文所论述，空间既可以是有形的场所，也可以是日常生活以及各种关系的组合，其本质都指向人与人的社会关系，明确这样的视角对于研究乡村传播来说至关重要。因为传播活动既

1　〔美〕爱德华·霍尔：《无声的语言》，刘建荣译，179页，上海，上海人民出版社，1991。

2　〔美〕爱德华·霍尔：《无声的语言》，刘建荣译，194页，上海，上海人民出版社，1991。

3　〔英〕尼克·史蒂文森：《认识媒介文化：社会理论与大众传播》，王文斌译，196页，北京，商务印书馆，2001。

在特定的有形空间中展开，也在既定的社会关系空间中展开，空间本身也因为社会关系的生产而具有了社会意义，它与特定的传播活动相结合而具备了媒介属性。比如徐赣丽通过对侗族村寨的研究，探讨了空间形成与民族文化间的内在关系，认为"侗寨空间也反过来作用于各种社会关系，形塑着侗族的民族性和文化，承载并传承着丰富多样的民族文化，并成为其突出表征。"[1] 刘云刚、王丰龙通过对城乡接合部空间生产的研究，认为"农村进城移民通过积极的区位战略、社会经营网络的营造实现了空间的占据和空间的生产，其背后则折射了户籍、土地、卫生等诸多转型期的制度漏洞。"[2] 这些研究表明，空间内置着媒介基因，传递着社会关系变动的意义和信息。

总之，上述对空间社会属性的阐释旨在打破实体空间认知的束缚，说明空间的变化有其根本的社会动因，空间研究的立足点应该是社会关系的变动、社会交往的建立以及社会意义的表达。此外，空间的社会本质需要借助具体的社会活动、人群的聚集形态以及相应的社会观念来呈现。在本研究中，媒介空间具体呈现为乡村媒介活动的固定场所和聚集形态。例如在传统的乡村社会中，观看牛皮灯影是一种典型的公共媒介活动，它通常与村庙联系在一起，村庙是村民眼中开展此类活动的合法空间和社会意义的生成地。与此同时，该空间不仅供村民文化娱乐，还为村民之间进行情感联络与关系维护提供了公共场所，进而分享并相互强化着共同体观念，又成为一种典型的公共媒介。

1　徐赣丽：《空间生产与民族文化的内在逻辑——以侗寨聚落为例》，载《广西民族大学学报（哲学社会科学版）》，2015（4），74～80页。
2　刘云刚、王丰龙：《城乡结合部的空间生产与黑色集群：广州M垃圾猪场的案例研究》，载《地理科学》，2011（5），563～569页。

第二节　理解媒介

一、突破传统媒介观

媒介定义一般分为两层，技术层面指工具，组织层面指机构。正如罗杰·菲德勒对媒介的界定，"媒介（1）传输信息的工具。（2）一般指新闻机构，如报纸、新闻杂志、广播及电视等新闻部门"。[1]而麦克卢汉则持有一种泛媒介观，他认为"媒介是人的延伸"，因此，"媒介不是一般人心目中的四大媒体：报纸、电影、广播、电视，而是包括一切人工制造物，一切技术和文化产品。甚至包括大脑和意识的延伸"。[2]正是在这种媒介观的基础上才能将媒介从被人忽视的角落里拎出来，视作一种最革命性的力量，以考察媒介、个人与社会的三方关系。"媒介是人的延伸"主要是在彰显媒介的人性价值，而"媒介即信息"则重新发现了媒介的社会变革潜力以及蕴藏于其中的社会本质，按照麦克卢汉的理解，"媒介即信息只不过是说：任何媒介（即人的任何延伸）对个人和社会的任何影响，都是由于新的尺度产生的；我们的任何一种延伸（或曰任何一种新技术），都要在我们的事务中引进一种新的尺度。"[3]例如电灯通过改变人们工作时间与生活时间的安排，而重新界定了人们的公共生活和私人生活的边界与方式。可以说，在媒介、个人、社会的三方关系中，麦克卢汉将媒介放在了"原初"位置上，人的发展、社会的进步都被媒

1　〔美〕罗杰·菲德勒：《媒介形态变化：认识新媒介》，明安香译，247页，北京，华夏出版社，2000。

2　何道宽：《媒介革命与学习革命——麦克卢汉媒介理论批评》，载《深圳大学学报（人文社会科学）》，2000（5），99～106页。

3　〔加〕马歇尔·麦克卢汉：《理解媒介：论人的延伸》，何道宽译，33页，北京，商务印书馆，2000。

介深深影响。所以，麦克卢汉关于媒介的定义，即"媒介是人的延伸"以及"媒介即信息"深含着媒介对人和社会的解放力量。伊尼斯虽然主要谈媒介的传播偏向问题，但也从媒介、知识、文化的三者关系中，阐述媒介的传播偏向如何影响到文化的偏向，从中也可以看出他对媒介的理解超出了单纯的形式范畴。

在西方传统形而上学的思想中，"逻各斯中心主义"占据主流，它坚信语言之外存在支配自然与社会的精神。同时，它全面设定了二元对立，并在二元对立中确定了等级关系，即一方处于统治支配地位，另一方势必处于依附从属地位，例如主观与客观、能指与所指、必然与偶然、内容与形式等等。[1] 按照结构主义的看法，媒介与信息正是在这种二元对立的框架内，建立起二者之间的等级制，媒介被定格在工具、形式上，居于从属地位，而信息、内容则居于支配地位。这种既定的格局具体表现为，在长期的媒介使用中，人们总是习惯性地将信息、内容置于主导地位倍加重视，而对媒介则旁若无物，习焉不察。

20世纪60年代起源于法国的解构主义，旨在颠覆"逻各斯中心主义"，抵制形而上学，消解二元对立。起初只是缘起于语言学领域，随之发展为语言哲学观，后经德里达发展继而成为一股后现代思潮席卷各个领域。它突出强调了多元化的差异，反对秩序和僵化，着力拆解传统观念的结构。试图开掘人的批判精神和唤起人们重建价值观的信念。最终德里达通过创造诸如"延异"、"撒播"等一系列概念建立起了解构主义的核心观念和话语体系。

以往人们过于强调媒介和信息之间的泾渭分明，将媒介和信息各安

---

1 《什么叫解构主义》，载 http://zhidao.baidu.com/question/7262964.html。

其位，固定二者在传播结构中的角色分工。一般来讲，就是将媒介与信息的关系等同于形式与内容的关系。长期以来，人们一直醉心于内容本身，形式往往被置于无意识之中被忽略。内容的作用似乎远大于形式。麦克卢汉对此解释道"人们过分关注技术所带给我们的内容，而忽略了技术本身，对技术本身表现出了一种麻木。"[1] 也"正如德里达所恰当地评论的（虽然也很普通）：形而上学，从书写本身一直到成文的图书及其自身的前提，总是把技术媒介忘掉。"[2] "媒介即信息"首先认定了媒介与信息，内容与形式的统一，即"任何媒介的'内容'都是另一种媒介。"[3] 然后，突出强调了媒介（形式）的重要作用，甚至将媒介（形式）的作用凌驾于信息（内容）之上。这种对媒介与信息的重新认知改变了媒介的边缘地位，解构了媒介与信息的等级关系。而以上认知则是基于一种深刻的历史洞见：信息（内容）的变动不居造成了影响的瞬时易变，而媒介（形式）的相对稳定确保了影响的反复和累积，从长远来看媒介（形式）对形塑主体思维框架、生活方式以及改造社会的作用更加深远。

二、重新发现媒介

在解构主义看来，媒介与信息之间的关系本身就是一种结构主义的结果，是以信息为中心的，而它所要做的就是释放和放大边缘化的元素对原有结构进行颠覆并重构。这种颠覆重构的过程在媒介发展史上不断上演。在麦克卢汉看来，媒介与信息关系的既定认识中，媒介就是长久

---

1 周长富：《麦克卢汉媒介技术哲学评述》，31 页，硕士学位论文，复旦大学研究生院，2009。
2 〔德〕弗里德里希·基特勒：《走向媒介本体论》，胡菊兰译，载《江西社会科学》，2010（4），249～254 页。
3 〔加〕马歇尔·麦克卢汉：《理解媒介：论人的延伸》，何道宽译，34 页，北京，商务印书馆，2000。

以来为人们所忽略的边缘化元素。而"媒介即信息"的论断就是要将媒介由边缘化地位扶正，媒介的社会意义和作用被重新发现并放大。正如他所言，"正是传播媒介在形式上的特性——它在多种多样性的物质条件下一再重现——而不是特定的讯息内容，构成了传播媒介的历史行为功效。"[1] 而媒介与信息的意指实践也从即时意义转向了长远的社会历史意义。"从漫长的人类社会发展过程来看，真正有意义、有价值的'讯息'不是各个时代的传播内容，而是这个时代所使用的传播工具的性质、它所开创的可能性以及带来的社会变革。"[2]

对于媒介不能单单从形式或工具的视角去理解，应该放在人、文化与社会的框架内去发现更广泛的内涵，对其做更宽泛的理解。史蒂文森在《认识媒介文化：社会理论与大众传播》一书中，有"文化媒介"与"技术媒介"的说法。[3] 按照他的论述，"文化媒介"以传递讯息的文化内容为主，着力于建构主体间的社会关系，从而实现一种文化意义的生成；而"技术媒介"则强调媒介的技术形式，着重于媒介的技术解释。媒介的发展演变经历了从"文化媒介"向"技术媒介"的转变，这种转变主要表现为以电子媒介为分水岭的不同媒介认知取向上，在电子媒介之前，麦克卢汉强调理解媒介的重点在于媒介对社会关系以及社会感知能力的作用和影响，而自电子媒介始，理解媒介的重点就转向了媒介对人的感知方式以及经验范围的作用和影响。需要强调的是，"文化媒介"与"技术媒介"并不能对立起来看待，"文化媒介"有技术特性，而"技术媒介"

1　〔美〕D. J. 切特罗姆：《传播媒介与美国人的思想》，黄静生、黄禾生译，185 页，北京，中国广播出版社，1991。

2　郭庆光：《传播学教程》，148 页，北京，中国人民大学出版社，1999。

3　〔英〕尼克·史蒂文森：《认识媒介文化：社会理论与大众传播》，王文斌译，180 页，北京，商务印书馆，2001。

也有文化功用，应该说它们只是理解媒介的两个不同维度。

如果将人与媒介的关系用主客体关系来替代，那么，媒介不单是主体控制和操作的客体，也是建构主体的手段或工具。在交往实践中，人不论是影响还是被影响都与媒介难脱关系，媒介实际上参与了社会秩序、社会结构以及文化意义的建构。例如，传统乡村中的地方戏与皮影戏不仅是其公共文化生活的重要媒介，还代表了村民的文化审美。此类媒介维系地方传统，维持文化秩序，并以集体共享的方式来增进村民团结，促进乡村认同。按照史蒂文森的观点，这是一种媒介制造出来的工具性空间，"日常生活必须在由权力集团所开辟的各种工具性空间里起作用"。[1]总之，对媒介的理解应当超越传统与现代的藩篱，将其定义为一切社会形态中，用于实现人的社会交往、人的社会化以及人的社会认同与整合的文化形式、意象、工具或资源。媒介的传统与现代并非自身属性的质变，而是社会转型所赋予的内涵。之所以要在媒介的定义中植入文化的基因，主要是因为媒介常有一种形成文化的潜质或可能，并且媒介的作用也呈现一种缓慢渗透且弥漫式扩散的状态，这其实类似于史蒂文森所说的工具性空间。

第三节　理解媒介空间

理解媒介空间不仅要立足媒介本身，还要对媒介的社会意义生产以及社会关系的组织进行整体观照和考察。需要从媒介发展史的角度洞察媒介演进、累积背后的社会意义运作机制。每一种新媒介出现以后，对

1　〔英〕尼克·史蒂文森：《认识媒介文化：社会理论与大众传播》，王文斌译，144页，北京，商务印书馆，2001。

人与社会来说都会带来一种认知模式和意义上的变革。在媒介技术的推动下，媒介不断进入信息的领域，信息不断被丰富和扩充，由媒介和信息构成的社会意义系统不断被颠覆和翻新，再也没有固定不变的意义，尤其在新媒介时代更是如此。媒介的发展史在某种意义上就是去媒介化的历史，即"每一种新传播方式都影响社会，支配现行的媒介，不是使之过时，而是使其性质和用途发生戏剧性的变化。"[1]正如印刷媒介改变了口语作为国家信息传播主要手段的功能，使"曾经跨越时空、传递信息的行吟诗人被书面记录取而代之。"[2]口语开始演变出新功能，成为一种艺术表现形式。在电子媒介尤其是新媒介时代，由于新媒介技术的形塑（如超链接、蒙太奇等感知形式），印刷媒介信息传播的主体地位随着跳跃式思维和标题式阅读习惯的养成而日益边缘，阅读纸质书籍成为了少部分人的兴趣爱好。由媒介构建的社会意义体系正随着媒介的新陈代谢而变得异常复杂。

媒介演进的社会意义运作机制还可以从保罗·莱文森的"补偿性媒介"理论中得到体现。他在《人类历程回顾：一种媒介进化理论》中首次提出了"补偿性媒介"理论，"他认为，任何一种后继的媒介，都是对前一种媒介的补偿，是对前一种媒介缺失功能的补救。就像电视是对广播视觉缺失功能的补救。"[3]也就是说新媒介始终是作为一种"增补物"出现的，"增补物本身是一种非本质的外在之物，附加在某个先在的事物之上；同时增补之所以成为可能。是因为在场事物本身的先天不足，

1　〔加〕罗伯特·洛根：《理解新媒介——延伸麦克卢汉》，何道宽译，319页，上海，复旦大学出版社，2012。

2　同上。

3　何晓敏：《媒介演化的自组织规律初探——以互联网的演化为例》，5～6页，硕士学位论文，厦门大学研究生院，2009。

而增补的目的就是要弥补原在场之物的缺陷⋯⋯原先被视为一种外在的补充物就成为意义表达的不可或缺的介质，而与现在的事物同生共存。"[1]新媒介以"增补物"的角色成为社会意义的生产，本身就包含着向社会意义转换的趋向，即构建新的社会意义体系，而这正是形式转换为内容、媒介转换为信息的关键所在。媒介的演进实质上就成为去媒介化的社会意义生产过程，也成为媒介空间化的运作机制。

　　对"媒介空间"的理解受益于空间社会批判理论的发展，主要从两条理论路径展开。一是从文化研究和符号学的理论路经延伸了空间的社会文化意义，如"索亚的第三空间、布迪厄的社会空间多元场域论以及詹姆逊的'认知测绘'观等，都是在符号学理论或方法论启迪下的理论成果。"[2]约翰·哈特雷最早明确提出"媒介空间"概念，他将"媒介空间"视为"符号空间"，认为媒介空间中充满了符号运作和象征性实践，媒介权力表征为符号权力，媒介空间的功能性意义在于构建文化认同。[3]国内一些学者也接受了媒介空间的符号和意义建构论，比如韩素梅将媒介空间视为媒介话语建构的文化认同空间。[4]王方认为媒介空间"是一个由媒介重构的拟像空间，或是一个通过蒙太奇语言和剪辑构成的视听影像的空间。"[5]二是从哲学－社会学的理论路径完成了空间形态由实体到关系的历史转向，如马克思的社会交往空间、齐美尔的心灵与互动的空间、列斐伏尔的社会空间、曼纽尔·卡斯特的流动空间等。基于该理

1　张静：《论德里达的结构观》，载《江西社会科学》，2010（3），114～118页。
2　徐小霞：《理论、空间与符号——当代空间批判理论中的符号学维度》，载《上海大学学报（社会科学版）》，2012（4），89～100页。
3　John Hartley. Uses of Television. London：R out-ledge，1999. 218
4　韩素梅：《国家话语、国家认同及媒介空间——以〈人民日报〉玉树地震报道为例》，载《国际新闻界》，2011（1），48～53页。
5　王方：《从"传统展示空间"到"媒介空间"的呈现》，载《传媒观察》，2015（7），38～40页。

论路径，对媒介空间的理解也开启了关系维度。比如梅罗维茨从情境视角将媒介空间理解为改变社会生活的"情境布局"，这种"情境布局"内在地实现了关系生产，集中体现为"在预先形成的社会经验诸形式之间构建了新的共同性和差异性。"[1] 汤普森对媒介空间的理解蕴含在对媒介的认识中，他认为新的媒介开辟了新的社会互动及互动新场所，重新建构了部分社会关系以及体制和机构。[2]

　　另外，关于媒介空间，很多研究都侧重于以电子媒介，尤其是以互联网为代表形成的虚拟空间，忽略了早已深植于日常生活的社会媒介，不能不说这种先入为主的媒介观念会造成一种传统与现代的割裂，让媒介空间的演进失去历史连续性。在媒介空间从传统向现代的演进过程中孕育着现代媒介观念的形成与发展。这种现代媒介观念不仅包含现代媒介技术观念，还包含与其相对应的社会空间观念、文化形态以及对社会意义关系的理解。这是媒介空间演进的历史进程，也是村民媒介启蒙的历史进程，同时也是乡村由传统迈向现代的一个有机组成部分。那么，如何将乡村媒介空间的研究纳入乡村社会生活的日常考量呢？切实可行的做法是先对媒介的理解进行拓展和延伸，将媒介理解为开放的传播形式，这样一来，研究对象就自然从现代媒介拓展到传统媒介，乡村社会生活中各种传播形式及其社会意义与社会关系皆可进入研究视野。这种媒介概念的拓展在一些相关研究中已有所尝试，例如郭建斌在他的博士论文中就将"火塘"视为一种媒介，从构造、功能以及禁忌等方面进行分析，力图挖掘它所传递的社会与文化意义。

1 〔英〕安东尼·吉登斯：《现代性与自我认同：晚期现代中的自我与社会》，夏璐译，79 页，北京，中国人民大学出版社，2016。
2 Thompson John B. Ideology and modern culture . Stanford ： Stanford University Press, 1990. 227 ~ 228.

这种对媒介概念的拓展并非没有边界，它始终围绕着媒介的基本要义，即传播信息、生产意义和塑造关系展开，并且通过定义现代媒介的逻辑来重新审视传统媒介，将其定义为传承传统文化知识的载体，秦腔戏、皮影戏就属此类媒介。

尼克·库尔德利把对媒介空间理解的重点由意义转向权力，并且与"仪式"相结合，他认为："'媒介空间'这个术语不仅帮助我们认识什么可以被称作'媒介仪式'的本地语境，还可以帮助我们超越本地语境在更大的社会规模上进行思考，大到可以涵盖个人在任何时间点上的仪式行为。"[1] 于是他将"媒介空间"又称为"媒介的仪式空间"，但不管怎样的叫法在他看来就是一种比喻，"用来说明媒介仪式如何提炼聚焦于媒体的、无处不在的（或几乎无处不在的）隐性思维和行为模式。"[2] 这种隐性思维和行为模式就是要将"社会是集中于中心的"[3]观念自然化，最终指向最根本的权力问题，即"影响社会'现实'再现的不平等的权力分配"[4]。

通过从不同理论路径对媒介空间理解的梳理，可以发现媒介空间的两个不同维度，一个是表征建构的维度，另一个是关系建构的维度。因此，可尝试从上述两个维度对媒介空间做一描述性定义，即在一定的社会范围内，由实现人的信息分享、社会交往、情感维系、文化认同的形式、符号、意象、手段和工具所中介和结构化的传播情境与传

1　〔英〕尼克·库尔德利：《媒介仪式：一种批判的视角》，崔玺译，13 页，北京，中国人民大学出版社，2016。
2　〔英〕尼克·库尔德利：《媒介仪式：一种批判的视角》，崔玺译，14 页，北京，中国人民大学出版社，2016。
3　〔英〕尼克·库尔德利：《媒介仪式：一种批判的视角》，崔玺译，147 页，北京，中国人民大学出版社，2016。
4　〔英〕尼克·库尔德利：《媒介仪式：一种批判的视角》，崔玺译，20 页，北京，中国人民大学出版社，2016。

播关系。媒介空间大致有三种基本表现形态，一种是由有形的物质媒介及其组织的场景构成的可感知空间，如由有线广播组织起来的村民收听空间，由电影组织起来的村民观影空间等。一种是受媒介属性、内容和意义组织的想象空间或文化空间，如由互联网搭建的网络社会和媒介文本建构的符号空间。还有一种是以媒介秩序、媒介规则、媒介制度等构建起来的关系空间或权力空间。媒介空间分析主要回答三个问题，即传播边界、媒介特质以及关系结构。媒介空间既是人借助媒介参与社会生活的主要机制，也作为制度化的存在反作用于人的传播关系建构和传播权力伸张。

第四节　阐释的维度

列斐伏尔认为：“社会空间不是静止的抽象容器，而是社会意义的集合体，始终体现着社会生产关系的产生和演变。”[1] 该认识是继物理空间观和精神空间观之后的第三个阶段。并且他试图将物理空间、精神空间和社会空间结合在一起，形成了空间辩证法，由此确定了空间实践、空间再现、再现空间的辩证逻辑框架。“列斐伏尔致力于推动一种总体性的‘空间转向’，以达成社会批判领域中的时间向度与空间向度的平衡。列斐伏尔建立起‘社会、历史、空间’三者结合的分析角度。”[2] 因此，对乡村媒介空间转型的探究也会尽量平衡时间与空间维度，既体现纵向的历史沿革，也有横向的现实深描。

1　孙全胜：《列斐伏尔社会空间辩证法的特征及其建构意义》，载《浙江理工大学学报（社会科学版）》，2017（5），450～458页。
2　同上。

一、纵向：社会变迁

（一）空间与乡村社区

最早使用"社区"概念的是滕尼斯，他在《社区与社会》一书中认为，所谓"社区"是相对于传统乡村来说的，在他的观念中，"乡村'社区'内社会关系是紧密合作的，人们比较关心集团整体的利益；而'社会'则是工业化、城市化的产物。在城市'社会'内人们更加关心自己的利益，城市的社会关系是非人情化的、独立的"。[1]可以看出，滕尼斯是把社区与社会看成两种不同社会关系，并且将二者置于相对的位置。美国社区研究的著名学者帕克则忽略了这种乡村与城市的差别，将社区理解为限定在一定地理空间或地域中的人群聚集，这种认识并不是基于社会关系的考虑而是以地理空间为基准。帕克的这种观点自20世纪初提出至今已被普遍接受。从以上讨论中能发现，关于社区的基本争论点在于空间是否可以作为社区概念的构成要件，而这也成为学界关于社会与社区理解的分水岭。自20世纪30年代"社区"的概念引入中国，它就被赋予了明确的空间含义，包括费孝通、郑杭生等著名学者都把社区限定在一定的地域或空间内。而对于社会与社区理解上的分歧也因这种改变而得以变通，吴文藻认为要"从社区着眼，来观察社会，了解社会……社会是描写集合生活的抽象概念，是一切复杂的社会关系全部体系之总称。而社区乃是一地人们实际生活的具体表词，它有物质的基础，是可以观察到的"。[2]帕克也表达过类似的观点，认为"每一个社区即是一个社会，但每一个社会并非一个社区"。[3]

---

1 刘君德、靳润成、张俊芳：《中国社区地理》，1页，北京，科学出版社，2004。
2 吴文藻：《吴文藻人类学社会学研究文集》，144页，北京，民族出版社，1990。
3 刘君德、靳润成、张俊芳：《中国社区地理》，5页，北京，科学出版社，2004。

由此说来，社区是社会的有机组成单元。

从社会学对空间的理解看，空间并非是单纯的物理概念，它更兼具社会关系的丰富内涵，而且空间既可以是具体而微的家庭和个人空间，也可以是气象宏大的社会空间，空间可大可小，作为研究中的一个分析单位非常灵活。而"社区是人类社会的空间状态和人文状态，是人类最根本、最广泛的生活方式的表现，是人类居住空间、生活空间、社会组织空间的集合，是一种多重空间的文化复合体"。[1] 因此，社区不但有多重的空间属性，还有多种不同的空间组成和表现。有鉴于此，就一个乡村社区而言，研究的脉络线索大致可以这样确定：空间—社区—社会，这是遵从由浅入深、由具体到抽象、见微知著的思路。对乡村社区的研究可以分解为对一些具体空间单元的研究，例如家庭空间、村庙空间、村校空间、节日庆典空间等。这样的局部研究，其目的是为了以小见大，展现整个乡村社区的空间样貌。

（二）社区变迁折射出的社会变迁

由于本研究涉及中华人民共和国成立至今持续的社会转型给乡村社区带来的影响，因此也就牵扯到了社会变迁理论。"社会变迁"是国内外社会学研究的一个重要范畴，对其含义理解不一，总体上可以分为两种视角，一种是整体观视角，主要是以古典社会学家的整体变化观点为代表，认为社会变迁就是从一个社会阶段迈向另一个社会阶段，如涂尔干的"机械团结"向"有机团结"社会过渡的观点，滕尼斯关于从公社向社会发展的观点均属此类。二是局部观视角，主要是从社会的某一方面入手来说明社会变迁的状态，例如结构功能主义将其理解为社会结构

1　刘君德、靳润成、张俊芳：《中国社区地理》，81 页，北京，科学出版社，2004。

的变化，文化研究者把社会变迁与文化变迁混同，秩序学派又将社会变迁视为新旧秩序的更替。从众多理解可以看出，社会变迁是一个总体性的概念，是交织着多种社会要素的综合变化，某方面的变化只是社会变迁的具体映射。

鉴于上文中提到的社区与社会的关系，社区变革与社会变迁之间相互关联也成为社会变迁理论中应该重点说明的问题。社会变迁对社区变革的影响主要表现在这样几个方面：一是社会变迁造成社区递进式发展，例如从血缘社区到地缘社区再到业缘社区的演进。二是造成社区的分化或整合，例如地域、活动、利益、价值观等方面的分化整合。三是带来的社区问题，主要是空间问题、环境问题以及认同问题等。与之相对，若从社区的上述变化入手也可以反观社会变迁。

二、横向：国家、社会与第三领域

中华人民共和国成立后，国家管理体系下沉至乡村，建立了基层媒介网络并不断完善，在农民的主人翁地位确立和发展的历史进程中，国家与乡村社会积极互动，成为乡村社会变迁的重要推动力。国家与乡村社会的互动集中表现在对乡村媒介空间的建构上，乡村媒介空间实践也可以说明国家与乡村社会的互动。比如中华人民共和国成立以后，现代媒介作为地方社会空间再生产和再组织的重要机制，在贯彻国家意志、传递国家声音、辅助国家管理的过程中，将乡村社会从原有的地方空间序列中脱离，纳入国家统一的空间安排和管理，实现了国家与地方的空间互动。改革开放以后，现代媒介实践推动了市场经济规则在乡村的确立，将乡村社会空间纳入统一的市场空间体系。网络时代，乡村社会空间又被纳入全球化的虚拟空间网络，成为超越国家和地方的流动性存在。

"国家－社会"框架诞生于西方，主要是基于对市民社会与王权对抗这一历史事实的分析考察。在西方理论体系中，市民社会建立在商品经济基础上，是在对抗中世纪封建统治中获得解放的市民阶层，在西方的理论话语中逐渐演变并指代具有独立品格和自由平等特性的社会生活领域。本研究中的"国家－社会"框架并非西方理论与话语逻辑的复制，不是将国家与社会关系置于对立的立场来呈现，而是立足中国的历史与实际，从国家与地方、中心与边缘等空间化的概念和理论出发，阐释国家与乡村社会的深层互动。

从空间社会学的视角来看，乡村媒介空间既是国家与社会互动的场域，也是国家与社会互动建构的结果。就中国的历史经验与实际情况而言，"国家与民间社会的关系因时间（历史）、空间、对象、概念等多维度的差异而时常呈现出错综复杂的面相"[1]。单就国家角度俯瞰社会、解释社会似乎有失偏颇，要考察社会关系的总体特征，除了从国家角度切入之外，人类学的地方视角也同样意义重大，因为乡村是地方空间体系中的重要单元。"小型单位的地方和个案分析完全可以作为探讨国家与社会关系的角度，事实上是不可替代的角度，因为借此我们能够从生活世界和民众的视角认识和解释国家的形象与本质。"[2]可以说，人类学这种微观社会研究体现了空间社会学视角下"国家—社会"框架的优势与特点。在乡村社会空间中，国家"在场"以基层管理体系、主流的意识形态文化及现代媒介系统为表征，社会的"在场"则以民间自发的组织机构、细腻的日常生活、乡土文化活动以及内生性媒介形态为征象。两

---

1 杨念群：《空间·记忆·社会转型》，34页，上海，上海人民出版社，2001。
2 同上。

种力量以及延展开来的体系，在不同的空间实践中显示了各自不同的运作逻辑。不同的空间实践关系构成了国家与地方社会之间的深层互动。此外，就乡村来说，还需要进行社会层面的再界定与再划分，即呈现出地方社会与大社会。这种划分有其现实意义，乡村面对的不仅是国家，还有市场、电商、群众组织、民间团体等超越地方社会的大社会力量。地方社会与大社会之间也存在复杂的互动关系。如果通盘考虑的话，乡村媒介空间的生产与再生产也是国家、大社会以及地方社会三者相互影响，相互作用的结果，因此，对于乡村媒介空间的分析，应该放在"国家－社会－地方社会"的框架内进行。

与此同时，为了避免在"国家－社会"框架认识上非此即彼的二元对立，还原国家与社会之间相互影响、相互作用的复杂关系，在国家与社会之间，黄宗智提出了"第三领域"的概念，此概念旨在说明"在国家与社会之间存在一个两方都参与其间的区域"。[1] 该区域尽管受到国家与社会的影响与作用，但并未丧失其独立性，他认为："我们将把第三领域看作具有超出国家与社会之影响的自身特性和自身逻辑的存在。"[2] 虽说"第三领域"与"公共领域"都处于国家与社会的相互牵扯之下，有着某种相似的存在环境，但其中所蕴含的含义却不尽一致，简单说，"第三领域"并不像"公共领域"那样富含确定的政治意义，相反，它更倾向于展现去政治化的色彩，因此，在解释中国乡村社会时更具有适用性。例如，农村中的"广场舞"演出队既踊跃参与政府的组织赛事，也义务参与庙会的文艺表演，还参与婚丧嫁娶等场合的商业演出。虽然在农村"广场舞"的活动中有国家与社会力量的介入，

1　吴凡：《阴阳鼓匠：在秩序的空间里》，72 页，北京，文化艺术出版社，2007。
2　黄宗智：《中国研究的范式问题讨论》，269～270 页，北京，社会科学文献出版社，2003。

但其活动有较大的自主性，是村里妇女自发组织、选择和参与的结果。总之，"国家—社会—第三领域"的关系框架为本研究提供了一种宏观视角，而以媒介空间实践为线索串联三者间的互动为本研究提供了微观视角。

第三章　乡村媒介空间的传统与日常

如上文所述，媒介空间作为容纳乡村复杂化、结构化社会关系与文化意义的研究对象，可以成为重新观照乡村社会现代转型的切入点，同时它也可以从另一种理论视角出发，成为乡村社会现代转型的阐释框架。按照前文对媒介空间的界定，可将乡村媒介空间视为乡村社会为实现信息分享、社会交往、情感维系、文化认同的目的，以形式、符号、意象、手段和工具所建构的传播情境与传播关系。乡村媒介空间从传统向现代的转型是动态连续的历史过程，考察转型的历史之变，得先要回归乡村媒介空间的传统，以此为媒介空间转型发展的逻辑起点。

中华人民共和国成立之前，滋泥水人的日常生活中没有明晰的媒介观念，媒介内化于日常生活，具有内生属性，人们对此习焉不察，如庙会、社戏等都被理所当然地视为乡村日常生活的一部分。正是这些内生性的媒介构成了传统乡村传播之景象，成为研究传统乡村媒介空间的重要内容。因内生性媒介而形成的日常传播情境已经凝结为相对稳定和普遍的乡村生活，形成了传统乡村传播的内在机理和具体的传播规范。因此，观照丰富的传统乡村传播情境，揭示在传统乡村生活中媒介的内生性逻辑和相应的传播关系，将成为本部分重点关注的内容。

第一节　传统社会的滋泥水

一、传统乡村的界定

关于"传统乡村"的界定，说法不一，观点各异，争论焦点之一是乡村社会传统与现代的时间节点。目前，学界主要是通过对生产方式、生活方式、思想观念等指标的考量来判定中国社会转型的历史分期。例如金耀基采纳了与梁漱溟先生类似的观点，在对"经济制度、价值系统、政治体系、社会结构、人格构造几个方向"[1]进行分析后，认定传统中国"是指从秦汉到清末这一段两千年的中国"。[2]该分期划分有其合理性，但城乡有别，而且在中国幅员辽阔的土地上还存在地区差异，因此，照此确定乡村社会传统与现代的分水岭难免有些笼统，对具体地区或村庄有可能解释力不强。对乡村社会传统与现代的划分并非一定要确定统一的标准，进行统一划界，可以因地制宜，根据研究村庄的历史与现实，并结合研究主题进行相应的分期。照此看来，费孝通先生具体问题具体分析的观点，较为变通，也较为合适。他将对传统乡村的界定放在特征描述上，认为中国的传统乡村既是一个礼治的社会，同时也是一个血缘社会。于建嵘非常认同这一观点，认为这种对传统乡村社会的认定方式照顾到了

1　金耀基：《从传统到现代》，9页，北京，中国人民大学出版社，1999。
2　金耀基：《从传统到现代》，7页，北京，中国人民大学出版社，1999。

那些历史不完整，但却继承了传统的后起村落，抓住了传统乡村社会的本质。[1] 结合本研究的主题，考察滋泥水村的历史，可以将中华人民共和国成立作为村庄传统社会结构发生转变的大致分界线。这种转变集中表现在两个方面：一是农村生产方式开始从分散的家庭生产转向集体生产；二是农村的封建宗法体系开始瓦解，乡村社会逐渐国家化，村民翻身做了主人，成为有自觉意识的历史主体。还需要说明的是，由于中国西北地区地广人稀，中华人民共和国成立前当地的行政力量薄弱，尤其是离县城较远的滋泥水很少受到外界干扰，乡村社会生活相对稳定，保持了传统样貌。直到中华人民共和国成立以后，这种局面迅速发生改变，因此，就滋泥水村而言，将传统与现代的时间分水岭大致确定在中华人民共和国成立前后较为适宜。

此外，在具体研究中还需要从社区的角度对传统乡村社会进行空间划界。在这里需要引入"信息共享"的概念，它不同于现代媒介环境下的信息共享，主要指"在前现代化的社会环境之下，民众生活的流动性不大，人们被限制在一个相对稳定的群体或者某个村落里，生活的空间总的说来，没有大的波澜，也没有强烈的震荡……在同一民俗文化的影响下，由这片土地上的人群主体所构成的社会，每个人对群体内其他成员的情况都烂熟于心，发生于这群人之间的许多事件都不会逃过每个成员的视野。一言以蔽之，在这个群体之中的一切信息都是共有的。"[2] 前现代化的乡村社会媒介体系不发达，并且具有鲜明的地缘特征和血缘指向，信息传播受此限制，只能在狭小的社区空间内展开，包括传播关系的构建、传播场景的生成、传播意义的生产都是较为封闭的地方性媒介

---

1 于建嵘：《岳村政治：转型期中国乡村政治结构的变迁》，57页，北京，商务印书馆，2001。
2 仲富兰：《民俗传播学》，321 ~ 322页，上海，上海文化出版社，2007。

空间实践的结果。"信息共享"作为传统乡村传播的典型特征在一定程度上明确了其媒介空间的物理界限。

二、中华人民共和国成立之前的滋泥水

滋泥水位于靖远县城东北方向，地处黄河东岸山谷地带，年平均气温 8.3℃，无霜期 165 天，年降水量仅为 229 毫米，属温带大陆性半干旱气候。刘白高速公路、国道 109 线沿村中心穿过，交通便利。滋泥水村现辖 4 个村民小组，403 户，1877 人，全村耕地总面积 2323 亩，其中水地 1974 亩。滋泥水人非当地原住居民，其先祖由明朝洪洞大槐树移民至此。清朝同治年间，靖远遭遇兵乱，赤地千里，少有人烟，滋泥水也未能幸免。后来，榆中青城的马家、赵家、徐家、关家迁移人口至此，定居黄河岸边。由此形成了三个彼此相邻的居住地点，即滋泥水村、徐家湾、关家台，其中，滋泥水村有马家和赵家两大家族。在长期的生产生活中，三地村民相互通婚，相互帮扶，往来甚密。在三地村民的观念中，滋泥水是一个大村庄的概念。三地交汇的双龙山上建有共同的村庙，当时是龙王庙，后来改为三官殿，三间主房，建筑结实，东西各一间厢房，结构简易，漏雨漏风。清朝末年，滋泥水曾出过赵积隆、马泗学和徐玉林三个秀才，在整个靖远地区声名鹊起，三家后人至今仍引以为豪，不吐不快。中华人民共和国成立前，滋泥水村民生活艰苦，据岳老大回忆：那时家里弟兄三个，父母辛苦劳作一年的粮食不够温饱，吃野菜是常有的事。印象最深刻的是吃不饱，一直处于饥饿状态，出去玩都没有力气，家中老三年纪小，出去玩经常饿得走不回来，走一会就趴在地上不动弹了，每次都是他和老二边

打边哄，磨磨蹭蹭才到家。为了缓解饥饿，他经常带着弟弟们在自家周围的山上、地里找黄鼠狼洞，用水把黄鼠狼淹出来烤着吃。他感慨道，那时的人活着就是为个"肚子"。村民生活清苦，只有到过年或上山求神时才有人献点贡品，村里马家和赵家的孩子都偷吃过庙里贡品，事情败露后既遭家长打骂，还要跟着家长去村庙上香，祈求神灵宽恕。1945年，赵先生在村庙内创办了村校，招收学生，其性质为私塾，教授内容为《三字经》、《百家姓》等。上学的学生也不多，最多的时候有20个左右，经常会有学生因各种困难退学，其中最主要的就是生活困难吃不饱饭。尽管村民物质生活极其艰难，但文化生活并不荒芜，令人惊讶的是在那个年景里，村里竟有自己的戏班，实为罕见，因此滋泥水被周边誉为"文化窝窝"，成为沿河一带的文化中心。戏班的成员都是村里的业余戏迷，所用的行头、道具都是自己动手制作，排演的剧目较少，如《武家婆剜苦菜》和《辕门斩子》，每逢过年或庙会都会拉出队伍热闹热闹，村民也一直保有看戏的习惯和热情。

第二节　内化于生活空间中的传播形态

传统乡村生活基本遵循着周而复始的循环逻辑，内化于日常生活的传播形态也少有变化。虽然村民对乡村文化活动抱有期待，有参与的热情，有观看的喜悦，但村民并不会对早已熟悉的传播形态和文化样式给予特别的关注，而只是将其作为一种情境的定义，正如戈夫曼所谓的"日常接触"。戈夫曼将"日常接触"大致界定为"被赋予现实特征的接触"，[1]

1　〔美〕戈夫曼：《日常接触》，徐江敏等译，5页，北京，华夏出版社，1990。

而现实特征一定程度上是建立在为人熟知的情境之上。由于对情境的熟悉，村民很难将日常生活空间中的传播形态分离出来，进行陌生化的认知。如赫勒所言，"熟悉感为我们的日常活动提供基础，同时，它自身就是日常需要。"[1] 为了便于认识村民日常化的传播形态和文化样式，可以按照生活中不同的情境类型，将其划分为私人生活空间、公共生活空间和节庆生活空间。不同的生活空间中都有不同的传播形态和文化样式构成了别样的生活情境或样貌，因此，有必要将这些不同传播形态和文化样式放在日常生活中探讨。

一、私人生活空间中的传播

中华人民共和国成立之前，由于生产技术落后，生产力低下，滋泥水人常年辛苦劳作也填不饱肚子，生活非常艰苦。村民的主要精力都放在维持生计上，不是在地里务庄稼，就是在山上刨野菜，少有闲暇，也很少有文化生活。平日里劳作间隙要是赶巧碰上，村民忙里偷闲聊上几句家长里短就算是消遣了。一家老小起早贪黑，大人忙于农作，孩子们四处搜寻野食，像黄鼠狼、麻雀等都是绝好的美味。傍晚回到家中吃过饭，大人们也从不闲着，男的喂喂牲口，整理工具，女的收拾完锅灶又接着纺线、编草绳。村民住宿简陋且拥挤，经济条件好些的家庭住土坯房，差些的家庭住窑洞，普通村民家都是场院，没有院墙，房屋前通常会拾掇出一片平整干净的场地，用来堆放秸秆草料等杂物。尽管没有院墙将外界与内部隔离，但在人们的观念中，种种人为的痕迹已经廓清了内外界线。在忙碌清苦的生活环境中，白天的时间几乎全部被生产劳动占据，

---

1 〔匈〕阿格妮丝·赫勒:《日常生活》，衣俊卿译，257 页，重庆，重庆出版社，2010。

留给村民家长里短的交流时间被挤压在晚上睡觉前的短暂时光。

（一）油灯

白天一家人各有分工，总是凑不到一块，只有晚上收工之后，一家人在一起才开始真正的家庭文化生活。不管是土坯房还是窑洞，窗户都小，而且被分成很多窗格，每个窗格都糊上了粗麻纸，透光性差。太阳还没完全落山，屋里就已经黑成一团，孩子们待在屋里着急，跑出屋外玩耍。老人们要么吃完饭在院子里转悠，要么斜躺在炕上小憩，女主妇在饭毕收拾停当后，坐在院子里借着斜阳的余晖继续赶针线活。男人们忙着铡草，喂牲口，时不时地从牲口圈中传来驴叫声，整个村庄都能听见，此起彼伏。直到屋外也彻底黑下来，家人才全部进屋。此时，油灯被点着端到炕桌上，一家人都自觉地围坐在油灯旁，借着光亮开始了饶有兴趣的家庭交流。此刻，油灯成了凝聚家庭成员、开启家庭交流的一个象征性装置，点着油灯就打开了家人交流的话匣子。经济条件好些的家庭点煤油，差些的就用棉花子油，有的家庭直接用细木签串上蓖麻籽点灯，虽然照明成本低，但油烟大，燃烧速度快，灯火不好控制，很多时候只在睡觉前点着，方便铺开被褥，等睡下就赶紧吹灭。即便是这种短暂的亮灯同样具有开启家人交流的标志性意义，灯灭后也要稍聊上一阵才入睡。

油灯是用棉花搓成灯芯浸泡在瓷油碟里，下面用瓦罐或其他器物作支架，也有一体成型的瓷质灯台，但比较少见。这种油灯靠伸缩灯芯来控制灯火明暗和耗油量，碟子里通常会放一根细铁丝专门用来拨灯芯。拨灯芯不但是技术活，还是宣示家庭权力的重要活动。通常情况下，拨灯芯调亮度的工作由家中主事掌控，其他人拨了灯芯，会招来主事告诫。小孩子只有趴在炕桌边看的份，若是手闲乱动便会立即招来大人一顿训斥。因此，在对油灯的行动上，家庭成员达成了默契，很少有家庭成员会通过此种方式挑战既定的家庭权力格局。在通电前的传统乡村家庭生活中，这点光亮成了夜幕下凝聚全家老小的媒介，在以油灯为中心组织起来的家庭媒介空间中，尽管男人们对着油灯抽旱烟，女人们借着灯光捻毛线，孩子们趴着看墙上的灯影或是听老人讲故事，看似各有其事，但少不了家长里短的交流，家庭成员都会参与其中，共享这种氛围，这是一种家庭式的娱乐消遣和最本真的家庭文化活动样态。油灯对于乡村家庭文化生活的重要意义，不仅在于它是开启家庭成员话语和情感交流的"阀门"，还在于它对家庭媒介空间的召集和组织，比如油灯点起，呼啦啦家人挤满了炕头，叽叽喳喳；油灯熄灭，聚会结束，聊天散场开始睡觉。

（二）讲"古经"

当地农村有"老人娃娃"的说法，意思是说上了年岁的老人，性格和行为与小孩相仿，喜欢和小孩凑在一起。平日里，老人总是与小孩搭对，除了日常生活照料，等晚上闲下来，老人总会应孩子们的要求讲"古经"。在当地，讲故事被称为"讲古经"，之所以称为"古经"，主要是因为故事老旧，难寻源头，代代口口相传。"古经"内容多是些神鬼故事，最常听的有《毛鬼神娶媳妇》，讲述了一个远嫁他村的年轻媳妇儿，带着油饼回娘家省亲，不料途中遭遇浑身黄毛的野人诱骗，不但被骗吃光了油饼，还被挟持，给野人当了媳妇儿。等到从野人处逃脱回家时，若干年已过去，家人都以为她死了，相见时与家人互倒苦水，痛哭流涕，从此之后倍加珍爱家人，再没有离开过家。首先，从故事的主题来看，它倡导的是一种家庭观念和亲情意识，表达了村里人对维护家庭稳定的强烈意愿。其次，通过该故事可以看出，在人们的观念中，村庄作为一个相对封闭的地理空间具有熟知性和安全性，而村外不熟悉的世界具有神秘性和危险性。可见，"古经"作为一种媒介，在穿越时间的传承和传播中维系并强化着以家和村庄为中心的空间观念。

有的老人略通文化,也会讲些《隋唐演义》《岳飞传》中的小故事,故事内容主要彰显忠义仁孝等传统价值观。这些故事都是辈辈相传,具有较高的同质性。尽管老人们的故事来回就那么几段,没有再发挥和再创造,但孩子们却百听不厌,每次聆听都表现出极大兴趣,老人与小孩都沉浸在欢乐中。成年人很少参与"古经"讲解,偶尔也会和孩子们一起聆听,重温一下儿时的感觉。在家庭媒介空间中,"古经"不单是话语媒介,也是话语技术和话语权力,对其操控宣示了老人在文化传承和传播中的主导地位,谁也不会因为讲"古经"与老人发生争执。对孩子来说,不管有任何疑问,都会在老人一遍遍的重复以及断然的肯定或否定中得到答案。

村里人都是听着相同的"古经"长大的,代代相传,其精神主旨却始终如一并沉淀为稳定的地方性知识,在孩子们的成长过程中发挥着重要的社会教化作用。在家庭媒介空间中,此种媒介实践将社会伦理道德教化进行具象化演绎,让传统融入日常。

二、节日庆典空间中的传播

之所以将节日庆典空间专列出来进行讨论,主要是因为它代表了乡村社会日常生活的非常态。它是特定时间与空间的交汇,"标志着时间或空间在某个具体场景的临界点。所有具有特别意义的行为都以此为触发条件,或者说,在时空的临界点,事物和人的行为被赋予了不同寻常的意义。"[1] 在中国的乡村社会,节日庆典不是作为颠覆传统礼仪和秩序

1　仲富兰:《民俗传播学》,325 页,上海,上海文化出版社,2007。

的手段或工具，而是通过一种非日常的情境，在遵守乡村秩序与传统的基础上强化日常的稳定性，就像登蒂斯所说："它最好是被看作安全阀门，它通过暂时把权威的各种束缚悬搁起来，而以某种功能性方式加强了权威的各种束缚。"[1] 的确，在节日庆典空间中呈现的社会交往形式与传播形态貌似打破常规，实则是常态化的非常态表现。

（一）请客

按照当地的传统习俗，过年最讲究的是吃臊子面，臊子面重点在臊子，一般用肉丁、豆腐丁、粉条段、土豆丁等炒制调卤并浇于手擀面上。臊子面是家庭富裕的象征，谁家过年要是吃臊子面，全村都会传遍。退而求其次的酸汤面则简单了许多，不需要臊子，一撮葱花几勺醋便能调出一大锅底汤，低廉的成本使其成为普通家庭常见的年饭。生活虽清苦，过年请客的传统一直保留着。请客是风俗习惯，也是争"面子"。一年到头肚里清汤寡水的村民，过年都要在家中请客，以此证明"人情"活泛。过年请客作为一种乡村社会交往的重要方式，它将"人情"、"面子"紧密联系在一起，呈现出复杂的象征意义。翟学伟将面子与人情作为整体置于社会网络中进行研究，认为"中国人的面子、人情以及'关系'和权力都必须放在中国社会文化的背景中来理解……面子与人情都滋生于这一社会网络之中。在大多数情况下，在没有社会网络的地方，面子和人情都很难发生。"[2] 可见，"请客"作为编织和维系传统乡村社会网络的一种重要媒介，承载着面子与人情的寓意。

过年请客分"大请"和"小请"。小请规模小，吃食简单，主要以

1　Dentith, Simon. Bakhtinian Thought： An Introductory Reader. New York： Routledge, 1995，58.

2　翟学伟：《中国人的日常呈现：面子与人情的社会学研究》，7页，南京，南京大学出版社，2016。

臊子面或酸汤面宴请。"大请"讲究排场，注重菜品，用大碗上菜，当地称为"五个碗"。"五个碗"成一桌席，具体包括一碗丸子、一碗红白炖、一碗大头酥、一碗小炒、一碗千刀酥。"五个碗"听起来都是荤菜，但食物制作中只用零星肉末儿点缀提味，多填充面粉和菜叶。筹措这样一桌，对普通村民家庭来说并不容易。"大请"有特定的邀请对象，通常是上年纪的亲戚长辈以及村里有威望的长者，年轻人上不了"席面"。受邀者与请客活动的社会意义就在于它将成为东家对外炫耀的社会资本和传递人情练达、有面子等复杂社会寓意的象征性实践。此外，受邀者也承担了宣传者的角色，一方面对外炫耀自己的人缘威望，另一方面也给东家的人品做个宣传。请客活动产生的社会效益是双向的，它在社会名声塑造上实现了受邀者与东家的"双赢"，为乡村营造了良好的社会氛围，更活跃了乡村社会交往。

（二）赌博

赌博在农村较为普遍。大多数村民以此为乐，但极少数村民以此为生，败坏了乡村社会风气。中华人民共和国成立前的滋泥水，赌博并不普遍，只是部分村民过年闲来无事的一种消遣娱乐，没有人想着靠这吃饭。赌博发生在固定时间段，只有过年才有。赌博是不受村民欢迎的小群体活动，活动地点多选在僻背山坳的窑洞里，喜好赌博的男人们里三层外三层，挤得水泄不通。赌博的玩法简单，以"押单双"为主，该活动难度低参与度高，输赢清楚明了，没有争议。多数参与者抱着小赌怡情的心态参与其中，玩几把就离开了，也有铁杆赌迷坚守一个正月，即便不赌钱，也要天天凑热闹赶场子。后来的赌博活动逐渐由村外转向村内，由地下转到地上，赌博活动也不再局限于过年，逐渐渗透到婚丧嫁娶等重要场合中。在这些特定场合下，或碍于面子或出于活跃气氛的考虑，在日常生活中大家逐渐接纳了该活动。但赌博活动进入乡村公共空间是有底线或门槛的，它不能背离乡村公共利益和道德规范。当赌博逐渐成为某些人从中渔利并以此谋生的手段，活动的动机开始背离怡情娱乐的初衷时，靠劳动吃饭的道德观念受到了挑战并由此带来一系列社会问题，如因赌造成的家庭不和、伤害乡邻感情、偷盗等。

（三）"过事情"

在当地，把婚丧嫁娶等重要活动称为"过事情"。在村民观念中，婚丧嫁娶等活动已经超出了一家一户的活动范畴，成为具有公共性质的社会交往活动，是全村人的事情，需要全村人共同参与。受一家一户财力、物力、人力的限制，"过事情"需要在全村范围内调配资源，这是村里的传统。"过事情"需要强有力的组织和明确分工，迎来送往、吃喝招呼、后勤保障、外围联络等各岗位都安排到人，其中最核心的角色是"总理"，通常由村里德高望重、言谈利索、善于张罗的人担任，统筹协调，总揽全局。"总理"还深谙"过事情"的规矩和程序，有丰富的组织协调经验。"保管"专门负责用物、礼物和礼金管理，通常由村里诚实守信之人或本家亲戚担任。"灶长"主管大灶，统筹食材，掌勺烹饪，除了讲求口味，衡量"灶长"的一个重要标准是要有较强的责任心和节约意识。此外，若干"知客"必不可少，他们专司引导和招呼重要客人，由人缘好、热情外向者担任。村里妇女提供了强大的后勤保障，主要从事洗碗、帮厨、擦桌子等杂事。村里的男人们大多来捧人场，壮人气，他们院里院外来回转悠，屋里屋外出出进进，聚在一起抽抽烟、聊聊天。村里的孩子们也不会闲着，事前借碗筷桌椅，事后负责归还。孩子们的工作不只是体力劳动，还是脑力劳动，这家几个碗，那家几双筷，归还的时候容易混淆，还错东西的情况时有发生。时间长了大家知道哪几个孩子记性好，办事牢靠放心，村里"过事情"归还碗筷桌椅的事情就固定给了他们。上述社会角色和分工在"过事情"的社会交往实践中逐渐被基本固定下来，成为地方经验传承的重要媒介，维系着此类传统乡村公共媒介空间的复制和延续。

此类活动为人们"提供了一个聚会的机会，首先是亲戚们的聚会，对新建立的亲属纽带予以承认，对旧有的关系加以巩固。"[1]对一个家庭来说，这种关系的维护有助于日后的相互援助，这是有深远社会意义的。在外人看来，这些场合中东家社交质量的高低和社交圈子的大小都可以通过礼金或礼物的轻重、帮忙人的多少等指标得以确认。此类活动也是全村人的聚会，为村民们的社会关系整合与调节提供了绝好的机会。比如村民们讲究"变工"，一方面，指当事人与帮忙人之间的劳动交换，你家"过事情"我家来帮，我家"过事情"你家来帮；另一方面，指当事人与帮忙人之间的情感互助，帮忙就是给当事人"面子"，说明当事人的人缘好。因此，"变工"既是一种劳动的交换，又是一种社会互助机制和乡村社会交往的重要方式。

（四）随礼

"随礼"是一种"人情"的媒介实践和见证，代表关系互动和感情沟通。"随礼"发生在婚丧嫁娶等场合。"随礼"不单是财力和物力上的社会资助，礼品和礼金的社会流动，更是对人与人之间社会关系的相互认可。"随礼"记录在"情簿"上，意义有三：一是明确随礼的人员与数量，便于当事人对自己的社会交往进行评估；二是作为当事人日后还礼的依据，通常遵循等价交换原则；三是作为考量和划分当事人社会交

1　费孝通：《江村农民生活及其变迁》，101页，兰州，敦煌文艺出版社，1997。

往等级的重要依据。正如贺雪峰所言："在中国传统社会，人情不仅是一种互惠，还是一种'礼'，是一种规矩，是什么样的人该送什么档次的礼。"[1] 村里的婚礼上一般随礼多是 3 到 6 尺花布，很少有直接送钱的。丧事一般送馒头，一般关系送 8 个，叫"水礼"，亲戚通常送 10 个，叫"献礼"，然后回送两个以示答谢。小孩过满月，亲戚们送"马蹄子"，一般亲戚送 6 个，近亲送 8 个并盖红布。盖房子"上梁"、暖房等也都在"随礼"之列，几个鸡蛋、几个枣、几个油饼都能成礼。

"随礼"作为乡村社会交往的一种重要媒介实践，承载着深刻的文化意涵。与私人交往中"礼"的意义有所不同，"随礼"有遵守乡村社会交往规则的宣示意义，是对个体社会交往质量评价的重要参考，积极参与"随礼"证明人缘好，社会交际广，反之，则证明不"活泛"，社会交际面窄。

第三节　与陌生人相遇：村民眼中的社会

中华人民共和国成立之前的滋泥水经常会来一些外乡的买卖人，这些外乡人除了为村民提供各种生产生活服务，还为村民了解外部世界开辟了一个流动"窗口"。这些外乡人进村会停留一段时间并引来村民围观，买卖之外经常和村民攀谈，村民们通过与外乡人的临时聚会了解外界，满足对未知的好奇。一方面，外乡人构成了村民眼中异质的村外社会；另一方面，与外乡人的交流作为当时在相对封闭的信息环境中了解外部世界的重要渠道，让村民们对遥远外部世界的认知止步于外乡人的

1　贺雪峰：《乡村社会关键词：进入 21 世纪的中国乡村素描》，68 页，济南，山东人民出版社，2010。

间接描述和他们自己的想象，又进一步形成了想象的村外社会。

呼郎子："货郎"是村里的常客，常年游走于城乡之间贩卖日用杂货，手摇拨浪鼓，插着小风转，挑满各色货物，忽闪忽闪，晃晃悠悠，边走边喊，当地人形象地称为"呼郎子"。"呼郎子"几乎都是清一色的天水秦安人，常年肩挑背扛，徒步行走于乡间。村民们认为当地人根本吃不了这苦，都非常佩服秦安人的吃苦精神。那时村里没有商店，村民购买生产生活用品有两个途径，一是步行到 50 里之外的靖远县城购买，若非急需或购买大件生产工具，村民们通常不会大费周折亲赴县城；二是等待"呼郎子"送货上门，这种方式较普遍。"呼郎子"类似于一个流动的商店，货品基本能满足村民日常生活需要，比如染布的颜色、头绳、绣花彩线、针线、烟锅等。受天气等因素的影响，"呼郎子"行程不确定，来村里的时间不固定，要是许久不来，村里的日常生活会受到影响，只能委托别人去县城帮忙代买生活必需品。那时，"呼郎子"的足迹遍布沿河与山区一带的农村，有个叫"呼郎沟"的地方，是当年"呼郎子"常年穿梭于沿河、"山后"[1] 两地的必经之路，传言在寒冬曾有"呼郎子"冻死在路上。从山后到沿河的百里路上，路途险恶，时有匪徒半道打劫，平日里除了偶尔有结伴同行的乡民外，"呼郎子"常年奔波往返。每次村里来了"呼郎子"都会形成临时集市，买东西、换东西的村民纷至沓来，好不热闹。短暂的集市不单带来了货品集散，还形成了信息集散，在满足村民生活需要的同时，也满足了村民对外界信息的需求。

阉匠："阉割"牲畜是一项在乡村有着广泛需求的专业技术。掌握该技术的"阉匠"便成为经常光顾乡里的重要角色。猪、羊一类小牲

---

1 "山后"是对靖远一带对远离黄河的山区的总称，那里是靖远主要的产粮区。

口的阉割技术容易掌握，村里懂行的就可以解决，随叫随到。驴、马等大牲口的阉割技术要求较高，多被外地"阉匠"掌握，要是村中有大牲口需要阉割，只有等外地"阉匠"。村里人形成了共识，认为这些外乡"阉匠"技术精湛，被阉割后的大牲口明显乖巧、卖力、好使唤。他们有自己独特的身份识别符号，长杆上绑着彩色布条拼接的长帆，抢眼夺目，帆上没有写字，但村民们心知肚明。有要阉割大牲口的家户请"阉匠"前往家中，看热闹攀谈的村民也紧随其后集聚在院子里。村民除了看热闹，喜欢向"阉匠"问东问西，愿意听"阉匠"的所见所闻。有时活多的话，各家要排队，得等上好一阵子，村民们也紧跟在后面走家串户，看热闹。

补锅匠："锅"作为村民日常生活的大物件具有重要的社会象征意义，新家成立或分家都称作"另立锅灶"。在经济条件受限与社会文化的双重影响下，大铁锅便成为村民家中最有历史的物件。村民家里的锅很少更换，若是出现小漏洞就用面团腻住，继续使用。等实在凑合不了，才趁着村里来了补锅匠补补。补锅匠都是外乡人，挑着鼓风机、炉子、焦炭，常年活跃于乡间。在村民看来，补锅是一项非常有趣的表演，只要补锅匠来村里，孩子们便奔走相告，引来众多村民围观。补锅地点在村里的开阔地，需要补锅的人扛着锅陆续向这里集中，村民们围成一圈一边观看补锅表演，一边与补锅匠交谈。这在村民平淡的生活中，增添了些许乐趣。

萝匠：萝是西北农村普遍使用的一种生产生活工具，主要用来过滤杂质，大萝用于分离粮食与杂质，供农业生产使用，小萝用于过滤面粉，供做饭使用。到了收割季节，大萝的使用频率高，容易受损，萝匠在这个季节最活跃。萝匠除了修萝，还凭借精湛的手艺附带着修蒸笼。他们游走于乡间，有自己独特的声音标识，进村会用奇特的嗓音，迅疾而连贯地喊着"修箩、修蒸笼"，村民们尽管听不真切，时间长了大家仅凭声调就能判定身份。与补锅匠一样，他们精湛的手艺是场表演，每到一家都有村民围观，孩子们为了多看几场这样的表演，经常会奔走全村为其招徕生意，竭力挽留箩匠。

毡匠：村民们辛苦养羊攒羊毛，除了纺成毛线，织羊毛衣外，大部分用来擀毡。毡主要用于铺炕隔潮，在农村需求较广，分家和结婚一般都要擀毡，与大铁锅一样，羊毛毡作为家庭生活的大件重要物品也具有标识家庭分化与独立的社会意义。虽然县城也出售擀好的毡，但交通不便且价高，村民觉得不划算，更愿意掏些工钱等毡匠上门服务。自己积攒羊毛耗时较长，对一般农村家庭来说几年才能擀一次毡。有时恰逢毡匠来村里，羊毛不够又赶着急用，家户之间借羊毛的情况常有。毡匠多来自静宁、通渭、庄浪一带，光顾村里的时间基本上是两年一次，由于人员相对固定，为村民所熟悉。擀毡需要合作，毡匠通常组团出行。擀毡所需场地较大，一家一户的院落难以满足，通常都会习惯性地安排在麦场，麦场边的"驴圈窑"便成为毡匠们来村里擀毡的临时居所。谁家需要擀毡都来这里接洽，并且形成了谁家擀毡谁家管饭的默认规则。他们每次来村里的时间较长，与村民接触较深入，晚上闲下来会有村民找他们聊天，讲讲走南闯北的新鲜事。现在村里的老人还能记得当年有个姓魏的毡匠手艺好，常来村里，小孩子们亲切地叫他"魏家爸"。

弹棉花：靖远沿河一带在中华人民共和国成立前曾普遍种植棉花，有弹棉花的需求。"弹棉花的"成为经常奔波服务于乡间的重要角色。听到村中响起"弓弦"的声音，大家都知道是弹棉花的来了。弹棉花一般都在村民家中进行，到了饭点会给匠人管饭。有些人家活多，要是一天干不完，还会在村民家中过夜。当时村民家中住宿紧张，不可能单独为其腾出客房，到了睡觉时间，都是与村民挤在一个大通炕上。睡觉前，村民与匠人会发生饶有兴趣的交谈，主要内容是村外的所见所闻。

卦婆：中华人民共和国成立前，村里常来算卦的，都是外地四五十岁的女性，当地人称她们为"卦婆"。她们出行都是单枪匹马，身边带着一只所谓的"神鸟"，这是她们的宝贝，算命全靠它。据说"神鸟"能根据人的生辰八字，从"卦婆"准备好的签筒中抽出能预测当事人命相的卦签，非常神奇。"卦婆"有自己招揽生意的独到办法，她们以讨吃讨喝为由与村民搭讪，先是一通溢美之词，而后急转直下，危言耸听，要求村民破财消灾。村民生怕"卦婆"身怀邪术，不敢得罪。村里人与她们相处谨慎，消极配合，要喝给喝，要吃给吃，算完卦，给了钱，就马上打发走，生怕再生事端。村里人已经熟悉了这样的套路，不论灵验与否，都会程式性地应付一下，尽量做到"里不伤，外不损"。

传统乡村社会中的这些"陌生人"构成了村里人了解外部世界的"社会媒介"，村民与他们的接触并不局限于买卖行为，还伴有大量的信息交流和社会交往，他们与村民相熟，成为村民信赖的认知和了解外部世界的重要渠道。例如毡匠"魏家爸"曾受村民之托，将通渭的女人带到村里做媳妇。通渭生活极其艰难，常有饿死人的事情发生，相较于通渭，滋泥水的生活条件好太多，很多通渭女人为图生计愿意远走他乡，通过毡匠保媒，村里的光棍以极少的花费就娶上了媳妇儿。与"陌生人"相遇有好也有坏，例如有老人回忆，卦婆有时会趁人不注意，拐走小孩或年轻女子。村民们通过与这些"陌生人"打交道来认识外界，形成他们对村外世界的印象，积累他们应对外部世界的知识和经验。

第四节 传统乡村媒介空间的生产与再生产

一、媒介空间的复制

传统乡村媒介空间的稳定和延续主要基于乡村媒介的内生性，内生性媒介实践在一定程度上决定了媒介空间的循环复制，而非创新再造。如果外力不够强大，很难打破这种媒介空间复制的既定逻辑，这也正是传统乡村媒介空间长期维持原样，变化不大的重要原因。传统乡村社会生产生活的基本单元是家庭，媒介空间的复制体现在家庭的生产与再生产中。树大分枝，子女成家后，尽管家长有意保持大家庭生活，但由于小家与大家的利益分歧造成了家庭内部矛盾，分家便成为传统乡村社会缓解大家庭内部矛盾的通行办法。分家的一个突出特征是小家庭与大家庭在空间上的分离与划界，其主要表现是小家庭拥有独立的生产生活空间，比如分开劳动，另起炉灶，分开吃饭。通常状况下，老人们会将自己辛苦积攒的家当，主要是房子、生产工具、锅碗瓢盆和粮食分给小家庭，使其具备基本的生产生活条件，从此小家庭自力更生，作为独立单位参与社会生产生活。尽管小家庭在一定程度上实现了与大家庭在物理空间上的剥离，但并未形成独立的文化空间，完成文化断乳，依然保持着与大家庭的强文化连接，比如在祭祀、拜年等大事情上小家庭会遵照大家庭统一安排，保持步调一致；在社会关系的维系上，小家庭受大家庭影响，沿袭其经验和做法。当地村民非常重视与娘舅家的关系，一个非常重要的原因是"娘舅"在传统乡村社会的许多重要仪式中作为一种重要的象征符号，不可或缺，比如丧事必须有"娘家人"[1]到场，否则不

1　在当地指舅舅家的母系亲属。

合规矩，无法下葬。可以看出，乡村媒介内生性的一个重要基础是文化传统，受其惰性影响，它内在地决定了家庭的再生产无法打破循环逻辑而获得文化意义上的新生。在小家庭与大家庭之间，孩子是沟通的桥梁和媒介。分家并不意味着抚养孩子由小家庭独立承担，大家庭也有分担。孙子孙女经常吃住在大家庭，与爷爷奶奶保持着良好的亲密关系。分家尽管在经济和生活空间上获得了重新界定，但在情感联系、社会关系上仍旧逃离不了大家庭。通常直到大家庭的老人都过世，大家庭完全解体，小家庭才真正脱离出来，实现自立。

二、空间的拓展

尽管传统乡村社会相对封闭，但作为一个社会有机体也会与外部世界发生联系，以维持村庄的生存和延续。这种外部联系的重要媒介是婚姻，与外村通婚不但有人种进化的生物学意义，还是一种跨区域的社会互助机制。人类学家弗里德曼在研究中国东南沿海乡村家族间的关系时，提出了"远交近攻"的观点，其中"隐含一层意思，即，通婚及与通婚相关的'亲善关系'，一般发生于地理空间距离相对较远的家族之间。"[1]这种情况同样发生在滋泥水。中华人民共和国成立前，靖远沿河一带耕地较少，村民收成不好，缺吃少穿，而远离沿河的山区（沿河地区民众将其统称为"山后"），雨水较丰沛、耕种面积广，是远近闻名的产粮地，"山后"村民的日子要普遍好于沿河一带。沿河一带村民为了能在发生粮荒时获得"山后"的粮食援助，维持家庭生计，经常会托人牵线搭桥，将闺女远嫁到"山后"，通过缔结婚姻，建立长久的社会援助关系。这种

---

1 王铭铭：《溪村家族：社区史、仪式与地方政治》，57 页，贵阳，贵州人民出版社，2004。

跨区域的婚姻在粮荒年代拯救了不少村里家庭。直到中华人民共和国成立以后，这种社会援助性质的通婚仍然存在。据村干部介绍，大约 20 世纪 50 年代末，靖远沿河地区只准种棉花，不准种粮食，再加上整个靖远县只有 78 辆马车和两辆解放车，运力不足，一时难以外调足够的粮食供给本县。很多人家缺吃少喝，沿河一带的农村再次出现将闺女远嫁"山后"的情况。

婚姻作为密切社会联系的媒介，也发生在地理距离较近的家族之间。滋泥水村的马家和赵家、徐家湾徐家、关家台关家，就是通过通婚紧密联系在一起，马、赵、徐、关四大家族形成了你中有我、我中有你的社会关系交错局面。正如王铭铭所言，"通婚制度支撑着一个跨家族的网络。这一网络在制度化过程中与超村落的区域纽带联结起来，形成区域内不同群体之间互通有无的社会空间体系。"[1] 正是在这种社会空间体系中，滋泥水村、徐家湾以及关家台形成了"大村"的空间观念。而且，这种社会空间体系具备极强的社会冲突排解功能，通过各种直接或间接的亲戚关系，矛盾冲突均能疏通和化解。因此，在很长时间里，四大家族都能相安无事，和谐共处，也形成了大村庄的共同体意识。

三、维系地方空间的知识体系

美国社会学家 C·赖特·希尔斯认为"几乎任何实质性内容都能够成为传统。人类所成就的所有精神范型，所有的信仰或思维范型，所有已形成的社会关系范型，所有的技术惯例，以及所有的物质制品或自然物质，在延传的过程中，都可以成为延传对象，成为传统。"[2] 传统涵盖

1　王铭铭：《溪村家族：社区史、仪式与地方政治》，50 页，贵阳，贵州人民出版社，2004。
2　〔美〕希尔斯：《论传统》，傅铿、吕乐译，21 页，上海，上海人民出版社，1991。

面广，渗透力强，在乡村社会，传统对维系整个社群稳定与发展极具重要性。在乡村社会的空间生产实践中，也形成了相应的传统，生产出一套相应的知识体系。这套知识体系主要涵盖了维护乡村社会空间正常运行的普遍准则和知识观念，其中既有制度化形式，如伦理规范、族规、家法等，也有知识化形式，如经验、常识等。人们在不同社会情境与空间的生产生活实践中，熟悉并掌握了这套知识话语。

（一）信仰空间中的知识体系

家谱："人类的姓名是人类对于物质世界、精神世界、社会和自我进行实践和认知并由此产生的分类系统的一部分。"[1] 在传统乡村社会，这种分类系统有明确的宗族标签，并且有成型的制度文本——家谱。家谱是宗族关系的文本档案，是维护宗族体系的重要依据。家谱的传承密码是"字辈诗"，"字辈诗"的主要作用在于建立命名制度，确立辈分秩序，将家族个体进行编码，赋予家族结构之内的社会关系。滋泥水的赵家和马家是大姓，两家家谱共用相同的"字辈诗"[2]，辈分对应。据说此"字辈诗"是两家祖先带领族人迁到此地后共同议定的，两大家族严守家谱传承的命名规则，确保宗谱秩序不乱。多年以来，尽管两姓之间互有通婚，关系早已紧密交织在一起，但始终不乱辈分，保持着同辈人通婚的规矩。马家与赵家的"字辈诗"也为其他家族复制，比如关家台的关家就照搬了马家和赵家的"字辈诗"。马、赵、关三家的家谱排序一致，直到20世纪90年代仍保持不乱。这种共同的命名规则规定了乡村社会交往的基本秩序，沉淀了村民共同的社会记忆，并由此形成了稳定的乡土文化

1　王铭铭、潘忠党：《象征与社会：中国民间文化的探讨》，27页，天津，天津人民出版社，1997。

2　家族用来排辈分的诗歌，其中的每个字都代表着不同的辈分，并出现在姓名中。

实践，"命名为社会提供了一个动员文化意识、号召、响应、记忆、模仿、社会整合、社会控制与社会教育等内容的空间"。[1] 在该命名规则框架内，三大家族在社会关系结构上实现了通约，再加上婚姻关系的介入与衔接，人们的情感和行为受此牵引和强调而走向团结，整个滋泥水因此形成了空间共同体。

家谱的保管及修订是特定空间中发生的行为。家谱作为承载家族历史与宗族观念的象征，一般存放在"大方头"（嫡长子）家中，由其供奉和管理，较大规模的祭拜发生在每年腊月三十晚上，族内人都要到"大方头"家中焚香祭拜。"大方头"在家族内部具有权威性和话语权。家谱修订作为家族大事，也由"大方头"操持，地点安排在"大方头"家中，所需财物以家庭为单位按人头收取，执笔人聘请当地有名望、书法好的老先生。早年村中的赵家与马家有两位家喻户晓、德高望重的老先生精于此道，经常受邀于沿河一带村庄撰修家谱。一般状况下，家谱的修订持续一个月左右。修家谱的老先生被请到"大方头"家中，好吃好喝，不敢怠慢，漫长的撰修过程多半是陪老先生聊天、喝茶、抽烟，时隔好久才动笔写一两个字。按当地的讲究，家谱修订时间要尽可能拉长，隐喻家族长盛不衰，绵延不绝之意，此外，还有一个重要的社会象征意义就是炫耀家族实力，撰修时间越长证明人丁兴旺，家底殷实。

灵媒与民间信仰：以灵媒为核心的民间信仰界定了当地乡村的社会交往、人际关系、道德规范、伦理秩序并形成了稳定的社会结构安排。在传统乡村社会生活实践中，民间信仰已沉淀为朴素的意识形态，对乡村社会变迁表现出强大的包容性与适应性。这种由民间信仰生发出的地

---

1 王铭铭、潘忠党：《象征与社会：中国民间文化的探讨》，32 页，天津，天津人民出版社，1997。

方性知识，几乎涵盖了乡村社会交往、空间秩序以及文化价值观等诸多方面，建构了村民抵御不确定性和完成地方社会化的知识体系，例如村民小到头疼脑热、家庭琐事，大到自然灾害防御、婚丧嫁娶，都需要得到村庙神灵的庇护和指点。民间信仰与日常生活紧密结合，让灵媒的"神谕"转化为经验常识以应对日常生活中未知与不确定的复杂情况，如"水碗送冲气"[1]"化符驱邪"[2]"挂红避邪"[3]"叫魂""火燎送鬼"[4]等方法，用以应对非自然力威胁和进行心理抚慰。再如由神灵开出的治病药方，也会在重复使用中转变成日常的医疗常识，凡遇到同类情形按部就班，照方抓药。除此之外，村民们也将恪守民间信仰规则变成了一种生活习惯、生活态度和伦理规范，如村庙中怀孕妇女、戴孝之人不得进入的规定被延伸到了村民的日常生活中，便有了怀孕妇女和戴孝之人不能进入村民家中的讲究。这种将"正确的社会行为当作一种精神转变途径的普遍原则"[5]，是民间信仰知识谱系发展为整个乡村社会生活惯例的内在机制。这些规矩"往往是'不连续的有关生活取向的论断'，却构成了传统中最持久和最有渗透力的因素"。[6]

　　吉尔兹在关于地方性知识的探讨中，将常识确定为一个非常重要的部分并将其视为文化体系的核心组成。滋泥水村民在民间信仰中所积累的常识或知识，对他们的日常生活极具指导意义，在地方空间的乡村文

1　用象征的手法将当事人身上邪气、晦气清除到装满水的碗中，然后将水泼出去。

2　用神灵赐的驱邪符在沾有邪气的地方焚烧，以扶正祛邪。

3　在当地，红布有避邪的功用，很多村民都将红布挂在财门上方避邪。

4　用点着的黄纸在当事人全身上下晃动，以驱除晦气。

5　〔美〕斯特伦：《宗教生活的理解》，金泽、何其敏译，122页，上海，上海人民出版社，1985。

6　〔美〕斯特伦：《宗教生活的理解》，金泽、何其敏译，124页，上海，上海人民出版社，1985。

化生活和文化实践中赢得了合法性。"当然,他们的这些知识是经验性的、不完整的知识,它不是系统的授受而是慢慢地、随意性地经孩童时期和青年成人时期代代沿袭授受的。"[1]

风水与阴阳:"中国风水是一种考察和分析活着和亡故的人的住宅之空间分布的技术……其目的在于判断住在这些地理位置上的人及他们的后代的社会和身体的'运'。"[2]早在汉代前后中国就已经有了相对成型的住宅勘测、观测地形等方法,宋代以后更是自成体系,其中不仅有相对成熟的勘测技术与方法,还有相应的天与地、阴与阳以及天地人之间关系的观念体系。它既与巫术、民间信仰交叉融合,又吸收了美学、建筑学的知识,不论是在朝廷还是在民间都十分流行,至今这种传统仍然在乡村社会延续。

风水之说旨在通过对空间的调整,实现对人与现实社会关系的调节,让人们对难以掌控的未来有一个操作性的抓手,从而架起愿景与现实的桥梁。传统乡村社会,风水是地方性知识体系的重要组成部分,是村民们面对不可掌控事项时最具解释力和可信度的阐释性话语。例如风水说认为判断后人命运的决定因素是祖先阴宅的风水好坏。村中传言从前有一家人,几乎每代人中都有智障,人丁素质普遍不高。于是便怀疑是自家祖坟风水不好,殃及后人。前后请了多位阴阳先生[3]断坟,众口一词都证实了这一怀疑。此后若干年,不断找寻理想的风水宝地,祖坟被迁来迁去,几经周折才最终落定,后代痴傻的厄运也就此终结。据传距滋

---

1 〔美〕吉尔兹:《地方性知识:阐释人类学论文集》,王海龙、张家瑄译,102 页,北京,中央编译出版社,2000。

2 王铭铭、潘忠党:《象征与社会:中国民间文化的探讨》,176 页,天津,天津人民出版社,1997。

3 在当地,阴阳先生同时还担当着风水先生和算命先生的角色。

泥水不远的响泉大地主顾家，在早年当地遭遇回民洗劫时能幸免于难就得益于顾家阴宅的风水宝地。当地将"喜鹊踏蛋"[1] 的地方视为最上乘的风水宝地。机缘巧合，顾家的羊倌在山间放羊时有幸发现了"喜鹊踏蛋"的宝地，便将此地献给顾家，换了粮食。自从顾家将祖坟搬迁至此，人丁兴旺，福运绵绵。最让人惊异的是，在动乱年代，顾家竟毫发未损，顾家人也将此幸运归因于那块风水宝地并对外宣扬，外人也都纷纷认同。

阴阳先生与"方神"[2] 掌握着风水知识，是风水知识的重要传播者，当地人有关风水的经验和知识大都来源于此。只要是有关风水问题，人们通常会请阴阳先生亲临现场，答疑释惑，寻求解决之道。有时也会去村庙向"方神"求助。人们在与风水先生的交往中学习到相关的经验知识并自觉地运用到日常生活中，如财运好坏与阴宅的水路有关，财运不济必须改阴宅水路以作补救；人不旺与阳宅的"煞"[3] 有关，必须"回土"[4]、收煞，等等。受村庄地理空间的限制，在阴宅的选址上普遍表现出极强的边界观念，各村阴宅选址都在本村所辖区域内，不能越界，否则会招来事端。在村庄周边区域内，风水好的地方有限，所谓风水宝地更是稀缺资源，因此，对其占有便成为一种权力象征。对家族而言，对这种空间资源的占有和掌控具有长远意义，会影响到整个家族的运势以及该家族在村庄未来发展中的地位。

（二）社会交往空间中的知识体系

人情："人情"作为乡村社会交往和关系发展的重要机制和精神内核，其内涵较为复杂，如上文所述，"人情"有其物化形式，即礼物、

---

1 "喜鹊踏蛋"是当地对喜鹊交配的通俗叫法。
2 庇佑一方的神灵称之为"方神"，通常状况下一村一个"方神"。
3 在当地的民间信仰中主要指不干净的东西，如鬼怪等。
4 动土完毕后向土地爷表达敬意与谢意的仪式。

礼金等，也有其动态的、流动的表征，即礼尚往来。"人情"是社会关系的流动，也是关系资源的交换。它"强调在差序性结构的社会关系内，维持人际和谐及社会秩序的重要性。换言之，'人情法则'不仅是一种用来规范社会交易的准则，也是个体在稳定及结构性的社会环境中可以用来争取可用性资源的一种社会机制"。[1] "人情"可以具象地理解为一种社会交往规则和社群生活常识，懂与不懂，做与不做就成了评价个人甚至是家庭社会活动能力、社会关系维系和发展能力的重要标准。"人情"往来不单是社会交往能力的表现，更是一种道德评判，其背后潜含着对乡土价值观的认同。在乡村社会交往中，当地村民们常会用"花繁"与"死人"来形容是否谙于"人情"世故的两种相对状态。"花繁"是积极正面评价，代表重"人情"，通世故，善于搞好各方面社会关系，得到了大家认可。而"死人"则是消极负面评价，用来形容自私，不通"人情"世故，社会关系封闭的状态。在村民的观念中，要懂"人情"，还要走"人情"，持久的乡村社会交往必须要通过"人情"往来加以维系。正如费孝通先生指出的"亲密社群的团结性就倚赖于各分子间都相互地拖欠着未了的人情……来来往往，维持着人和人之间的互助合作。亲密社群中既无法不互欠人情，也最怕'算账'。'算账''清算'等于绝交之谓，因为如果相互不欠人情，也就无须往来了。"[2] 对"人情"的拿捏和运用，既决定了个人或家庭对社会关系资源的占有，也决定了对社会道义资源的占有，若被村民认定为"死人"，会受到村里的舆论谴责，会被排斥在诸如红白事等"人情"往来密集的活动之外。因此，通"人情"就成了村民社会化生存的基本能力和评判。

1　黄光国、胡先缙：《面子：中国人的权力游戏》，3页，北京，中国人民大学出版社，2004。
2　费孝通：《乡土中国》，75页，北京，生活·读书·新知三联书店，1985。

血缘：费孝通认为"血缘的意思是人和人的权利和义务根据亲属关系来决定。亲属是由生育和婚姻所构成的关系。"[1] 在滋泥水，村民对亲属关系有一套既定的空间表述，即"里与外，远与近"，并由此界定他们的权利与义务范围。女儿出嫁后就被视为"外人"，被比作"泼出去的水"，原来家庭中享有的权利和承担的义务会做出相应的调整，比如不能参与娘家的财产分配，不能对娘家的事情指手画脚，不能回家过年，正月回家省亲必须在初三以后等等。将儿媳妇认定为"里"，与儿子一样是自己人，参与婆家的家务管理。村民还通过对"根"的认定，来确定远与近的亲属关系，将一个父亲所生的兄弟姐妹确定为至亲，并由此为中心向外扩展，亲近关系依次递减，与此相应的权利义务也相应递减。比如办丧事，按照当地的规矩，同一父亲的子女穿开肩孝服，拿丧棒，同一个爷爷的子孙穿套头孝服，同一个太爷的子孙只戴孝帽。"血缘"是传统乡村社会空间关系的生理基础，由此形成的权利义务已经固化为一种制度性安排，指导着村民的社会交往实践。与此同时，社会交往的密度也影响着村民对"血缘"关系的重新认知，并对相应的权利义务进行调整。比如村民们普遍认为"亲戚越走动越亲"，即便是天然的血缘关系，也需要在社会交往中得到不断确证与发展。

1　费孝通：《乡土中国》，100 页，北京，北京出版社，2004。

第四章　村庙：乡村公共媒介空间的记忆

　　传统乡村社会游离于国家行政管理体制之外，处于宗法管理的状态。在此背景下，村庙作为传统乡村社会的民间信仰中心，承担了乡村公共文化生产与公共文化资源整合的重要功能，成为组织乡村公共文化生活，协调乡村社会关系的重要媒介。在滋泥水，双龙山上的村庙为马、赵、关、徐四大家族共享的公共文化空间。村庙中既有独特的民间信仰仪式与民间信仰活动，如踩法台、赐福等，还有一般的文化活动，如秦腔戏、牛皮灯影、庙会等。这些具体的文化活动本身也是乡村社会培养共同体意识、增进情感沟通、延续传统的媒介，在地方社会中具有广泛的认可度和参与度，具有公共性。它们构成了乡村社会土生土长的媒介文化，在这种熟悉的媒介文化环境中，很难产生新的感知形式和审美体验。在这样的公共媒介空间中，媒介主要承担日常娱乐和文化召唤的功能，信息传播与宣传功能未能充分发育。该媒介空间实践不断召唤传统，维系着村庄传统的循环再生产。

第一节　村庙的空间文化

一、村庙选址的权威确认

传统乡村社会，滋泥水人的精神世界有两大权威，一个是神灵，另一个是阴阳先生，二者合力促成了村庙空间的"神圣化"。靖远沿河一带，规模稍大一些的村子都有自己的村庙，作为庇佑一村安居乐业的"圣地"，其选址格外讲究。从选址的地理布局看，通常位于地势较高的山上，面朝黄河，视野开阔，而且能俯瞰全村。滋泥水的村庙坐落在两条沙河交汇处的"双龙山"上，正对着不远处的滔滔黄河，右侧山下的谷地是滋泥水村，外围是层层叠叠的庄稼地，一直延伸到黄河边，左侧山下的沙河边是徐家湾，不远处是关家台，此一山三地统称"滋泥水"。位于地理中心位置的村庙除了在空间布局上散发出威严，也通过选址文化塑造并强化着村庙在村民心里的权威。在当地，村庙选址由神灵指定，滋泥水村庙的选址据说是"三官大帝"的神谕。在村民的观念中，建庙之地不能建民居，气场凡人难以承受，凡人与神灵的空间界限泾渭分明，不能逾越。滋泥水村庙选址的神圣性还通过阴阳先生的确认和广泛传播得以强化。在当地，阴阳先生集看风水、掐日子、埋人[1]等多种服务职能于一身，在普通人眼里，身份诡秘，连接现实与未知世界，在地方文化中素有权威性。当地的阴阳先生们对滋泥水村庙风水高度评价，众口一词，都认为村庙所在位置乃"将军坐帐"，气象非凡，村民们对村庙的风水也更深信不疑。

---

[1]　当地将下葬称之为"埋人"。

二、村庙的空间结构与职能安排

村庙的整体布局讲究自然，顺应山势，错落有致。其内部的空间布局有主次之分，一般主山的"方神"居于正殿，正殿正中为"方神"造像，下方台子上摆放轿子，前方的供桌上整齐陈列着祭器、香火、贡品。正殿内的左右两侧一般供奉"辅神"[1]。条件好些的村庄会将这种布局放大，在正殿左右两侧盖偏殿供奉"辅神"，陈设如前。村庙内院子中间设天坛，专门用来敬天神，进香也一般先从这里开始，以表示对上天诸神的敬重。上香的顺序按照空间布局上的主辅安排而定，在天坛上完香后，前往正殿给主山"方神"敬香，紧接着是东面"辅神"，最后是西面"辅神"，最后再回到天坛磕头。院子外面通常辟出一片开阔地用来搭建戏台，供唱戏等公共文化活动之用。

村庙内空间布局所映射的神灵主辅关系，也表现在"方神"与"辅神"职能范围的差异上。"方神"庇佑村庄，大小事宜，有求必应，比如找东西这类小事也会在"方神"那里得到回应。"辅神"专司自己职责范围内的事情。一村的"方神"同时也可能是其他村庙的"辅神"，而且在分工上也有相应的变化。如黄湾村庙是"药王爷"主山[2]，村民有大小事情都可以寻求庇佑和帮助，但在滋泥水村庙，药王爷只是"辅神"，只管治病。

三、村庙空间秩序的社会复制

"公共秩序简单地说就是大家或多数人都基本遵从的秩序。"[3]一般说

1　"方神"之外的其他神灵。

2　"主山"在当地的意思就是主持村庙，庇佑一方，一般"主山"的神灵都是"方神"。

3　刘军宁：《市场社会与公共秩序》，18 页，北京，生活·读书·新知三联书店，1996。

来，公共秩序既有以法制为基础的，如强制性权力建立的公共秩序，又有按照自治逻辑与经验自然确立的公共秩序。后者是基于一种共同社会利益诉求，也更符合乡村社会的历史与现实。村庙空间秩序作为一种具有约束力的经验规范，影响着乡村社会的公共秩序。

村与村之间的地理区隔是村庙"势力范围"的大致界限，也有几个规模较小的相邻村庄分享村庙的情况，但前提是村庄之间存在地缘或血缘上的紧密关系。村庙在村庄的地理空间内是相对超然的。村民们的世俗生活空间与村庙空间保持着一定距离。这种距离不但体现为空间分隔，还体现为观念分隔，即有严格的村庙信条和规矩。例如戴孝之人、怀孕妇女、流产妇女被视为身染污秽皆不得进入村庙。再如村庙是神的领地，不可侵犯，任何私自改变村庙空间样貌的行为都要经过"方神"的应允，否则会被视为大不敬而遭天谴，包括不能在村庙附近兴土木，不能偷、拿村庙东西，不能破坏村庙设施等。同时，村庙空间与乡村社会空间在秩序安排上具有一致性，在行为规范上具有通约性。一方面，村庙空间的等级关系体现在村民日常生活空间中，如农家院内有"上房"[1]与"耳房"[2]之分，类似于村庙中的"正殿"与"偏殿"。"上房"与"正殿"一样，乃家庭空间之核心，权威之所在，"上房"为家长居住，"耳房"为年轻人居住，院中间是祭拜天神的地方。另一方面，村庙空间规范被复制到了村民的日常生活中，"神规"转化为"民约"。如戴孝之人、流产妇女等不得进入村庙，同样也不被私人家庭空间接纳。村庙中的男权主义也会在家庭中得到体现，女子不但被止步于村庙正殿之外，在家庭空间的祭祖活动中，也被排斥在"上房"之外。

1　宅院中的主房或正房。
2　略低于正房的耳房，位于正房两侧。

第二节　村庙空间的社会意义

如上文所言，村庙严格的空间秩序已经融入村民的日常生活，但村庙空间的社会意义不止于此。对处于国家公共管理薄弱地带的传统乡村社会而言，村庙在乡村社会承担着公共职能，成为社会组织动员的重要力量，也容纳了村民共同的文化记忆。

一、村庙的公共职能

（一）公共文化

滋泥水在当地被称为"文化窝窝"，其理由有二：一是村里早年曾经出了赵积隆、徐玉林、马泗学三位秀才，被周边公认有文化底蕴；二是村里有自己的秦腔戏班，为周边罕有，尽管业余，逢年过节都能演出，这样有规律的演出活动是文化实力的象征。传统乡村社会中，唱戏与民间信仰紧密关联并成为村庙公共文化活动的重要组成部分。虽然村民们平日里忙于农事，少有闲暇，但对村庙的活动都会积极响应。这些活动包括看秦腔戏、看牛皮灯影、过庙会和耍社火等。在村民的观念中，参与这些活动与从事农活一样，都是正事，因为他们深信村庙内的这些活动是神灵赐福的重要方式，积极参与会带来福祉。

村庙是乡村公共性生产的重要空间。一方面，村庙既是民间信仰的神圣空间，也是公共文化活动重要场所，但凡有文化活动，村民都积极响应，有广泛的参与性；另一方面，村庙是公共话题的生产机构。比如还愿请戏是求神者愿望达成后答谢神灵仪式的重要内容，通过唱戏，答谢神灵的同时愉悦众人，体现神灵对村民的恩泽，这是村民共知的文化传统。与此同时，还愿者的故事也会成为众人热议的话题。

村庙也是地方性知识生产的主要机构之一。村民通过村庙文化实践，一方面获取危机应对的地方性知识，如"挂红避邪""水碗送冲气"等，以指导日常生活，另一方面不断强化了地方共同体意识，比如还愿唱戏既是对村庙权威性和影响力的社会确认，也是对村民安全感和认同感的不断加强。有时村庙的知名度会溢出村庄的地理边界，引来外乡人前来求神，这种情况比较少见，但却是彰显本村人文化自信的好机会。早年滋泥水的"方神"非常灵验，常有人请戏还愿，但多为价钱便宜的皮影戏，请秦腔戏费用较高，并不常见。据村里人回忆，曾有靖远县城姓赵的生意人因婚后多年未生养，慕名前来村庙求神赐子，经化符、摆阵等一番整治，没过多久妻子便顺利怀孕，姓赵的生意人非常高兴，等孩子出生满月后，到村庙还愿献礼。当时请了靖远县城最好的牛皮灯影戏班，连唱3个晚上，如此盛大的还愿对外证明了村庙的灵验，也让村民很有面子，自豪之情溢于言表。

（二）公共交往

"人际关系是被形成的，而不是天生的。"[1]作为一个社会人，都有与他人进行交往，发展关系的社会需要。村庄是一个"熟人社会"，村民之间除了保持频繁的私人交往外，还会在私人生活之外进行公共交往。中华人民共和国成立之前的滋泥水村缺少公共交往的场所。据老人们回忆，从前滋泥水的日常生活中，没有出现过北方农村普遍存在的"饭市"[2]。村民的公共交往在两种情况下集中出现：一种是以村里的婚丧嫁娶为契机，在私人家中临时性的村民聚会；另一种是村庙组织的公共文化活动，它由两部分组成，一部分是有固定周期的村民聚会，如庙会、社火等，

---

1 〔美〕迈克尔·E.罗洛夫：《人际传播：社会交换论》，王江龙译，60页，上海，上海译文出版社，1991。

2 北方农村中村民借吃饭之机，在一起闲聊而形成的公共交往空间，通常发生在吃晚饭时。

另一部分是不定期的以还愿唱戏等契机展开的临时聚会。相比之下，村庙便成为村里公共交往中唯一固定的场所。

（三）公共事业

传统乡村社会，公共事业的职能由村庙承担。例如，通常情况下，村民日常生活中的小病小灾、头疼脑热，都会凭经验处理解决，超出经验范围的便求助"方神"。这种经验加迷信的医疗模式在村里已经延续了很久，直到中华人民共和国成立后，情况才得以改变，特别是有了赤脚医生和医疗站，村里的医疗卫生才纳入国家公共事业统筹。早期以村庙为中心建立起来的这种土生土长的公共保障体系，在过往的乡村生活中发挥了重要作用。由于村民对"方神"的笃信，村民日常生活中遇到的所有问题，包括疾病、避灾、驱邪，甚至丢了东西、小孩哭闹、两口子吵架等琐事，都要向"方神"求助。此外，囿于生活习惯和牢固的"地方观念"，村民们很少外出行医问药，寻求救助，都是尽可能在本村范围内解决问题。这正是杨念群所说的"地方感培育的治疗心理"。[1] 由于村民心中这种强烈的地方感，他们对村庙应承担的公共服务功能有更多的期许，包括医疗、安全、社会评价以及社会教育等。比如每年村里的庙会，"方神"都会在赐福或是答疑解惑之前有一段很长的训诫，内容多为劝人向善、孝敬父母、尊老爱幼等为人处世的规矩。即便是村民个人到村庙"问事"，尤其是牵扯到如何处理家庭关系或是人际关系的问题时，当事人也都受到"神灵"规劝。除此之外，还会介入村民日常生活的方方面面，如家中动土求神"掐日子"[2]，出远门之前求神选黄道吉日，小孩受到惊吓

1　杨念群：《再造"病人"：中西医冲突下的空间政治（1832—1985）》，199 页，北京，中国人民大学出版社，2006。

2　当地将择吉日称之为"掐日子"。

求神叫魂，看风水选阴宅，等等。在村民的观念中，村庙具有保一方平安的公共职能，能为乡村社会正常的生产生活秩序保驾护航。

（四）公共教育

村庙承担公共教育，主要表现在两个方面：一是对村民的社会教化，二是对未成年人的文化教育。对村民的教化主要是通过民间信仰活动和村庙文化活动，让村民以参与体验的方式习得。此外，村庙作为村里的公共场所还容纳了村校，承担起村里未成年人的文化教育职能。滋泥水的村校创建于1945年，据村里第一任公办教师老马回忆，当时学校由他的干爹赵先生出面创办，地点在村庙，赵先生是一位深受村民敬仰的文化人，办学初衷主要是为了让村里孩子平日里能有个去处，少生是非。尽管当时的村校属于私塾，但在私人场地非常有限的情况下，教育的公共属性被强调，而村庙便成为设置村校的理想之地，这符合村民们将村庙视为公共空间的功能定位。于是，村庙中辟出一间耳房作为村校教室，一间靠近大门的小屋供教书先生临时住宿，有时孩子们晚上来村校背书也会住在那里。据当地人回忆，中华人民共和国成立前将村校设在村庙的情况在当地较为普遍。

二、由村庙空间凝聚的共同体意识

按照滕尼斯的说法，地缘共同体主要表现为居住在一起，可以被理解为一种生活上的相互关系。而精神共同体作为较地缘共同体更高的发展阶段，被理解为心灵生活的相互关系，它"所涉及的是被视为神圣的场所或被崇拜的神"[1]。也就是说，以地缘为纽带形成的共同体在长期的

---

1 〔德〕斐迪南·滕尼斯：《共同体与社会：纯粹社会学的基本概念》，林荣远译，65页，北京，商务印书馆，1999。

社会生活中，总会以某种方式形成心理上的相互认同，进而达到精神共同体的稳定状态，这种精神共同体塑造于特定的空间之中。村庙就是这样的特定空间，在该空间内，民间信仰与公共文化活动有机结合，村民们具有强烈的积极参与意愿，如积极参与春节社火队游村、看戏、春祈秋报的集体跪香等。此外，共同体意识还着重表现为一种自觉的集体观念，这种原始的集体观念超越了自私，不带有强制性。每逢过庙会等重大活动，村民都会出钱出粮出力，自觉汇聚一村之力。每逢初一、十五村民们会来村庙进香，自觉为村庙印制"往生"、打扫卫生等。

本尼迪克特·安德森认为"任何比能面对面直接交流的原始村落稍大的共同体都是想象出来的"[1]。也就是说，传统乡村社会的共同体是在具有明确地理界限的空间范围内，通过面对面的人际交往形成的。共同体形成的空间划界是基于面对面人际交流的物理范围。面对面交流作为传统乡村社会日常交往方式，直接影响着村民之间的关系，村民间的关系可以被直接感知和体验。这与安德森"想象的共同体"正好相对，在有限的空间和面对面的直接交流中形成的是一种实践的共同体。

第三节　村庙：集体记忆生成之所

所谓"集体记忆"，即群体成员对过往或传统历史、经验、价值、事件等记忆的分享。莫里斯·哈布瓦赫认为，"集体记忆"存在于人的聚合体之中，"进行记忆的是个体，而不是群体或机构，但是，这些根

1　〔美〕本尼迪克特·安德森：《想象的共同体：民族主义的起源与散布》，吴睿人译，12页，上海，上海人民出版社，2003。

植在特定群体情境中的个体，也是利用这个情境去记忆或再现过去的"。[1]
按此理解，村庙作为传统乡村社会民间信仰及其文化活动的主要场所，
也有承载乡村传统记忆的共享文化情境，承担了召唤和建构集体记忆的
社会功能。村庙对村庄集体记忆的传播旨在追溯传统，实现村庄的文化
整合，这种特定情境的重复和集体记忆延续使乡村文化观念形成了巨大
的惯性和惰性，很难超越传统，除非有强大的外力刺激和推动。莫里斯·哈
布瓦赫按照集体记忆的存续方式，将其区分为"历史记忆"与"自传记
忆"。[2]"历史记忆"可以通过固定的仪式存续下来，因为周期性的仪式
具有聚焦作用。"自传记忆则是对我们在过去亲身经历的事件的记忆……
随着时间流逝，自传记忆会趋于淡化，除非通过与具有共同的过去经历
的人相接触，来周期性地强化这种记忆。"[2]村庙空间再现的集体记忆，
也大体通过这两种方式进行情境定义和再现。一方面是"历史记忆"的
再现，主要通过周期性的典礼和仪式，例如庙会、社火等；另一方面是"自
传记忆"的再现，主要通过村民之间的相互接触和经验分享，例如村民
们对村庙禁忌与以往民间信仰活动的追忆。

一、"历史记忆"的再现

如上所言，"历史记忆"的再现主要通过仪式来表达。康纳顿认为
仪式表达的是一套意义和价值，重复进行的仪式旨在将这种意义和价

1　〔法〕莫里斯·哈布瓦赫：《论集体记忆》，毕然、郭金华译，40 页，上海，上海人民出版社，
　　2002。
2　〔法〕莫里斯·哈布瓦赫：《论集体记忆》，毕然、郭金华译，42 页，上海，上海人民出版社，
　　2002。

值赋予并渗透到非仪式的社群生活中。[1] 由于中国传统乡村社会中的民间信仰与村民的世俗生活保持着紧密联系，民间信仰提供的知识框架成为村民应对日常生活的参考，如民间信仰活动中的叫魂仪式就被广泛运用到村民的日常生活中，当小孩受到惊吓后，家里的大人会进行简单的叫魂仪式以求心理安抚。村庙中的男权主义也会在家庭中得到体现，女子被阻挡在村庙祭祀的正殿之外，在家族的祭祖活动中，女子也被排斥在供有祖先牌位的"上房"之外。由于村民长期生活在这样的文化情境中，早已熟知其内在的意义框架和知识体系，村庙的各种仪式表达都能在村民中引起意义的共鸣。正如萨姆瓦所言，"人们的传播方式就是他们的生活方式。"[2] 由民间信仰仪式形成的媒介文化已经渗透到村民的日常生活中成为习惯，难以察觉。村庙对"历史记忆"的再现主要有两个不同层次：一是民间信仰仪式，这是"历史记忆"最原始的表达方式，保持了较强的稳定性。如"请老爷"是神人之间的交流仪式，凡事都可以通过"请老爷"得到神灵指点，这早已成为村里人处理日常问题的一个习惯性思维和行动框架。二是周期性的民间信仰文化活动，如庙会。此类活动更注重文化氛围的营造和情境的再现，以此折射先辈们生活的镜像。村民的大多数时间都是在平凡的日常生活中度过，而每年的庙会就成了一种非常态的事件，这里有不同于日常生活的情境，对全村人开放并鼓励参与，每年这种周期性的情境再现，成了村民感受共同的地方性体验并进行代际传播的重要机制。

1　〔美〕康纳顿：《社会如何记忆》，纳日碧力戈译，50 页，上海，上海人民出版社，2000。
2　〔美〕萨姆瓦等：《跨文化传通》，陈南等译，26 页，北京，生活·读书·新知三联书店，1988。

二、"自传记忆"的再现

"在一定意义上，每个人的日常生活对于其个人而言都是独特的。但是另一方面，绝大部分人每天都有着许多相同的经历，这些经历使得我们每天的生活日程变得'普通'，这种普通不仅仅是就其世俗性而言的，它还指出这些经历即使不是被所有人，也是被大部分人所共享。"[1] 正是这些相同的经历构成了人们共同的记忆，而对于相同经历的分享则成了传达共同记忆的方式。在传统乡村社会中，相同的经历可以具体化为相同的认知方式和相同的行为方式。比如村里人遇到生活中难以解决的问题就会到村庙求助"方神"，这是村民共同的处事方式。此外，一些从"方神"那里得到的知识和经验，也会在村民之间分享与交流，逐渐形塑出相同的认知方式。据村里老人回忆，中华人民共和国成立前，滋泥水村医疗条件非常差，没有专门给人看病的大夫，只有邻近村庄有个"半杆子"兽医，最早是给牲口看病的，后来开始给人看病，由于医术平庸，很多疾病得不到有效救治，村民们也懒得外出求助。村民若是生病首选求助"方神"。"方神"治病的手段通常有两种："化符"和"开药"，据村民评价，疗效不错。

第四节　村庙中的媒介文化与仪式传播

前文提及史蒂文森将媒介区分为"文化媒介"与"技术媒介"，这种媒介划分对于认识媒介形态变迁颇有启发，当然，这种划分并不是绝对的，"文化媒介"有技术支持，"技术媒介"也有文化建构。在乡

1　〔英〕英格利斯：《文化与日常生活》，周书亚译，2页，北京，中央编译出版社，2009。

土社会向现代社会的转型过程中，媒介的变迁值得关注，包括由"文化媒介"向"技术媒介"的转变，但更需要关注媒介变迁背后的推动力，如政治、经济、技术等因素在媒介变迁中的助推作用以及社会转型对媒介空间的影响和改造。传统乡村社会，在政治与经济等因素不活跃的情况下，媒介形态变化相对缓慢，长久以来积淀的地方文化与媒介形成了高度融合，媒介的社会功能主要在于村庄的地方性知识的传递、文化整合与经验分享，媒介更多是以"文化媒介"的面貌呈现。土生土长的媒介以及由此形成的相对稳定的媒介空间，很难产生新的感知形式和审美体验。中华人民共和国成立后，国家通过行政力量将现代媒介推向农村，农村的媒介环境开始改变，"技术媒介"伴随着基层农村的政治需要与经济改造扎根农村。社会转型赋予媒介的改造力不但在改造乡村文化媒介中发挥了重要作用，还在重塑乡村媒介空间与公共生活中发挥了重要作用。不同的社会形态赋予了不同的媒介偏向，不同的媒介偏向孕育了不同的媒介文化，不同的媒介文化又塑造了不同的媒介观念，基于这样的认识，可以在乡村社会由传统向现代转型的大背景下，将"文化媒介"与"技术媒介"作为洞察媒介形态变迁与媒介空间转型的两个维度。

以"文化媒介"为核心的传统乡村社会形成的媒介文化通常有两部分组成：一部分是以民间信仰仪式为媒介的文化活动，如"请老爷"[1]、赐福、"踩法台"[2]等；另一部分是以传统艺术形式为媒介的文化活动，如秦腔戏、牛皮灯影等。

1　与神灵交流仪式的婉称。
2　庙会上，神灵在为其搭建的法台上做法式被称之"踩法台"。

一、以民间信仰仪式为核心的媒介文化

"仪式，通常被界定为象征性的、表演性的、由文化传统所规定的一整套行为方式。它可以是神圣的也可以是凡俗的活动，这类活动经常被功能性地解释为在特定群体或文化中沟通（人与神之间，人与人之间）、过渡（社会类别的、地域的、生命周期的）、强化秩序及整合社会的方式。"[1] 仪式天然地与宗教联系在一起，通过整套象征性行为的表达为宗教观念寻求存在的合理性并使其顺利渗透到日常生活中，就像克利福德·格尔茨所认为的，"正是在仪式中——就是使行为神圣化——认为'宗教概念是真实的'和'宗教指令是合理的'这类信念以某种方式产生出来……在仪式中，生存世界与想象世界借助一套单一的符号体系混合起来，变成相同的世界，从而在人的真实感中制造出独特的转化。"[2] 上述仪式的功能性解释都是在文化框架下来谈的，仪式作为承载文化意义的载体可以被视为一种媒介，它也能形成传播。正是基于这种认识，詹姆斯·W·凯瑞对传播和仪式追根溯源，认为二者具有相同的词根，并从仪式的角度定义了传播，指出"传播的'仪式观'并非直指讯息在空中的扩散，而是指在时间上对一个社会的维系；不是指分享信息的行为，而是共享信仰的表征。"[3] 此定义点破了仪式传播的文化本质，而这恰恰也是村庙媒介文化最根本的社会功能。

（一）"请老爷"

"请老爷"是当地人对"神人交流"方式的一种特定叫法，也是与神灵交流的仪式。这种仪式以"轿夫"为媒介，通过领悟、转录、告知

1　郭于华：《仪式与社会变迁》，1 页，北京，社会科学文献出版社，2000。
2　〔美〕克利福德·格尔茨：《文化的解释》，韩莉译，138 页，南京，译林出版社，1999。
3　〔美〕詹姆斯·凯瑞：《作为文化的传播》，丁未译，7 页，北京，华夏出版社，2005。

的过程完成对神谕的传达，村民的诉求用直白的言语表达，无需"轿夫"转译给神灵。交流是"面对面"的，一问一答。村庙的"方神"不仅有造像，还配有"轿子"，"轿子"是一个长方形木盒，外面用锦衣马褂包裹称为"袍子"，里面则通常竖立着开过光的"方神"铜像或木像，木盒顶上绑着红布扎花，底部悬挂感应铃铛。盒子的左前端固定有一根小拇指粗细的铁棒谓之"笔"，用来打字。轿子一般由两名轿夫抬着，一主一副，主轿夫也叫"通灵轿夫"，"方神"打的字由他来领悟并告知当事人，副轿夫又叫"下手"，主要配合主轿夫扶好轿子，一般较少说话。当有人问事，问事人须恭恭敬敬给"方神"上香并跪于"方神"造像前，两位轿夫轻轻地从供台上扶下轿子，面朝造像，然后由"通灵轿夫"在轿前燎黄纸一张（谓之化马）以传信于神灵。很快轿子便感应颤动，待悬挂的铃铛持续响起，代表神灵已经"入轿"。此时，问事者可先说明来意，与神灵的交流正式开始。神灵用"笔"在木桌上打字传讯，由"通灵轿夫"转达于当事人，旁边有人记录。神谕一般用七律或五律的打油诗形式表达，听起来朗朗上口，通俗易懂。出于谨慎和敬畏，待仪式结束后，问事者会拿着笔录专门请轿夫详细解释。轿夫文化水平不高，有的大字不识一个，由于是"方神"指定，便被村里人视为神灵的代言人而成为权威。当地人认为没文化不识字的人当轿夫是神灵的刻意安排，这样的轿夫不会随意发挥，曲解神意。也恰恰是因为轿夫不识字，却能在"请老爷"时打出对仗工整的打油诗，有时碰上寻医问药的还能开出对症的药方，这也成为人们笃信神灵的一个重要理由。"请老爷"的仪式起源于何时，村里无人知晓，当地也没有相关的文字资料可供查证。

　　人们已经习惯了"请老爷"这种"神人交流"的仪式，尽管在外人看来有些不可思议，但在村民们看来却很正常，这已经成为重要的地方文化。而且，这种交流"强调的是人神相通的祈求，但如同其他所有的文化创造一样，民间信仰任何内容和意义的转换，都有其社会生活变迁的现实基础，宗教语言反映的常常是现实的地域支配关系的种种诉求。"[1]

（二）"化符"与"上文"

当地的民间信仰中，"化符"与"上文"是消灾解难的两种基本仪式。符以黄纸或白布条为媒，经神灵度化，主要用于防病、治病、驱邪。在当地民间信仰仪式中，符作为福音或神力的载体，需要经过焚化内服方能发挥作用，这被称之为"化符"。村民除了专程到庙里求符，还会借开庙会，"踩法台"的机会向庙里索取灵符以备不时之需。此外，符也被广泛用于驱邪和清除不洁之物，有村民回忆，有一年正月初六晚上大风不止，不等社火队出庙门，灯笼里的蜡烛就被吹灭了，为了不影响社火队下山游村，村庙的会长让轿夫请出"方神"施法"止风"，"方神"画了五道灵符，并由轿夫抬着"方神"在东南西北中五个方位夹着黄钱逐一焚化，仪式过后，大风变小，灯笼重新点起，社火队顺利出行。有一年秋天，村里的蝗虫灾害严重，村民们请"方神"驱虫避灾，"方神"赐灵符三道，烧至田间，然后开出药方让村民自配药剂抵御蝗灾，虫害才得到有效遏制。

按照当地的说法，"上文"是"方神"通过书面形式，向上天有关神灵寻求帮助。早期"上文"的类型主要有平安文和祭祖文。以常见的祭祖文为例，村民在村庙进行祭祖或超度先人时，会祈求"方神""上文"，以告慰祖先，福泽后代。祭祖文的内容相对固定，由"写家"用文言文按照固定格式誊抄于黄纸之上，待轿夫奉于供桌之上，由"方神"

1　郑振满、陈春声：《国家意识与民间文化的传承：〈民间信仰与社会空间〉导言》，载《开放时代》，2001（10），62～67页。

审定并用"笔"圈阅，后由轿夫加盖朱砂神印，叠成长方形放于预先粘好的长方体纸盒内封存。然后由当事人高举托盘接过"大文"，跪候诵经，诵经过后到天坛夹黄钱焚化，呈于上天。其他类型的"上文"程式基本一样。这种仪式平时少有，多集中于庙会。

（三）社火

赵世瑜在《狂欢与日常：明清以来的庙会与民间社会》一书中将社火视为社区内村民一项重要的集体文化活动，它强调活动的全民参与性。[1] 社火有其文化意涵，是一种与民间信仰密切相关的仪式。社火通常由村庙于每年正月组织开展，旨在向村民广布福音。在滋泥水，春节社火肩负着"三官赐福"的任务，社火表演内嵌赐福仪式。从正月初五到十五，村庙每天晚上都会组织社火队下山游村，挨家赐福。轿夫抬着"方神"轿子与社火队同行，社火队每到一家之前会有专人提前通知，待村民放鞭炮迎接后方才进入院落。接下来的仪式分两部分，一部分在屋内进行，主要是"方神"赐福，另一部分在院子里进行，主要是村民观看社火表演，集体"狂欢"。

1. "方神"赐福。入院后，"方神"被请入"上房"，上香和敬拜后，一家老少跪于"方神"轿前，由专人按照"方神"指示，将沾有神灵法力的红线绳（当地称之为"锁锁"）系于他们的脖子上，随后起身从轿夫高举的轿子下逐个穿过，接受赐福。礼毕后，轿夫抬着轿子在各屋转一圈，驱除一年的邪气晦气，带来一年的平平安安。

2. 集体"狂欢"。院子里热闹非凡，中间是社火队表演，锣鼓喧天，周围挤满了村民，喜笑颜开。当年滋泥水社火队构成简单，两只狮子和

---

1 赵世瑜：《狂欢与日常：明清以来的庙会与民间社会》，231 页，北京，生活·读书·新知三联书店，2002。

一只旱船。旱船表演主要是娱乐，其中最惹眼的是领船老汉，他有一个领船的经典招式——高踢腿，由于该招式颇具杂耍风格，好看难学，常被村民们视为独门技艺津津乐道，每年正月大家都期待这个经典亮相。据村里人回忆，旱船的开船场面颇为精彩，开场白也颇有意思，老人们至今还能回忆起开头的几句："高高山上一个狼，尾巴长在屁股上，四个爪爪一样长……"紧接着便是经典的高踢腿亮相，看得人们目瞪口呆，据说当时还有人为了这招拜师学艺。难度较低的引船动作，成了孩子们喜爱的把戏，时常模仿，以此为乐。在常规的表演耍闹结束后会进行"方神"赐福的一个重要环节"钻狮子"，"方神"轿子被抬到"上房"门前，两个狮子在院子中间相向而立，随着鼓乐队的鼓点越发紧凑急促，在场村民穿越两狮之间接受神灵赐福，该赐福仪式是面向全体村民的，很多村民都是到一家钻一家。村民们对此项活动非常重视，每年社火队走家串户，都有浩浩荡荡的村民队伍随行。村民们每晚跟着社火队游走乡间，乐在其中，在人们的记忆中耍社火才是过年，过年就得耍社火。

二、以传统艺术形式为核心的媒介文化

（一）秦腔戏

秦腔是中国最古老的戏剧形式之一，广泛流行于西北地区，尤其是在农村，看秦腔戏是村民最喜欢的一项文化活动。滋泥水村在中华人民共和国成立之前就有了自己的秦腔戏班，在当地有"文化窝窝"的美誉。戏班子由村里爱好秦腔且粗通音律的戏迷组成，尽管他们水平业余，只能唱"眉户"[1]，但代表了村里的最高水平，在村里逢年过节的重大活动

1　当地对非专业唱腔的叫法，曲艺风格接近于地摊演唱，曲调丰富，曲目多为折子戏。

中，戏班会演上几出折子戏热闹热闹。村里搭建了简易戏台，就在村庙前，只要村庙有重大活动，这里都会唱戏。村里的经济条件较差，戏班的装扮由成员自己制作，五颜六色的戏服是用粗白布画的，帽子是用硬纸壳糊的，假胡须是用马尾扎的，行头虽显简陋，但装备起来有模有样，这成为滋泥水对外炫耀的文化资本。

每逢重大节庆活动都要唱戏，这已成为村里的惯例，村民们对一年中几个重要的时间点特别在意，如农历四月初八、七月十二以及春节。村里戏班最拿手的演出曲目有《辕门斩子》和《武家婆剜苦菜》。只要听说唱戏，村民都会赶来观演。戏台前的空地上，观众有层次地分布，中间视线较好的位置多为上年纪的老人，很多人不带坐具，找块光整的石头将就，天气要是不冷就席地而坐。老人们的身后是中年人，他们很少坐着，要么站着，要么蹲着或靠在树边、墙角张望。人们专注于看戏，即使演到精彩之处，也默不作声，只是按着节拍，摇头拍腿，陶醉其中。小孩子们比较规矩[1]，在不阻挡大家观看视野的边缘地带打耍，他们对台上的戏并无多少兴趣。

（二）牛皮灯影

村民的日常生活中除了秦腔戏，还流行着一种村民们非常喜爱的艺术表演形式——"牛皮灯影"。"牛皮灯影"就是"皮影戏"，是用烛光照射兽皮剪影进行故事表演的民间戏剧形式，所用曲调多为当地流行的"眉户"，因当地常用牛皮制作剪影，故由此得名。村里人看"牛皮灯影"也是有时间讲场合的。"牛皮灯影"通常作为还愿者答谢神灵的"献礼"表演，故皮影戏的演出场地安排在村庙。相较而言，皮影戏的演出较频

---

1 规矩在当地方言中指遵守秩序。

繁，一方面是由于请皮影戏的价格不高，经济条件好些的家庭可以负担；另一方面是由于村庙香火旺盛，常年有人还愿。每逢有人还愿请戏，村民们必奔走相告。等不到夜幕降临，全村老少就向村庙集中，等候观戏。观看演出前的准备工作也是一种享受。演皮影戏的"把式"先支好白色幕布，然后在幕后点上一支灯芯很粗的清油灯，调整和熟悉一下家伙事，待旁边配乐响起，抖上两手绝活，清清嗓子吼上几句便开始了，村民们除了关注剪影故事表演，还对"把式"精湛的操纵技艺叹为观止。那时最常演的灯影剧目是《大闹天宫》和《猪八戒背媳妇》，演者百演不烦，观者百看不厌。

第五节　稳定的媒介文化与重复的空间生产

传统乡村社会相对封闭，媒介形态及其文化实践相对稳定。乡村媒介空间的重复生产维持着媒介文化的稳定传承，媒介文化的稳定传承也推动着乡村媒介空间的重复生产。这种相互关系对传统的维系有一定的积极意义，但从发展创新的角度讲，在没有新媒介变量加入的情况下，媒介文化与空间生产之间的关系保持着相对恒定的状态，这既不利于媒介文化创新发展，也不利于乡村公共媒介空间的增殖拓展。

一、媒介文化的传承与空间的重复生产

我们谈媒介文化的传承与空间重复生产的关系问题，首先需要明确媒介主体性，即媒介空间是处在传播关系变动和传播场景转换中，它凸显的是人的主体性。村民的媒介主体性主要通过村民的媒介活动呈现，村民在公共媒介活动中结成的传播关系和传播场景共同构成了公共媒介

空间。媒介文化的传承需要在相对固定的媒介空间中习得，空间在不断的重复生产中传递既定的文化基因。如上文所述，看秦腔戏是滋泥水村民重要的一项媒介文化活动。尽管秦腔戏班行头不精良，专业素质不高，曲目也较单调，但由村里秦腔戏班的演出活动已经成为村里文化生活的重要组成部分，在村民心目中占据着重要位置。媒介空间的复制性不单表现在形式复制或仪式传承，还表现在媒介空间的内容复制和周期性复现。每逢重大节庆活动都要唱戏，这已经成了村里的惯例，村民们对一年中几个重要的节点特别重视，比如农历四月初八与七月十二的庙会，还有每年正月的社火和戏班演出，戏班最拿手的有《辕门斩子》和《武家婆剁苦菜》，题材都是些反映古代王侯将相、才子佳人的，也是村民们喜欢的，经典反复诵唱，村民耳熟能详。熟悉的时间、熟悉的空间、熟悉的媒介、熟悉的内容再加上村民的共同参与，构成了传统乡村媒介空间中主体的循环性实践，随着年复一年的重复，积淀为村民的遥远而又现实的空间记忆。

二、传统乡村社会媒介文化的惰性与媒介意识的钝化

"媒介的关键特征是它们引入了一种文化原则，"[1] 当这种文化原则与既有的观念体系、习俗习惯、生活框架以及社会性质不符时，媒介就会带来一种新的感觉和认知，否则只能是对原有传统的加固和完善。村庙空间中的"文化媒介"并非技术逻辑推动，而是文化逻辑使然。长期固定的传播场景、固定的传播内容、固定的媒介形式，构成了村庄既定的文化情境和期待，由此带来的媒介体验不会有任何新鲜感，只是在时间

---

1 〔美〕马克·波斯特：《第二媒介时代》，范静哗译，20 页，南京，南京大学出版社，2000。

轴上的线性重复，周期性的文化"狂欢"却是毫无生机的媒介"日常"。村民们已经习惯于秦腔戏、牛皮灯影、社火等"文化媒介"，并"一直保持着它们传统的样式而对其传统性没有自觉。"[1] 由于从媒介的内容到形式均无创新，村民也难有媒介观念的自我觉醒，对"文化媒介"与传统文化生活保持高度依赖。而且，这些文化媒介有着悠久的传承历史，积聚了强大的文化惯性。"在极其顽强的民间风俗和具体的生活习惯面前，谁也不愿意成为一个'越轨者'或者成为一个'不合群者'，人们在群体中害怕受到孤立、惹人注目，丢面子或受惩罚，而愿意与群体中的其他成员保持相同的意见和看法。"[2] 哈布瓦赫在对古代表征的文化力量进行了研究并认为"古代的表征在古代社会里是以集体的形式出现的，它们凭借所有得自古代社会的力量而强加给我们。这些古代表征越古老，它们也就越强大；采纳它们的人数越繁多，群体越广泛，这些表征就会变得越强劲有力。而为了对抗这些集体力量，就需要更加强大的集体力量。"[3] 总之，在文化媒介盛行的传统乡村社会，这种媒介文化的惰性与公共文化空间重复生产之间的相互作用，将乡村社会锁定为一种非常稳定的文化状态，经久不变。由于社会结构非常稳定，缺少颠覆性力量的介入，很难形成独立创新的媒介意识，除非有新的媒介力量打破这种循环。

1　〔英〕纽博尔德：《媒介研究的进路：经典文献读本》，汪凯、刘晓红译，101 页，北京，新华出版社，2004。
2　仲富兰：《民俗传播学》，324 页，上海，上海文化出版社，2007。
3　〔法〕莫里斯·哈布瓦赫：《论集体记忆》，毕然、郭金华译，305 页，上海，上海人民出版社，2002。

第五章 村校：乡村公共媒介空间的结构转型

　　伴随传统乡村社会向现代的转型，其媒介空间也由传统转向现代。传统乡村社会因受宗族自治政治以及自然经济等因素的影响，乡村社会内生性文化媒介塑造了传统乡村的媒介空间，村民对此习焉不察，形成了媒介惰性。中华人民共和国成立以后，出于国家对乡村政治与经济改造的迫切需要，以技术媒介为主导的现代媒介通过国家行政力量布局农村，渐渐地，村民的公共文化生活甚至日常生活深受现代媒介的影响。乡村社会的媒介意识或观念开始萌发并发展，进而开启了乡村社会现代意义上的媒介化生存。乡村社会的媒介启蒙与村民媒介意识的形成既是政治、经济、现代媒介共同作用的结果，也是社会结构整体转型的必然。

　　中华人民共和国成立以后，国家通过土改以及后来的农业合作化，实现了乡村经济的集体化改造。与此同时，国家建立健全了农村基层政权，实现了政治体制的下沉。但乡村经济与政治的变革也需要在文化上形成呼应，以便真正推动乡村从传统向现代的转型。转型过程中，乡村社会文化改造主要是通过一次次的社会运动来实现的。通过社会运动，社会主义新文化深入到了基层农村并引领着乡村公共文化生活。对乡村社会而言，公共文化具有风向标的作用，赢得了公共文化，也就取得了乡村文化改造的胜利。

在国家力量的强力推动下，"文革"时期以"破旧立新"为目的的文化改造运动风卷残云，击碎了旧传统塑造的观念体系与文化习惯，也瓦解了宗族制度与民间信仰得以存在的思想基础和合法性。在这场由国家强力推动的乡村文化转型中，乡村公共媒介空间最终完成了颠覆与转换，其主要表现就是以村庙为中心的公共媒介空间走向衰落，砸毁神像，拆毁村庙成为告别旧文化、旧传统的象征。同时，以村校为中心的公共媒介空间逐渐形成，并承担起组织集体生产生活、社会主义文化宣传与政治教育的重要职能。在这个新公共媒介空间中，一方面，以秦腔戏、牛皮灯影为代表的旧媒介及其文化实践被改造或被取代，以有线喇叭、广播、半导体等为代表的现代媒介迅速发展并占据了村民的日常文化生活；另一方面，现代媒介开始介入并成为农村大农业生产组织与新文化宣传的主要工具，广大村民领略到现代媒介的神奇，村民的技术媒介意识开始被唤醒，现代媒介观念逐步形成。例如农村刚开始安装有线喇叭，村民们觉得很神奇，不能理解人是怎么钻进木匣子里说话的。接下来的矿石收音机、半导体在农村同样引发了村民的极大兴趣，尤其是青年人竞相追捧研究。一直到后来的电视、录像机等，村民也都有同样的好奇。这种对新媒介的好奇正是村民现代媒介意识的萌发，应国家政治动员与经济改造的迫切需要，加之现代媒介技术更迭加快，乡村社会接受现代媒介的进程被压缩，短短几十年时间，村民的现代媒介观念快速确立，并适应了技术媒介化的生活。

第一节　重建制度空间

中华人民共和国成立之后，国家对乡村社会空间进行了社会主义改造。一方面对乡村的改造主要涉及农村生产生活的集体化和国家基层管理体制在乡村的建立完善，国家管理向基层下沉，乡村开始纳入国家管理体系。另一方面对乡村文化进行了社会主义改造。国家通过政治动员和社会运动的形式，用社会主义意识形态武装村民头脑，从而逐步形成了一系列新的是非观念、价值判断和情感联系，并在乡村塑造出新的文化形式和样态。原有的乡村公共媒介空间解体，新的公共媒介空间逐步建立。在此过程中，国家力图在乡村构建新的公共媒介空间作为社会主义文化宣传和政治教育的阵地，与乡村管理体系形成相互补充和相互借力，并通过制度加以确定，以此实现对乡村社会政治与文化的双重领导。

一、内部改造：农村集体化

对于"集体化时代"的开端，学界尚未达成共识。一种说法认为，应该将其开端确定为抗日根据地的互助组，另一种说法则认为应该将其开端定在 1958 年的人民公社化运动。不管开端认定从何时开始，集体化时代都旨在说明一个历史过程及其特征，即农村生产生活的组织化或集体化。本研究不细究"集体化时代"的开端，主要立足当地历史实际，透过乡村社会生产生活空间的变革，窥探乡村社会新制度空间的确立和发展。新制度空间相对于传统乡村社会的宗族制度空间而言，主要表现为以乡村集体化为中心的社会组织形式和文化样态。

中华人民共和国成立以后，国家对传统乡村社会的制度空间"破旧立新"。传统乡村社会的宗族制度随着国家管理体系向乡村延伸而逐渐式微。在国家持续推动下，以集体化为核心的制度空间在从互助组到初级社再到高级社，最终实现人民公社的历史进程中不断巩固和强化，并形成了与之相应的制度话语，成为乡村管理新的制度基础。靖远县农民的互助合作起源于土地改革时期贫农自发组织形成的变工组。"在靖远县委的积极支持和倡导下，三合乡李映和联合贫农率先成立了互助组，这成为了全县学习的榜样"。[1] 滋泥水也响应号召，村民中间自发成立了常年或临时的互助组。当时的互助组大多限于贫农和下中农。1953 年年底，初级农业合作社开始在全县推进，规模也扩至 20 多户，并且建立起相应的管理体系与规章制度，社务委员会是基层管理机构，下设生产小组。1956 年，正值全县农业合作化运动的高潮，滋泥水按照县里的统一要求成立了初级合作社。同年末，县里批判并抛弃保守思想，在全县迅速推进合作化运动，并很快在全县建立起高级社。高级社拥有更完备的制度设计，实行社、队、组三级管理。1958 年 8 月，东湾乡又首先成立了东风人民公社，"公社实行'政社合一'……公社下设大队、生产队，经济体制实行'三统'（统一计划、统一政策、统一制度），两放（下放机构、下放人员），一包（收支包干）……劳动组合军事化，划分营、连、排、班建制，提倡大兵团作战（即组织军事化、行动战斗化、生活集体化）"。[2] 滋泥水村也于 1958 年成立了向阳大队，隶属于东风人民公社。从中华人民共和国成立以来的乡村社会发展来看，国家通过不断提高乡村的集体化水平，建立起国家主导的乡村制度空间，从而形成了一个迥异于宗族制度的国家基层管理体系，结束了乡村社会长期游离于国家管理体系之外的历史。

1　甘肃省靖远县地方志编纂委员会：《靖远县志》，177 页，兰州，甘肃文化出版社，1995。
2　甘肃省靖远县地方志编纂委员会：《靖远县志》，178 页，兰州，甘肃文化出版社，1995。

二、城乡区隔：阻断空间的流动

中华人民共和国成立以后，国家将乡村纳入社会主义政治体系并迅速实现了集体化的经济改造，但乡村的旧思想旧文化根深蒂固，社会主义的乡村文化建设相对滞后，乡村文化生活波澜不惊。

（一）乡村与城市之间的传统界线

由于文化习惯、生产生活方式等差异形成了城市与乡村之间的传统界限。按照海根的观点，城市与乡村因被知识分子与农民两类不同的社会群体所占据，从而具有了二元社会的特征，这主要体现为文化与生活方式上的巨大差异，而这也在一定程度上造成了城市与农村之间的交流隔离。20 世纪 80 年代之前，当地人眼中的城市样板是县城。城里人穿得干净，吃得精细，不用下地干活。由于缺乏由农村向城市规模转移的社会通道，村民对城市生活缺乏直观体验，多止于想象，心生羡慕却表现出不屑，经常嘲笑城里人的生活习惯。村里妇女们笑话城里女人经常洗澡，在她们的观念中，女人一生通常只洗三次澡，一次是出生，一次是出嫁，还有一次是死后。此外，城里人吝啬抠门也成为村民的刻板印象，传言城里人招待客人，舍不得生火做饭，而是在灶膛里点着煤油灯做饭，摆摆样子，糊弄人。还听说，乡里人去县城里探亲，城里亲戚买了 3 个油饼招待，乡里人老实厚道，只拿了一个油饼，城里人生怕乡里亲戚多吃，赶忙将两个油饼落在一起陪吃。各种流传于乡间的城市故事扭曲了村民对城市生活的认知，加深了城市与乡村的文化隔阂，乡村社会依旧维持着自己的文化样貌，并保持着对城市文化的警惕与排斥。

城乡间的文化隔阂除了传统乡村文化的惰性使然，交通不便造成的空间隔离也是一个重要原因。靖远地区，空间广袤，许多村庄距县城较远，由于交通不便，有人一辈子都没去过县城。即便有人进城，也只是短暂停留，办完事马上离开，听到的看到的片段经过口口相传，层层加工，呈现给众人的往往是偏执说辞，要么是盲目钦羡，要么是盲目批评，两种极端的描述遮蔽了真实的城市，也反映了村民对城市生活的矛盾心理。城市就是城市，农村就是农村，这种泾渭分明的区分和难以逾越的界限已经深入村民意识中。

（二）劳动交往的阻隔

自 1952 年起，国家通过一系列政策力图把农村劳动力留在农村发挥作用，同时还对城市招工用工制度不断调整，"1957 年 12 月 13 日，国务院全体会议通过《关于各单位从农村中招用临时工的暂行规定》，明确要求城市'各单位一律不得私自从农村中招工和私自介绍农民到城市和工矿区找工作'"。[1] 当时的村民没有外出打工的想法，只是安安分分地种地。村里老张的表叔在瓷窑[2]工作，尽管那里地处山区，不是什么城市，但由于是国有企业，那里的工人生活便成为村里人眼中城市生活的缩影。有一次，老张去瓷窑看表叔，表叔招呼他在单位食堂吃了顿便饭，是很少吃到的白面馒头和炒土豆丝，老张敞开肚皮吃了一顿。见这里生活好，他便托表叔找份工作，但厂里有规定不用农民，表叔无能为力，无奈之下只能回家。当年矿务局水电处组织修建上水工程的时候，从村里临时招收了一批青壮劳力与水电处职工一同工作，据村民回忆，中午吃饭的时候，他们靠着水电处食堂墙边，席地而坐，凉水就干粮，而水电处的职工坐在宽敞的食堂里啃着热馒头，吃着炒菜，那一幕在村民心中留下了强烈反差。

1　俞德鹏：《城乡社会：从隔离走向开放：中国户籍制度与户籍法研究》，27 页，济南，山东人民出版社，2002。

2　当地最早的国营陶瓷厂。

（三）被替代的城市"镜像"

中华人民共和国成立以后，全国范围内的供销合作社系统开始逐步建立，到 1957 年，已经形成全国性的物资流通网络，从城市到乡村基本覆盖。村民们之所以很少去县城，一个重要原因是供销社系统已经延伸到公社，在一些交通相对便利、人口密集的大生产队也会有供销社设立的小商店。不论是日常生活用品还是农业生产物资都能在供销社的商店里购得。此外，乡村人兽医疗体系也逐步建立。东湾公社通过东湾供销社商店、东湾兽医站以及东湾诊所三个对农服务机构建起了基本的公共生活服务体系，滋泥水村民的公共服务需求在东湾公社就能得到满足。平日里村民外出要向生产队长请假，大家只在闲暇时间抽空去东湾置办生活用品。村里的孩子们则相对自由，闲来无事，三五成群，游走东湾，他们最喜欢的去处是供销社商店，但很少买东西，主要是想看看那里的新鲜玩意和闻闻那里的糖果香气。以供销社系统为代表的基层服务网络的建立和完善，降低了村民去县城消费的可能性。在农村供销社的商店里，不但村民的生活需要能够得到满足，而且部分地满足了村民窥探"城市"的好奇心，让村民们间接地观摩"城市的缩影"。在村民的观念中，城市生活方式的一个重要标志是逛商店。很多村民虽然少有去县城的经历，但都去过东湾，去过供销社商店，在他们的印象中尽管东湾比不上县城，但供销社商店就足以让他们过过进城的"瘾"。

（四）城乡二元的"户籍制度"

"1958 年 1 月 9 日，全国人民代表大会常务委员会第 91 次会议通过《中华人民共和国户口登记条例》，第一次以法律的形式将中华人民共和国成立以来日渐形成的城乡有别的户口登记与迁移制度固定下来"。[1] 从此，城乡之间因户籍制度而形成了更加明确的空间界线。此外，与户籍制度相对应的身份识别系统，也束缚住了农民的手脚。20 世纪80 年代以前，农村没有户口本，也没有身份证，实行集体户籍，村民的身份证明的主要靠介绍信。村民出外办事必须先到大队开介绍信，否则外出住宿和接待都成问题。开介绍信也不是想开就开，必须要有生产队长认为恰当的理由。

因户籍制度造成的城乡隔离，越发使城市成为村里人的想象性符号，让"进城"成了村里人难以企及的梦想。凡是能翻越这种制度障碍进入县城的故事都被村民视为传奇，口口相传。村里人经常会私下里议论哪家的姑娘长得俊俏可人，找了县城里的老光棍享福去了。有的传得更悬乎，说百里挑一的农村姑娘嫁给了城里的残疾人，至于结果，人们也会想当然地认为是去享福了。据说当时就连县城边上的农民也很吃香，有谁家的姑娘要是嫁到了那里，虽比不上嫁到城里那么风光，但也会让村里人钦羡不已。

村里人对城市的印象大多来自道听途说，有些故事几经辗转早已面目全非，无从查证，但故事的叙述总体上折射出村民对城市若即若离的矛盾心态，在批评城里人品行和生活方式的同时又表现出对城市生活的向往。从故事的传播效果上看，这些故事扭曲了村里人对城市的想象，拉大了城乡之间的文化距离，在村民心中构筑起一道难以逾越的文化鸿沟，这在一定程度上保证了乡村社会空间的稳定性。靖远地区铁路修通后，村里曾有人坐火车去过省城，带回来一段极具警示意义与讽刺意味的故事化说辞："城里人爱骗生人，经常有人喊'蘸一蘸，蘸一蘸，蘸一下两

---

1 俞德鹏：《城乡社会：从隔离走向开放：中国户籍制度与户籍法研究》，4 页，济南，山东人民出版社，2002。

分钱，'生人好奇，就交了两分钱蘸了一下，结果蘸了一指头屎。紧接着，后面又有人喊'涮一涮，涮一涮，涮一下两分钱，'生人不得不再花两分钱涮一涮。"城里人套路深，乡里人进城就吃亏，这已经成为村民的刻板印象，强化着村里人固守乡里、不愿外出的心理。

国家在乡村建立起来的基层制度空间在安排乡村生产生活、增强村民集体意识和组织性的同时，也造成了城乡文化的制度性隔离。这种隔离降低了村民通过自发的城乡交往来满足新文化需求的可能。如何发展新的文化形态，重塑乡村文化空间，成为在乡村社会管理体系确立之后亟待解决的重要问题。为此，国家开始立足乡村实际，逐步介入乡村公共媒介空间建设及其文化实践，发展新文化，塑造新传统。

第二节　村校的公共转型

中华人民共和国成立前，滋泥水村校性质是私学，学生多为赵先生的本家子弟以及亲戚子女，很多村民让子女上学的意识并不强。老马回忆说，当年他干爹赵先生办学的初衷是为了将本家几个淘气的孩子笼络在身边，以免滋生事端，节外生枝。而且，由于村校设于村庙内，除正常的教学活动之外，村校有时会组织学生参与村庙活动，如过庙会帮忙等，村校与村庙的活动空间有重叠，活动内容有交集。中华人民共和国成立后，随着农村社会主义改造的全面展开，滋泥水村校也开始由私学转向公学，开启了村校的公共转型。

一、村庙空间的衰落

面对乡村社会长期以来形成的地方性知识与话语体系，现代性话语如何在国家力量的推动下创建自己的乡村表述成为中华人民共和国成立后乡村文化改造中面临的重要问题。牵牛要牵牛鼻子，关键是要寻找一个突破口。对乡村社会而言，公共媒介空间是乡村文化生产和村民文化习得的重要场域，是牵一发而动全身，进行乡村文化社会主义改造的关键点。完成对乡村公共媒介空间的重构，就掌握了乡村文化的领导权。从这个意义上说，对乡村公共文化的改造和对乡村公共媒介空间的改造是同一问题的两个方面。在乡村社会主义新文化运动中，国家一方面通过打击反动封建会道门运动、"破四旧"运动以及一系列的文化革新，快速瓦解以村庙为中心的公共媒介空间；另一方面又着手将村校确立为新的乡村文化阵地，以村校为中心构建新的公共媒介空间。

中华人民共和国成立以后，滋泥水村民打倒了地主分了田地，人们开始了当家做主的新生活，村民们不但经济翻了身，而且精神得到了解放，村民们的思想观念紧随国家号召，唯恐落后。中华人民共和国成立初，靖远地区"一贯道"时有活动，按照国家关于打击反动封建会道门的指示精神，各村都进行了宣传教育和整治工作。但由于会道门组织假借民间信仰仪式作伪装，通过焚香、念经、仙水治病等迷信手法欺骗和毒害乡民。因此，在具体的肃清和整治工作中，村民们混淆了正常的民间信仰活动与会道门迷信活动之间的区别，将正常的民间信仰活动纳入反对之列。村庙被摆在国家的对立面，成为落后腐朽的象征，村民主动与村庙保持距离，村庙逐渐失去了它在乡村公共媒介空间中的核心地位。后来随着国家在乡村社会中反封建反迷信的力度加大，村民们普遍感到形势紧张，村里的"铁杆"信众经过商议决定将神灵的木主[1]请出村庙，藏于深山，自此，村庙的民间信仰活动也淡出了村民的视野。在村民

1　被赋予神灵仙气的实木雕像。

的记忆中，自 20 世纪 50 年代末到 70 年代末的 20 年时间里，滋泥水村就再也没有过民间信仰活动。1966 年，破四旧运动席卷全国，一切代表"旧思想、旧文化、旧风俗、旧习惯"的东西都要被扫除，在这场运动中，滋泥水村庙被拆毁，神像也一起被砸掉，旧有公共媒介空间遭到了物理上的毁灭性破坏。

二、需要政治翻身更需要文化革新

中华人民共和国成立后，国家迅即展开了对乡村的社会主义改造。首当其冲的是对乡村社会生产关系的改造，主要通过土地革命来完成，"靖远县的土地革命自 1951 年 10 月开始，至 1954 年 2 月结束，先在东湾等五个乡进行试点，分三期，每期抽调 140 名干部组成工作队进驻农村开展工作。1953 年 10 月先后分三批组织 355 名干部进行土改复查，1954 年 2 月全县已经基本建立健全了各种基层组织和工作制度"。[1]从那时起，滋泥水的村民开始感受到强大的国家力量，目睹并经历了工作队让穷人翻身做主人的全过程，"全县共划地主分子 1480 人，恶霸及不法地主分子 202 人，分别由人民群众进行批斗和依法惩处，对民愤极大的张风翔、马负图、李正顺、王明德等 38 人判处死刑，即行枪决……全县有 25715 人参加贫农协会，16508 人参加妇女会，2260 人担任农会干部，1627 人担任乡、村政权干部，387 人加入中国共产党，609 人加入中国新民主主义青年团，在政治上，经济上真正翻了身"。[1]经过土地革命，农民的生产积极性被充分调动，新的乡村权力体系开始形成。"在土地改革过程中崛起的新兴精英，成为此后几十年间村庄权力的核心执

1　甘肃省靖远县地方志编纂委员会：《靖远县志》，173 页，兰州，甘肃文化出版社，1995。

掌者，并且随着 20 世纪 50 年代中期以后村庄党组织的建立，完成了组织化的过程"。[1] 乡村社会生活向着组织军事化、行动战斗化与生活集体化急速迈进，甚至连村民的日常饮食起居等私人生活都打上了组织化的印记，最突出的表现是农村一度兴办的公共食堂，通过将私人生活需求纳入公共服务，挤压了私人生活空间，忽略了其私密性特质。随着农村集体化进程的深入，村民们的国家观念开始形成并清晰，集中表现为积极的政治参与意识和集体观念。相较于乡村社会政治生活的剧烈变革，乡村文化革新则显得相对滞后，乡村文化生活出现了短暂的空白。村民们为迎合政治要求，主动放弃传统文化活动，在新的文化生活尚未建立之际，又普遍表现出对传统文化生活的怀念与依恋。现代化的政治改革与传统乡村文化间的冲突，对国家进一步改造乡村社会造成困难，于是国家开始着手在农村培育新的文化阵地，紧锣密鼓地展开社会主义文化革新。

三、寻找新的文化阵地

自元代开始，国家开始将农民组织在一起成立村社，并建"社学"，学习"四书五经"、朝廷律令以及各种礼仪。明代更加注重"社学"的教化功能，而且"许多地区的乡村，都订有'乡约'，乡约将教育活动与地方组织结合起来，并规定所有乡民均可以入学学习"。[2] 清朝延续明制，以诸如减免劳役等优惠政策鼓励兴办社学。社学受地方政府管辖，

---

1 吴毅：《村治变迁中的权威与秩序：20 世纪川东双村的表达》，85 页，北京，中国社会科学出版社，2002。
2 邱雪梅、徐君：《古代社学的发展对我国农村教育的启示》，载《西北成人教育学报》，2010（6），19～21 页。

接受地方政府的经济支持，但不同于官办学校，社学的老师主要由村民推荐，类似于"公办民助"性质的"民办教师"，其主要任务就是对广大乡民进行教化、训俗，以维护国家统治。清末民初，国家试图通过向农村强制推行新式教育，推动整个社会的现代化进程，但由于社会动荡、乡村传统观念根深蒂固以及未能满足乡村需求等原因，新式教育在农村的推广并不成功，而且使乡村传统教育受到挤压，很多乡村没有教师，也没有村校。中华人民共和国成立前的很长一段时间里，滋泥水村都没有自己的村校，直到1945年村里的赵先生才在村庙内创办了村校。赵先生创办的村校属于私学性质，教师就他一人，招收5至16岁的学生入学。所用教材为《三字经》《百家姓》《千字文》等传统启蒙读物。

在新式教育夭折的背景下，村校仍然是社学的延续，它承担着对乡村社会教化和训俗的职能，是乡村社会文化生产的重要机构。在长期的历史发展中，村校形成了一定的社会组织力和动员力。中华人民共和国成立后，见于"社学"传统以及它在乡村社会治理中的潜力，在村庙衰落之后，村校成为重建公共媒介空间的一个理想选择，也理所当然地成为对乡村进行社会主义文化改造的战略新高地。

四、村校公共职能的拓展

中华人民共和国成立后，国家对滋泥水村校进行了公有化改造并进一步拓展其公共职能，包括公共信息传播、政治宣传、公共教育等多种职能。

（一）公共信息传播

中华人民共和国成立后，随着乡村逐步完成社会主义改造，国家建立起两个对农公共信息传播的重要渠道，一个是以"县—公社—大队—

生产队"为主线的行政管理渠道，另一个是以"县教委—学区—村校"为主线的基层教育渠道。两个渠道传播的信息在村里形成共享。中华人民共和国成立后，乡村教育的学区管理体制逐渐形成，学区不但会定期召集各村校负责人来学区开会，还会派人到各村校进行检查。老马回忆，当年村里本来打算自己筹钱新修村校校舍，有一次他去学区开会，听说县里有专门针对农村教育基础设施建设的专项经费，可以由大队出面向上逐级申请。当时大队不知道有相关政策，提交申请后也没抱太大希望，但县里却批了这笔钱，为建村校解决了大问题。经过这次事情，大队开始重视学区传达的各种消息。与村校公共职能拓展相对应，村校教师的工作范围在教书之外得到极大拓展，上至宣传国家政策形势，下至服务百姓生活，如给孩子取名，代笔写信等。随着行政管理渠道和基层教育渠道共享信息格局的形成，再加上村校与村民关系的日益密切，村校逐渐成为村民聚集的公共场所和村民获取各种信息的集散地。

（二）政治宣传

"村校是村落中的'国家'，它以自己的方式作用于乡土。从中国共产党夺取政权直到 70 年代末，乡村学校除了在学校内行使职能之外，还走到社会上去发挥作用：它是各种政治运动的宣传队，也是各种生产工程的突击队。"[1] 滋泥水村校的一个主要作用是宣传队，每逢有政治活动，老师和学生会在课外自编宣传节目，走家串户轮番上演。村校每年有一些相对固定的任务，比如配合征兵工作进行政治宣传，重点是两个节点的宣传，一个节点是下发新兵录取通知书，届时村校组织全校学生高举彩旗，敲锣打鼓，由大队长带领前往新兵家中送录取通知书，沿途

---

1 李书磊：《村落中的"国家"：文化变迁中的乡村学校》，11 页，杭州，浙江人民出版社，1999。

向周边群众宣传"一人参军，全家光荣"。另一个节点是欢送新兵入伍，届时村校组织学生前往新兵家里，给新兵披红被面，戴大红花，让新兵骑上大马，学生们一路尾随其后，敲锣打鼓送到公社。除了每年例行的政治宣传活动外，村校还会配合大队突击性的生产劳动进行鼓劲宣传，例如靖远沿河一带常有水患，大队在汛期来临之前会把队里的青壮年组织起来成立突击队修坝筑堤。每到这个时候，村校便会组织学生敲锣打鼓前往工地，通过唱革命歌曲，念顺口溜等多种形式为突击队加油鼓劲。通过这些喜闻乐见的文艺形式，"在满足了农民娱乐需求的同时宣传了官方主流意识形态"。[1]

（三）公共教育

中华人民共和国成立前，当地经济和文化落后，农民识字率很低，尽管民国时期县里设立了民教班和民众夜校进行农村扫盲教育，但收效甚微。中华人民共和国成立后，国家召开全国第一次工农教育会议，确定了"开展识字运动，逐步减少文盲"的基本方针，决定在全国范围内开展识字运动，靖远县也响应国家号召，在全县范围内开展了以"识字"为重点的义务教育。作为乡村唯一的教育机构，扫盲教育的主要任务就自然落在了村校身上。一是按照县里和公社的要求，通过开展夜校学习组织农村青壮年参加速成识字班。二是响应国家开展冬学运动的号召，按照学会拼音和识字两千的目标要求，组织动员广大村民参加冬学运动。除了文化教育，村校还要承担对村民的政治教育。作为与政治活动的重要组成部分，每晚吃过晚饭，大队都要求村民来村校参加政治学习。当时主要学习《毛主席语录》、"老三篇"以及《甘肃日报》，学习

---

1 李书磊：《村落中的"国家"：文化变迁中的乡村学校》，12页，杭州，浙江人民出版社，1999。

的主要形式是村校教师或队长宣读，村民倾听。此外，村校还是村里人进行警示与示范教育的场所，大跃进时期，大队常会组织村民到村校观看有关劳动模范先进事迹的幻灯片，宣读事迹材料，号召村民积极学习。后来，村校也曾一度成为贫下中农说家史，对各类坏分子搞批斗的政治教育场所。

总之，中华人民共和国成立后的滋泥水村校由私学转为公学，并紧随国家政治需要，其公共职能进一步扩展，值得注意的是"教育的泛政治化虽然以牺牲教育的质量为代价，但它在五六十年代培养'社会主义一代新人'方面却收到奇效"。[1]

第三节　村校：国家在乡村的象征空间

在村庙衰落的同时，国家开始将村校确立为乡村社会主义文化建设的主阵地，并以此为中心建立新的乡村公共媒介空间。村校逐渐成为乡村中国家意义生产和传播的重要机构，成为聚集诸多国家符号的象征空间。

一、国家对村校的意义输出

中华人民共和国成立以前，"国家对地方社会教育的影响也大体与地方行政结构的边界同构，官方的教育制度多止于县、乡，难以进入村庄，长期流行于村庄的各种民间教育形式，如村塾、私塾等，多得益于

1　吴毅：《村治变迁中的权威与秩序：20世纪川东双村的表达》，138页，北京，中国社会科学出版社，2002。

民间社会的滋养，尽管其在一定程度上也会受到官治系统及其意识形态的影响"。[1] 中华人民共和国成立后，这种局面开始改变，伴随国家力量向乡村推进和渗透，现代教育体系在乡村逐步建立，村校被纳入国家公办教育系统并被赋予更多的国家寓意。村校成为国家对乡村开展政治宣传的重要场所和村民感知国家观念的空间。

（一）空间分离折射出的国家镜像

中华人民共和国成立后，通过搞土改分田地，打击反动会道门，反对封建迷信等一系列政治运动，村民们深刻感受到摧枯拉朽的国家力量，村民们坚定了告别传统、与旧生活决裂的信念。这种信念加速了民间信仰文化体系的快速解体，让以村庙为中心的公共媒介空间迅速衰落直到后来从实体上被彻底消灭。20 世纪 50 年代初，国家打击反动会道门与反对封建迷信的政治运动在村里有扩大化倾向，很多村民混淆了其与正常民间信仰的区别，于是便一棒子打死，统统视为反动的、落后腐朽的东西一并抛弃剔除，生怕受到牵连。村民不去村庙，民间信仰活动迅速消失，村庙成了村民眼中的是非之地。此时的村校尽管仍保留在村庙内，但已经貌合神离，村校师生主动与村庙划清界限，学生和老师来去匆匆，除正常上课外，不会在村庙逗留。

这样的尴尬局面没有持续多长时间，土改结束以后，村里没收了地主房产，分给村校一间作为教室。据村民回忆，1953 年左右村校就搬出了村庙。在村民们看来，地主家大院有着特殊的象征意义，一方面它是土地革命的胜利果实；另一方面它是当时国家基层管理机构的所在地，是被国家赋权的空间，是乡村里的"国家"，村民们接收到的国家

1　吴毅：《村治变迁中的权威与秩序：20 世纪川东双村的表达》，132 页，北京，中国社会科学出版社，2002。

政策指示都从这里发出。村校搬进地主大院也理所当然地成了"国家空间"的重要组成部分，被村民视为国家象征。相比之下，村庙的"空间权威"在村庄"国家空间"的确立过程中被彻底瓦解。

1958 年左右，村里得到县里农村教育专项经费资助，又经大队自筹一部分资金，在村里中心空地上修建了三间新校舍。这是村里由国家出资建设的第一处公共建筑，它不同于乡村住宅建筑样式，是典型的"两坡水"[1]，还有校舍的大门大窗、悬挂于外墙正中的学校招牌、立于中间的旗杆以及飘扬的红旗。这些建筑特征的强烈反差强化了村民对"国家与地方"的意义对比。此外，校舍外杆子上悬挂的有线广播能让村民聆听到国家的声音，嵌在校室外侧的黑板常会被画得五颜六色，登一些宣传口号或标语，扫盲与政治学习也被安排到这里。这些都为村民感知国家提供了具体场景，让国家意识有了更直观的体验，村民的国家意识逐渐清晰。村校建成不久，大队部也在村校旁边新建了办公场所，空置出来的地主大院分给了贫困村民。至此，村庄中的"国家"从"地方"中彻底脱离，在村庄中心建立起富集国家象征的公共媒介空间。

（二）教师：村民眼中的国家身份

"中华人民共和国成立后，党和国家领导非常注重乡村文化建设。一些接受过马克思主义思想教育的知识分子、经受过新思想改造过的'旧'知识分子以及通过教育培训机构培养出来的新生知识分子，在乡村社会发挥重要作用。"[2]这也成为乡村教师选拔的重要指向。中华人民共和国成立后，靖远县从农村选拔或指派公办教师接替以前村校的教书

1　当地对人字形建筑的通俗叫法。
2　杜尚荣、崔友兴：《中国社会变迁中的乡村教育》，载《西南大学学报（社会科学版）》，2017（1），70～78 页。

先生，教师工资由国家负担。村民把公办教师视作国家的人，而且大家都非常看重这种"国家身份"。在教师替换过程中出现了矛盾，老马作为村里的第一任公办教师，刚开始接任就遭遇阻力。老马是滋泥水村人，中华人民共和国成立前拜赵先生为干爹，并在赵先生的私学里读书，中华人民共和国成立后，他到东湾中心小学插班五年级读高小。毕业后，因家庭贫困，缺少劳动力，又回到村里务农。没过多久，正逢县里对村校改革，当时的政策是通过派遣或从当地遴选合适人选担任公办教师。作为村中第一个接受过正规教育的年轻人，经学区对村里情况摸底，便很快将他确定为公办教师人选。据老马回忆，他正式入职时有些波折，当时的村校还延续着以往的传统教育模式，赵先生仍坚守私学。自从听说学区有意让老马接替赵先生的位置推行现代教育，整个赵家都不乐意，不愿意退出。但考虑到这是大势所趋，是上面的意思，赵家不好太过强硬，于是便想出一个折中的办法和他商量，对外确定老马为村校名义上的教师，对内赵先生仍主掌村校教务。但这样的想法只是赵家的一厢情愿，想法既得不到村里人的认可，也得不到学区的同意。在确定老马入职势在必行，没有商量余地后，赵先生就再没来过村校。

自老马之后，村校的公办教师均来自外乡，都受到大队的特殊照顾和村民的爱戴。按大队要求，公办教师的伙食由各家各户轮流安排，每家一天，所到家户，皆以家中最高伙食标准接待，教师会以粮票作为回赠。在整个大队之中，能吃上"国家饭"的只有公办教师，这种至高无上的待遇村民都极其看重，十分羡慕。老马刚当上公办教师的那年，从学区领回来两口袋粮食作为工资，在当时看来已经很多了，整个村里都传遍了，就连老马本人也有些出乎意料。村里人都渴望能像公办教师一样，既受人尊敬，还能拿工资。村里人都明白老马的经历不可复制，此后要成为公办教师的门槛越来越高。老徐是村里的第一位民办教师，尽管不比公办教师，能拿国家工资，吃"国家饭"，但比起普通村民还是高人一头，除了受人尊敬外，不用下地劳动就有工分。最关键的是民办教师经常会成为大队选拔干部的后备人选，成为进入大队管理层的重要通道。老徐当民办教师的时候，就在村里兼任文书。

由于国家将发展民办教师确定为基层农村教育的一项长期方针，于是，在农村，当民办教师便被视作脱离体力劳动，进入国家基层管理体系的一条现实可行的路径。按照国家"开展识字运动，逐步减少文盲"的方针，全县通过夜校的方式开展了以识字为重点的扫盲教育，还在广大农村全面开展了冬学运动。广大村民被纳入农村受教育队伍，村校教育对象数量迅速增加。师资力量薄弱成为农村教育面临的主要问题，按照当时国家"公办民助"政策，由国家派出公办教师与地方推荐民办教师相结合，国家与地方共同承担地方教育的做法为解决该问题提供了可行的办法。根据该政策，公办教师的工资由国家财政负担，民办教师的工资由地方承担，主要是用工分结算，纳入生产队年终分配。民办教师就地遴选村里的文化人进行补充，虽说民办教师没有公办教师的国家身份，但受生产队直接领导、管理和单独考核，对于村民们来说这也是"公干"，民办教师是"半个国家的人"。

二、村校管理的国家化

将村校抽离出乡村社会管理框架而纳入国家管理体系，意味着对村校的国家化改造和国家意义的重新赋予。滋泥水村校初为民众自发创办，属于私塾性质的传统教育，学生多为宗族子弟，村校宗族管理色彩浓重。与此形成鲜明对比的是相距不远的东湾和陡城都是当时的国民政府的乡政府所在地,那里的中心小学施行的都是新式教育。可见,国民政府时期国家教育体系在基层的发展不均衡、不充分,国家教育的神经末梢并未延至基层乡村,乡村教育的自发状态并未根本改变。中华人民共和国成立后,国家改造了原有的现代教育体系并向农村进一步延伸,包括将村校纳入国家教育体系,基本建立起县、区(公社)、中心学区对村校的三级管理体制等,国家的各项教育政策能抵达并落实到农村。村校受学区和县里领导并成为一个基层管理单元的同时,也作为一个媒介从乡村社会中被抽离出来,在被赋予全新的国家象征和文化意义后积极投入到整个乡村社会关系和社会意义的再生产中。1956年以后,靖远县以靖远师范为基地频繁开展农村教师培训,积极贯彻国家与县里对农村教育的各项政策,例如推广普通话教学、组织观摩教学、进行教学评比等。每年的六一儿童节学区都会在东湾中心小学举办庆祝大会,届时各村校的学生由老师带领,列队整齐,敲锣打鼓,一路歌声赴会。大会的主要议程有两项:一是为新加入的少先队员佩戴红领巾;二是表彰三好学生。此类活动被固定下来逐渐成为村校超越乡村社会活动范畴,完成国家赋予乡村现代意义的"新仪式",助力村校成为乡村中的"国家空间"。"文革"开始以后,村校成了"造反派"争夺的主要场所。"造反派"占领村校后,主要活动是进行"斗、批、改",甘肃省革委会在批复《中小学教育革命座谈会纪要》中明确提出,"废除原有的学校领导管理体制,全省中、小学校陆续撤销教务处、总务处机构,撤销教研室(组),取消班级建制和班主任制,按年级编成班、排、连,连队设置专职政治指导员"。[1]原有的学校教育管理制度被取消,军事化、革命化成为教育管理的普遍逻辑,村校成了农

---

1 甘肃省地方史志编纂委员会:《甘肃省志·教育志》,36页,兰州,甘肃人民出版社,1991。

村政治运动和国家意志传播的主阵地。总之，中华人民共和国成立以后，村校作为一种特殊的媒介空间在与乡村社会同步改造的进程中，逐渐发展为基层系统中国家意义生产与表达的重要组成部分，也成为国家在乡村的空间象征。

三、国家意义在社会空间重组中的强化

国家意义被赋予具体空间并通过具体空间被传达和感知，还通过社会空间的重组被强化。在村校建成后，大队部也从地主大院中搬离，用拆村庙的木料和砖瓦在村校旁边修建了新的大队部。继大队部之后，村里的戏台也搬到这里。戏台和大队部向村校集中并在基层社会管理中与其形成功能互补。在新的公共媒介空间中，村校在正常的教学工作之外，承担着面向村民的政策学习、精神传达、知识教育等各种任务。大队部房子小，桌椅少，凡遇到需要召集村民传达上级精神，或是组织学习开会都会在村校中进行，大队组织的政治学习以及为扫盲而办的夜校也都放在村校，村校差不多成了半个大队部，村校与大队部形成紧密合作关系。当问及当时大队部盖在学校旁边的原因时，曾任大队部文书的老徐说当时主要考虑大队的许多集体活动都在村校进行，大家已经形成了习惯，都将村校当成村里的公共场所。戏台建成之后，与村校、大队部珠联璧合开展了不少的政治文化宣传活动，如唱革命歌曲、跳忠字舞、排演革命样板戏等。至此，村庄公共媒介空间完成了重构，空间的国家意义被不断强化。

此外，乡村公共媒介空间由自发状态转向组织状态，这在一定程度上反映出国家基层权力运作系统基本成型。从前以村庙为中心的乡村公共媒介空间处于自发状态，遵循着传统乡土文化规则，人与人之间的社

会关系往往依照相对封闭的宗法体系和文化约定。中华人民共和国成立后，以村校为中心的乡村公共媒介空间承载着国家与地方间的意义连接和关系生产，已然不是传统乡村公共媒介空间中自发式的社会关系生产。村民们在此空间内开始了新的政治社会化进程，如掌握社会主义意识形态话语、熟悉社会主义政治生活逻辑。在这里村民与国家发生着千丝万缕的联系，村民们被聚合为一个有组织的集体，随时听候国家的召唤。需要说明的是，乡村社会的乡土文化规则并没有因为国家意义的到来而消散，而是在扬弃中与国家需要形成互补与融合，传承与发展。

第四节　村校空间中的媒介文化

以村校为中心形成的乡村公共媒介空间与传统乡村公共媒介空间的重要区别在于空间中不同的媒介及其实践。对滋泥水来说，在以村校为中心构建的公共媒介空间中，村里人接触到了现代媒介并开启了现代媒介生活。

一、广播

和大多数乡村一样，滋泥水在中华人民共和国成立初没有广播，上级的政策指示和村里的通知要通过自制的大喇叭喊话传达。相较于自制的大喇叭，后来出现的广播打破时空局限的技术魅力让村民获得感知洗礼，并逐渐日常化，自此，在国家的推动下，开启了村民的现代媒介生活。

中华人民共和国成立后的一段时间里，乡村传播条件并没有多大改善。当地对这种落后的传播状况有一个非常形象的描述："行路基本靠走，通讯基本靠吼"。但凡村里有重要通知，都是专人沿路叫喊，通知到各家。成立合作社以后，农村的家庭生产转为集体生产，生产队每天要组织生产，下达劳动任务。挨家挨户叫喊通知的方式远不能满足密集的传播需求。于是，生产队便想出办法，用硬纸壳制作了一个大喇叭，架在地势较高的山梁上，如果有事情需要通知，便由生产队长跑到山梁上对着喇叭大声喊话。硬纸壳制作的大喇叭扩音效果差，容易被雨水浸泡，后来换成了铁皮大喇叭，扩音效果好，能节省不少气力。从那时起，大喇叭作为一个象征符号开始吸引和聚集起村里人的注意力，并被视为村里的国家"公器"，专门用来传达重要指示通知，没有村民闲来无事摆弄大喇叭，即便是小孩也知道那是生产队长的专属品，不能乱玩。

"1949年9月靖远解放以后便设立了收音站，1956年成立靖远县广播站，线路至东湾、大芦和打拉池。"[1]1958年左右，靖远县开始给各大队安装有线广播。当时的滋泥水叫向阳大队，有线广播安装在村校门前的木头杆子上。有线广播是在电话线的基础上安装的，既可以收听县里和公社转播的通知、新闻和消息，也可以当扬声器使用，大队播发通知，只要坐在大队部里接通广播，对着话筒喊话就可以了，非常方便。很多村里人对第一次听有线广播的经历都记忆犹新，大家都惊讶木头杆上的长匣子竟然能说话。大家面面相觑，惊叹道："人是怎么钻进匣子里说话的？"起初是出于好奇，后来听广播便渐渐成为村民的一个日常生活习惯。每天村民们都会按时向村校门前集中，收听广播成为村民印象中非常有意思的一项公共文化活动。当时有线广播的内容基本分为三部分，一部分是新闻，一部分是通知，还有一部分是革命歌曲和现代秦腔剧。

1　甘肃省靖远县地方志编纂委员会：《靖远县志》，577页，兰州，甘肃文化出版社，1995。

广播在乡村的流行与广泛的政治运动紧密相关，配合着政治运动，广播迅速成为乡村最主要的宣传媒介和组织动员媒介。1969年以后，广播的日常经费纳入国家财政，公社广播站的日常经费也纳入了地方财政，农村广播有了国家财政保障，作为村庄的制度化媒介被长期确定下来。

二、黑板报与宣传标语

在以村校为中心的公共媒介空间中，还有进行日常宣传的平面媒介，如黑板报和标语。在村校校舍外侧墙壁上有一方黑板，是生产大队重要的宣传专栏，主要做一些简单的毛泽东思想宣传工作板报，如摘抄毛主席语录以及创作带有鲜明革命色彩的打油诗。一些村民至今仍对当年的打油诗记忆犹新，毛主席语录也是张口就来。在村里最能营造出火热宣传氛围的媒介是标语，村校是当时主要的标语制作点和集散地，受大队委托，标语通常由村校教师负责书写并由学生负责张贴。在村里的公共活动区域以及道路两旁住宅的外墙上，都会贴满宣传标语。尽管宣传标语经常会临时征用私人住宅外墙，但这种征用被村民们默许，而且谁家墙上贴了标语会被看成是政治先进的表现。

三、幻灯与电影

农村合作化运动中，各生产队都先后涌现出许多劳动模范。为树立典型，在全县范围内掀起学习典型的高潮，县里鼓励采取灵活多样且群众乐于接受的形式开展典型宣传，当时较流行的做法是制作和播放幻灯片。这种自制的幻灯片原理与牛皮灯影大致相同。幻灯片为手工绘制，再配上解说词，一边解说一边播放，尽管幻灯片制作较为粗糙，看起来并不逼真只能起到表意的效果，但在村民看来却极具吸引力，尤其是遇到自己熟悉的人成为典型时，大家总免不了要对幻灯片中的手绘形象调侃几句。幻灯片如同一根引线，不但开启了滔滔不绝的解说，还打开了村民的"话匣子"。后来，幻灯片的传播形式被广泛认可，对宣传内容也进行了拓展，不仅是宣传典型，有时也会放一些时事新闻，当时被称为"新闻纪录片"。自电影流行以后，"新闻纪录片"开始在电影上播放，通常放在正片前面，除了政治宣传以外，还有热场的作用。幻灯片的放映地点一般都安排在村校，晚饭后，按照大队要求，全村人齐聚村校观看，算是别开生面的政治学习。据村里人回忆，当时只是觉得幻灯片的形式非常吸引人，对其内容记忆不深刻，只要看幻灯片，大家都十分踊跃。当时县里和公社对幻灯片的制作没有统一的技术标准，只给大队提一些宣传要求。制作幻灯片分为两部分，一部分是绘制图片，另一部分是撰写解说词。如何在幻灯片中既展现鲜活的人物形象又准确传达宣传意图，成为一项兼顾文化与政治的重要工作，一般人难以胜任。此项工作通常都交由村校老师完成，因为在村民眼中他们是懂政治的文化人。

滋泥水村民看电影在当地算早的，在大多数村民的记忆中，最早看电影是在 20 世纪 50 年代末水电处的三泵房前，三泵房距离滋泥水较近，步行非常方便。但凡听说那里放电影，一村老少都会赶去看。村民们初次看电影同样表现得很惊讶，除了惊叹前所未有的视觉冲击外，很多人误以为人是从银幕后面跑出来的，于是便好奇地绕到银幕背后一探究竟。更让人吃惊的是，从银幕后面看，人的动作都是反的。这是村民们初次看电影的普遍印象。三泵房放电影是水电处工人的内部文化福利，一年放不了几场，但与其他村庄相比，滋泥水村民近水楼台先得月，能借光观影实属难得。自 20 世纪 60 年代以后，靖远县组织了多支放映队游走乡村，巡回放映，大队也能向公社申请放映，村民们看电影的机会逐渐多了起来。村校仍然是放影观影的主要场所。放映队的影片资源不多，来回就几部革命剧，村民们都耳熟能详，但村民们始终保持着浓厚兴趣。一听说村里要放电影，整个村子炸开了锅，影片的名字在大人小孩的奔走呼喊中迅速传遍全村。在放映现场，经常会出现有人在未出现字幕就大喊片名的情况，或出于显摆，或出于惊喜，都能体现出那时村民对电影的钟爱。

四、自编自演的宣传节目

自打村里响应国家反封建反迷信的号召后，村里的传统文化活动都基本消失了，从前村里的戏班很难再凑到一块，主要原因是他们只会唱古戏，这在村民看来是腐朽落后的东西。村民们对从前的传统文化活动都保持高度警觉。为配合政治宣传，开创新的文化气象，靖远县各学校顺应形势需要，排演了宣传社会主义文化内容的秦腔戏与歌舞剧类的小节目，上山下乡进行巡演，深受群众喜欢。受县里影响和带动，这股借传统艺术形式宣传新思想新文化的潮流迅速传向了广大农村。靖远县文艺部门也响应国家号召，将"穷人恨""三世仇""血泪仇"三个现代革命剧本改编为秦腔戏，后来排练了秦腔版的《红灯记》《沙家浜》等革命样板戏，并于1969年成立"毛泽东思想业余宣传队"进行乡村巡演。当时，这种革命样板戏在城乡非常流行，很多地方都请不到县里的宣传队演出。向阳大队考虑到村里以前有过戏班，便决定重新组建，旧瓶换新酒，排练秦腔样板戏。村里请不到县剧团的专业演员指导排练，大家仅凭在公社观看演出的大致印象自编自演，学生也参与进来扮演一些简单的角色，摆一些简单的造型。尽管艺术水准不高，对白也有些走样，但作品的政治要求没有走样。村里自排样板戏的演出安排在村校前方的简易戏台上,村民们热情高涨,围涌在戏台周围,现场气氛热烈。演出场场爆满,其中还吸引了不少邻村的村民前来观看。公社得知此事后,给予了充分肯定,还请村戏班去东湾公社演出样板戏。

积极参与乡村公共文化活动已经成了村民新的生活方式,他们在参加文化活动接受政治教育的同时,从中得到了不少乐趣。据村里人回忆,20世纪60年代以后,村民的生产劳动机械单调,早上生产队开工前,都把毛主席像搬到地埂边,念一段毛泽东语录,请示当天要干的活;到了晚上收工后集合,面对毛主席像汇报当天工作。但村民的文化生活越来越充实多样了,晚饭过后,村民们的生活是另一番景象。那时,基本上每天晚上大队都要组织村民去村校开会学习,在去村校的路上和在村校大家又是扭秧歌,又是唱革命歌曲,非常热闹。火热的文化氛围感染了学生,年龄大一些的学生自发组成宣传小组,背诵毛主席语录,排练三句半,并在放学后,挨家挨户宣传毛泽东思想。

第五节　媒介空间中的文化与启蒙

尼克·库尔德利在论及媒介变革的社会意义时认为"当媒介嵌入了广义的文化和社会过程时,紧张和矛盾随即产生。"[1]他将这种紧张和矛盾视为传播媒介带来的隐痛,如第一次打电话的感觉、第一次听广播的感觉、第一次看电视的感觉等等。雷蒙德·威廉斯将这种感觉解释为内容的不平均分享的意识,"这样的内容似乎是发生的事情,由强大的方

1　〔英〕尼克·库尔德利:《媒介、社会与世界:社会理论与数字媒介实践》,何道宽译,3页,上海,复旦大学出版社,2014。

式传输和辅助，在这个世界里，我们没有其他任何感知到的联系，但我们觉得，这样的内容既处在我们生活的中心，又处在其边缘。"[1] 由媒介引发的个体认知紧张和行为变化只是"冰山一角"，尼克·库尔德利认为媒介不只会产生对个人细微行为的影响，还将改变人们宏大的生活空间。也就是说，现代媒介的使用不但在个体层面塑造了现代媒介意识或现代媒介观念，也渗透到了整个社会生活领域并成为一种组织规则和引导力量。

传统乡村社会接触现代媒介大都伴随着制度力量的推进，与国家的一系列社会政治运动紧密相关，"这些运动为中国通讯网络的结构提供了一种具体的行为模式……通讯网络的使用不仅使运动有可能进行，而且运动本身也反过来促进了这些通讯网络的制度化"。[2] 随着国家政权向下延伸到基层农村，现代媒介在连接农村与国家中的作用日益凸显，村民借此聆听国家声音，感知国家形象，现代媒介也因此与国家绑定在一起，在村民眼中，现代媒介是国家的象征。与此同时，国家也对传统媒介形式进行了改造，如秦腔戏、牛皮灯影都被新的革命话语重新填充，出现在村民的公共文化生活中。这个时期以现代媒介为中心展开的媒介文化活动不是周期性的点缀，而是伴随着国家现代化进程，成为一种常态化的生活方式。由于现代媒介并非乡村社会内生的，而是以国家行政力嵌入农村的，是一种制度性安排，再加上传统媒介也都被进行了彻底的内容改造甚至形式创新，有着极强的现实关怀与政治宣传色彩，这成就了迥异且独立于传统的现代媒介文化，而且这种媒介文化不但有强烈

1　〔英〕尼克·库尔德利：《媒介、社会与世界：社会理论与数字媒介实践》，何道宽译，4 页，上海，复旦大学出版社，2014。

2　孙立平：《传统与变迁：国外现代化及中国现代化问题研究》，287 页，哈尔滨，黑龙江人民出版社，1992。

的技术创新色彩，还承载着急剧变化的政治与经济内涵。村民开阔了视野，增长了知识，渐渐萌发了媒介观念。整个村庄的日常生活围绕着现代媒介展开，正是在这种过程中，村民渐渐养成了媒介使用习惯或媒介使用自觉。

媒介意识或媒介观念，是一个与人的现代化紧密相连的概念，是在一定的媒介环境下形成的，并随着媒介环境的变化而变化，以显示媒介在传播活动中参与并建构主体的存在方式以及传播活动中主体意识的觉醒。需要说明的是，媒介观念的形成得益于各种媒介有机的、整体的长期作用，而非单个媒介所能实现。[1] 卜卫在《受众的媒介观念研究》一文中对国内外相关研究进行了梳理，认为受众媒介观念是"有关选择和使用媒介的基本认识或看法"。[2] 结合以往的相关研究可以发现，媒介观念的核心在于受众选择和使用媒介过程中，主体意识的觉醒以及主观能动性的增强。这种主体意识可以通过注意、选择、评价、判断、期待、依赖等多种意象来呈现。

这里所谓"媒介启蒙"是指农村社会的媒介环境在由传统向现代转型的过程中，人们通过对媒介的接触使用以及媒介的宣传教育，逐步接受新媒介并获取相应知识，具备相应观念、认识与能力，开启媒介化生存的历史过程。"媒介启蒙"不单单表现为媒介内容的启蒙，还应包括媒介形式或媒介技术的启蒙，而后者往往容易被忽视。对于滋泥水村民来说，他们的媒介启蒙是在以村校为中心的公共媒介空间中进行的。在这里，他们开始接触了现代媒介，并对现代媒介有所认识和了解，对其

1　Fuller, Matthew. Media Ecologies: Materialist Energies in Art and Technoculture. London: The MIT Press, 2005, 63.

2　卜卫：《受众的媒介观念研究》，载《新闻与传播研究》，1996（2），10页。

内容和形式都抱有极大兴趣。乡村媒介启蒙的起点很大程度上是村民对现代媒介形式或技术的觉察与认知，媒介形式或技术往往决定了村民文化活动的形式，比如广播和电影决定了村民相关文化活动是集体行为，无线电收音机则决定了相关文化活动是个人或小团体行为。而现代媒介观念的形成很大程度上依赖于媒介形式，从媒介形式中村民们获得了最直接的感官体验，第一次听有线喇叭，第一次听无线广播，第一次看电视都是对村民一次次的媒介技术洗礼。按照史蒂文森的说法，"媒介讯息的形式而不是其内容，才是现代性的主要特征"。[1] 综上所述，中华人民共和国对乡村旧有的公共媒介空间进行了重建，以村校为中心的公共媒介空间成为村民集体活动场所。该媒介空间中最具吸引力的是以广播和电影为代表的现代媒介，不管是寒冷的冬天还是炎热的夏天，村民每天晚饭后都到村校前听广播，听县里播报的新闻，听秦腔和革命歌曲。每逢放电影，必是人山人海。通过这些现代媒介实践，村民广见闻、长见识，其文化生活逐渐被影响，呈现出较以往相对开放的文化心态。村民们保持着对现代媒介的积极响应和参与，村民的媒介主体性得到发掘和释放。从此，村民的社会生活与现代媒介紧密交织在一起。

总之，在乡村社会从传统转向现代的进程中伴随着媒介空间的转型，这种转型适应国家对农村政治与经济改造的需要，受到国家行政力的推动。现代媒介作为配合国家对农村进行政治与经济改造的重要工具或力量，不但有效发挥了宣传教育、组织动员的强大作用，客观上还潜在地培养了广大村民的现代媒介意识或观念，对农村进行了最广泛的媒介启蒙教育。在现代媒介进入村民社会生活的过程中，媒介同时从形式与内

1　〔英〕尼克·史蒂文森：《认识媒介文化：社会理论与大众传播》，王文斌译，232 页，北京，商务印书馆，2001。

容两个层面对村民进行了启蒙。这种媒介启蒙并非村民对媒介的被动接受，而是村民在接触媒介过程中，主体意识的发展。例如在观影过程中，有村民出于对电影技术的好奇，跑到银幕背后一探究竟。在初次听广播时，村民对人是如何钻进匣子里讲话的质疑等等。这种主体意识不但体现在对媒介的探索性认识上，还体现在对媒介的主动接触上，如每天定时定点收听广播，到处打听放映消息等，甚至还体现在对媒介技术的研究上，如村民自己研究组装矿石收音机、半导体。说到底，村民主体性的凸显不单受到媒介环境变化的影响，也与整个乡村社会环境变化相关联，尤其是政治、经济体制的变革让农民翻身做主人，强烈的主人翁意识渗透到了村民的媒介实践中。乡村社会的媒介启蒙与村民现代媒介意识的形成是政治、经济、现代媒介共同作用的结果，是社会结构整体转型的必然。

第六章　家庭媒介空间的分离与崛起

中华人民共和国成立以后，国家管理的现代媒介体系迅速覆盖农村，农村公共媒介空间也被重新构建，其功能主要是实现农民的集体精神塑造与政治文化认同。农村的公共媒介活动以现代媒介为载体，主要围绕集会讨论、文化宣传、政治动员等任务展开，活动喧腾热闹，参与度高。对家庭来说，现代媒介资源的国家统筹和以家庭为单位的生产界限被打破，家庭生产转为集体生产，家庭成员转为社员，家庭文化生活融入公共文化生活。直至 20 世纪 70 年代中后期，以有线小喇叭为标志的现代媒介网络在农村普遍建立，国家化的公共媒介转向国家化的家庭媒介，相应地，家庭媒介空间与公共媒介空间划界逐渐清晰，家庭媒介空间开始被纳入国家媒介空间系统的最基层。20 世纪 80 年代，随着农村家庭生产方式转变和以广播电视为代表的现代媒介家庭化，以政治动员和文化宣传为核心的公共媒介空间逐渐衰落，家庭日常媒介生活的组织化特征日趋淡化，家庭媒介空间的边界被以电视为代表的现代媒介重新划定并逐渐清晰，以媒介自觉为表征的主体性进一步显现。

伴随着现代媒介家庭化的趋势，现代媒介开始介入家庭关系的重新整合，家庭媒介空间也因此产生了相应变化。需要说明的是，家庭媒介空间的崛起并不意味着农村公共媒介空间的消失，在家庭媒介空间从国家化转向私人化的过程中，普通村民的文化需求也进入了多样化发展轨道。以民间信仰为中心的传统乡村文化生活逐步复苏，与以往不同，由于整个社会环境，尤其是媒介环境变化培育的多元文化需求，使村民对公共文化活动的参与热情逐渐降温，积极性大不如前。

第一节　家庭中的国家

在滋泥水，家庭空间格局基本保持着传统，少有变化。整个院落布局当地称为"二鬼抬轿"，即正面一间"上房"，两边各一"耳房"，"上房"高于"耳房"。院落的东面通常为厨房，西面为厕所。一些农户的院落虽然没有这么规整，但主次、方位一般是相对固定的。院子中央是祭拜天神的地方，逢年过节向天神焚香以求平安顺达。家庭内部布局体现严格的空间等级秩序，这种空间等级秩序与长幼尊卑的宗族伦理关系密切。"上房"的正中位置是"中堂"，背景悬挂山水画和书法作品，中间的方桌上摆放着神灵造像、祖先牌位、香炉和烛台，共同构成家庭中的神圣空间。逢年过节，这里都会摆上贡品，焚香祭拜先人，"磕头拜年"的仪式也在这里进行。中堂的东侧是火炕，西侧放五斗橱之类的简单家具。家中的长辈住在"上房"，作为神圣空间的守护者。"上房"的规矩较多，气氛严肃庄重。"耳房"通常就一个火炕，主要是年轻人住，这里少有规矩束缚，年轻人可以放开说笑，气氛相对轻松。厨房的核心位置是灶台，灶台上方有灶神神龛，神龛上贴有五福，两侧有对联"上天言好事，下界降吉祥"，每年腊月二十三晚上送灶神，腊月三十晚上迎灶神，要在灶炉里焚烧"往生"[1]，祈求来年日子红红火火。早年的滋泥水难有这样完整的家庭空间格局，但上述传统布局的空间观念和意识在村民头脑中根深蒂固。多数村民家庭条件有限，只有"土搁梁"[2]的土坯房或窑洞，难以实现这种空间秩序的实体区隔。即便如此，在一间屋内也会形成空间秩序的观念对应。房屋中的火炕必不可少，几乎占据了房屋的少一半，火炕上通常会摆一张小炕桌，长辈会客、吃饭都在这里；另一半是厨房和堆放杂物的地方。房屋的中间位置是"中堂"所在，通常也会悬挂画张，画张下面是"五斗橱"。这里虽然没有常年设置供台，但过春节的时候会临时摆放祖先牌位，焚香祭拜。厨房有简易的灶神神龛，逢年过节规矩如是。尽管空间紧凑，但布局的空间秩序是一样的。家庭空间的传统结构折射的不仅是家庭伦理关系，还体现了整个村庄的宗族社会秩序。

中华人民共和国成立以后，大多数村民的主人翁意识不断增强，在反对封建会道门的运动中，村民们开始自觉纠正以往的生活习惯。比如减少民间信仰活动，与村庙保持距离；撤下家里的神龛，收起香炉。随着农业集体化运动的开展，农村生产生活走向集体化，村民家庭空间也逐渐步入国家化改造的轨道，国家元素和表征符号逐渐进入家庭空间，成为日常呈现。1966 年 6 月 1 日，《人民日报》发表社论《横扫一切牛鬼蛇神》，要求破除"四旧"，倡导"四新"，并将其视为文化革命的重要政治任务。这场运动好似一场暴风骤雨，加速了乡村家庭空间的国家

1　纸钱的一种，主要烧给神灵。
2　这是当地盖房子的一种简易方式，主要是土木结构，成本低廉。

化改造，将家庭"传统"冲得干干净净，村民家中气象更新。在广泛的政治动员和文化革新的催动下，国家符号和意象向家庭空间快速集中，很快完成了家庭空间的国家化改造。

一、家庭空间的内部改造

从家庭空间的整体基调上讲，传统气象已然褪去，革命色彩日渐浓厚。村里各家在中堂位置挂上了毛主席画像，左右两侧悬挂对联，如上联是"大海航行靠舵手"，下联是"干革命靠毛泽东思想"。原先供奉祖先牌位的位置换上了毛主席塑像或像章。焚香祭拜的传统仪式也被"早请示、晚汇报"的政治仪式代替。很多村民回忆"破四旧"以后，大家都在家中全力清查"落后"的东西，生怕有所遗漏。相反，一切象征国家的符号和元素都被视作积极向上，后来更演化成一种时尚潮流，不断涌入家庭空间。《毛主席语录》、毛主席像章、军帽、军装、军用皮带等物件，都成了村民的最爱，一旦有幸得到，便摆在家中炫耀，以展现整个家庭的革命精神风貌。老岳当年有幸得到一套褪色的黄军装，四个兜的，当时只有在部队转干、当上干部才能穿四个兜的军装，普通战士的军装只有上面两个兜。老岳将其视为宝贝，平日里舍不得穿，只在一些重大场合才盛装亮相，其余时间谨慎保管，有人强烈要求参观，才打开来看看。

二、国家基层媒介网络向家庭延伸

1958 年滋泥水成立了向阳大队，大队部与村校比邻，应当时政治动员与文化宣传的需要，县里以大队为单位统一安装有线广播，长方形的大匣子架在村校门口的杆子上。有线广播既可以播放县里节目，也可以收听公社通知，还可以作为扩音器向全村喊话。这是村民们第一次稳定持续地接触到现代媒介。第一次收听广播时，村民们都抱有质疑和验证的心理，到了时间点儿，"匣子"里果真说话了，他们既好奇又惊讶，一些村里的老人问队长，"人是怎么钻进那个大匣子里说话的"。从那以后，每天定点儿来村校前收听广播就成了村民们的一件乐事，也成为公共文化生活的一项重要内容。借助有线广播，滋泥水与国家紧密联系在了一起，村民的日常生活中经常能够听到国家的政策指示，上级的通知精神，感觉到国家的存在，村民自觉的媒介接触意识也逐渐增强。国家在基层的乡村媒介网络建设，有线广播是迈出的第一步。20 世纪 70 年代，国家开始大力推进家庭小喇叭，在农村电话线路的基础上延伸到各家各户，将国家媒介网络延伸到乡村家庭。对这种家庭小喇叭村民记忆深刻，这在一定意义上可被视为村民首次拥有了现代化的家庭媒介。尽管这种家庭媒介的功用主要是传达国家声音，强化国家与农村家庭的信息连接，村民对小喇叭也缺少自主控制，但却在一定程度上开启了家庭媒介时代。有线小喇叭成为村民家庭空间中一处重要的国家象征和注意力中心，每天定时收听逐渐形成了习惯，家庭空间结构也在悄然发生改变。

三、从地方认同上升为国家认同

以地缘和血缘关系为纽带的传统乡村社会，村民在一定的社区范围内形成了地方认同和共同体意识，并以此作为支撑家庭生产生活的精神框架。中华人民共和国成立后，国家管理向基层乡村延伸，国家的政治和文化宣传对陈旧落后的乡村观念体系进行了改造，乡村的国家观念体系逐步建立并发展，乡村社会的地方认同上升为国家认同。推动该历史进程的一个非常重要的举措就是在乡村建立起了现代媒介网络，通过打破乡村传播的时空局限，改变乡村传播地图，将乡村与国家紧密联系在一起。"作为一个力图整合全社会资源而推进现代化的政权来说，不仅要从制度上开通乡村社会参与国家政治生活的渠道与途径，更为重要的是要从思想意识上激发乡村社会参与国家政治事务的积极性，也就是说，不能仅仅停留在制度性参与上，而且还要上升为道德性参与。"[1] 从某种意义上来说，从制度性参与到道德性参与的转变过程，既是乡村社会现代媒介自觉养成的过程，也是国家认同逐渐形成的过程。随着由国家组织的现代媒介生活植入乡村，这种现代媒介生活便成为乡村家庭适应和融入新环境的基本需要和标志性事件，积极参与现代媒介生活也成为衡量家庭政治成熟度的重要指标。以往维系地方认同的媒介体系与地方性知识则被视为落后和腐朽的东西被抛弃或被改造，如古戏、社火等。相反，像广播、电影等这些极具吸引力的现代媒介则成为辅助乡村治理，构建国家认同，实现和维系村民道德参与的重要动力。

第二节　现代媒介：从公共走向家庭

家庭空间国家化的一个重要标志是国家建立的现代媒介体系向家庭延伸，以有线小喇叭为代表的现代传播媒介入驻乡村家庭，这既增强了现代媒介对村民日常生活的渗透性，也在一定程度上瓦解了乡村社会空间的结构与关系格局。在这里，依据现代媒介进入乡村后所引发的社会空间的及社会交往结构的变化，可以将现代媒介进入乡村家庭的历史大体分为三个阶段：公共媒介阶段、家庭媒介公共化阶段以及家庭媒介阶

1　李立志：《变迁与重建》，285 页，南昌，江西人民出版社，2002。

段。所谓公共媒介阶段有两层含义，一是指媒介传播的模式是一对多，二是指媒介组织的空间有效聚集了村民，具有开放性和公共性，比如村民集体收听的有线广播、集体观看的电影等。所谓的家庭媒介阶段是指在乡村社会中，以家庭为单位接触的媒介，它强调家庭是媒介接触和组织的空间范围，如有线小喇叭、收音机等。家庭媒介公共化阶段正好处于上述两个阶段的中间，是指家庭媒介的集体化接触，如电视刚进入农村家庭时，村里有电视的人家中经常会聚集很多村民前来观看，家庭空间也因媒介共享而成了一个临时的公共场所。

一、公共媒介阶段

中华人民共和国成立以后，滋泥水的公共媒介可以追溯到给村民喊话的简易大喇叭，这是村民印象中较早的公共传播媒介，大喇叭架在地势较高的山梁上，声音传播阻挡少，覆盖面广，有上级重要指示精神或村里重要通知，队长会到山梁上对着喇叭喊上好几遍。与传统乡村社会中的内生性媒介不同的是，村民们对大喇叭的专属功能有较清晰的认识。通过大喇叭传播的一定是事关全村的重要事项，而且这些重要事项很多时候不是乡村社会内部自发形成的议题，而是上级部门的政策和指示，从外部影响乡村社会生活。于是，在村民的观念中，生产生活的变化与媒介实践紧密联系在了一起。大喇叭的使用也让村民开始萌发公共媒介的概念，这一概念与国家和公家的概念交织在一起。自此，在诸如乡村有线广播等现代媒介不断进入乡村以后，这种观念也处于不断发展强化中。

"1952 年 4 月 1 日，全国第一座农村有线广播站——吉林省九台县广播站建成并播音，它是中华人民共和国成立初期第一个在收音站的基础上通过电话线把广播送往农村的县级有线广播站。该站利用电话线路定时广播，在各村、学校、文化站、供销社等公共场所普遍设置广播喇叭，直接向农民广播。不久，'九台经验'被迅速推广到全国。"[1]靖远县也响应号召，在所辖区域内，以大队为单位架设有线广播，这种有线广播既能转播广播节目，又能当作高音喇叭，使用方便，颇受农民喜欢。据村民回忆，当时的大队部就在村校边上，县里派人将有线广播安装在村校大门口的杆子上。自从安装了有线广播，村民们的生活节奏开始与广播同步，每天早上革命歌曲《东方红》一响，大家就开始准备上工；中午饭点儿上会听一两段改编的革命秦腔剧；晚饭过后，大家又会聚集在村校前的空地上听听县里的新闻播报。起初，村民们是出于对有线广播的好奇，时间久了，有线广播便成为村民日常生活的组织手段，成为村民生活中的习惯性仪式。阎云翔在对下岬村的调查中也发现，"在20世纪70年代初期，大队给每家都装了广播喇叭……村民自己无法控制听什么和什么时候听。每天他们都听大量的官方新闻、政治宣传、干部讲话、娱乐节目等等。但是时间一长，人们也就习惯并对有线广播产生了依赖"。[2]村民们开启了现代意义上的媒介化生存，开始养成了媒介使用习惯，现代媒介通过这种潜移默化的方式逐步内嵌到乡村社会生活领域，成为乡村公共文化生活的组织机制。

这里需要说明的是，上述公共媒介适应了集体化的生产生活方式和政治宣传要求，有效地服务了乡村社会管理。黄树民在《林村的故事：1949年后的中国农村变革》中认为："在抽象的层面上，农村地区的扩

1　刘家林：《中华人民共和国新闻传播60年长编（上）》，50页，广州，暨南大学出版社，2010。

2　阎云翔：《私人生活的变革：一个中国村庄里的爱情、家庭与亲密关系（1949—1999）》，龚小夏译，41页，上海，上海书店出版社，2006。

音器还有另一层意义。农民只是接受这些指令和讯息，并照着去做，而不是要问他们有何意见。这条传达的管道是单向的，从峰层到基层，而非反向而行。"[1] 这种"单向"媒介技术形式与宣传性的媒介内容相结合，内在地增强了媒介的动员和组织特性，也内在地强化了村民对媒介告知功能的固定认识和配合度。

二、家庭媒介的公共化阶段

现代媒介从公共领域转向私人领域的过程中，还存在一个中间状态，即家庭媒介公共化这一过渡阶段。滋泥水最早的，真正意义上的家庭媒介是收音机，大约是在 20 世纪 70 年代中后期出现。收音机作为高档物品起初只有大队部有一台，平时有重大活动或是晚饭后，收音机就会被搬到外面供村民们集中收听。此时的收音机是大队的公共财产，作为公共资源为广大村民共用共享。后来，收音机作为一种消费品逐渐脱离公用属性进入乡村家庭。据村里人回忆，起初，村里只有为数不多的几个家庭有收音机，晚饭后村民们会分流至有收音机的几家收听广播节目。有收音机的村民家中人来人往，熙熙攘攘。同样的情况也发生在电视刚进入家庭的时候。老岳是村里最早买电视的，据他回忆，1984 年他将一台 14 英寸的黑白电视机买回家时，在全村引起轰动，村民们有看电影的经历，于是便将电视看作放在家中的电影，尽管屏幕上雪花闪动，对有些电视内容也不甚了解，但大家都兴致盎然，热情不减。看得人慢慢多了，家中地方显小，于是就摆放在院子中央，近处的人看得聚精会神，远处的人虽然只能扫到电视屏幕的亮光，但也看得不亦乐乎。小小的屏幕将

1　黄树民：《林村的故事：1949 年后的中国农村变革》，素兰、纳日碧力戈译，142 页，北京，生活・读书・新知三联书店，2002。

全村人的心牢牢地拴在了一起，每天晚饭过后，不用通知吆喝，村民们都习惯性地向老岳家院子集中。即便是在麦收季节，村民们也会在收工后吃过晚饭，过来瞅瞅。看电视的过程中，大家说说笑笑，有时受到电视情节的启发相互之间开开玩笑。看完电视，还有村民意犹未尽的彼此交流，或是表达对未知世界的好奇惊叹，或是对剧情的复述和评论。

家庭媒介的公共化阶段出现在广播、电视刚进入家庭之际。对大多数乡村而言，这一时期农村生产方式开始转变，家庭重新成为组织生产的基本单位，公与私的界限被重新确定，家庭空间的私密性逐渐加强。村民对媒介公私属性的认识发生变化，对媒介的私人占有成为彰显家庭经济实力的重要标志。随着村民对媒介公共性的刻板印象被破除以及乡村家庭经济条件的提升，电视作为私人媒介开始进入乡村家庭。在经历了从公共媒介空间的艰难脱离后，电视成为了真正意义上的家庭媒介。老岳谈到自家当年买来电视后的尴尬境况："来家看电视的人有的要抽烟，有的要喝水，人多事多。看完电视也很麻烦，一屋子的瓜子皮、烟头要打扫，每晚如此，谁的忍耐力再好，也会将不满挂在脸上。时间久了，大家也都不好意思再来了，都想办法凑凑钱买了电视。"

三、家庭媒介阶段

中华人民共和国成立后，国家就发展和推广有线广播，提出了"依靠群众，充分利用现有设备，因陋就简，分期发展，逐步正规，先到农村，后到院户"[1]的方针。由于有线广播网络依赖邮电通讯线路，经常会因为共用一条线路而出现通电话就不能通广播，通广播就不能通电话的

1　周才夫：《有线广播发展综述》，载《中国广播电视年鉴》，45 页，北京，中国广播电视出版社，1986。

问题，为此国家又确定了"以县广播站为中心，以公社广播放大站（后为乡广播站）为基础，以专线传输为主"[1]的有线广播发展方针。十年"文革"期间，广大农村因地制宜，利用现有的物力、人力，凭借自己的力量建成了由县到公社、再到农户的有线广播专用线路，使农村有线广播网成为覆盖最广的信息媒介网络。该信息媒介网络基本实现了信息进村入户，家庭成为基本的信息接收单元，被纳入国家的传播管理。与此同时，也推进了乡村的媒介化进程，使媒介从公共空间走向家庭空间。

有线小喇叭是最先进入乡村家庭的信息传播媒介，"到上世纪七十年代，靖远县已建立三千多里广播线路，广播喇叭发展到5万多只，全县普及率百分之八十以上，形成'条条银线连北京，坐在炕头听新闻'"。[2]滋泥水村很多人都印象深刻，小喇叭与县广播站连接，每天都有固定的节目安排，村民们除了接收新闻、通知之外，小喇叭的一个重要用途就是当"时钟"用，每天早中晚的准时播报安排着家庭生活的节奏，早上听着广播起床，晚上吃着饭，听段儿秦腔。从此开始，家庭成为村民们接触媒介的主要空间，村民们渐渐养成了在家中接触媒介的习惯，形成了对家庭媒介空间的基本感知和体验。家庭媒介的兴起在一定程度上消解了村民在村校门口聚集听广播的热情。随后，无线电广播开始兴起，收音机逐渐进入滋泥水村民家庭，当时很多人都是评书迷，每天中午准时收听《岳飞传》和《隋唐演义》，有些人为了听评书才买了收音机。收音机初入家庭时，受到了很高的礼遇，被放在家中最显眼的位置并盖上一块大花布。到了收听评书的时间，家里的小孩子掀开花布，打开收

1　刘家林：《中华人民共和国新闻传播60年长编（上）》，372页，广州，暨南大学出版社，2010。

2　甘肃省靖远县地方志编纂委员会：《靖远县志》，577～578页，兰州，甘肃文化出版社，1995。

音机，一家人围坐在周围听得入迷。进入 20 世纪 80 年代中期以后，村里凭借靖远电厂征地补偿和用工协议，经济状况大为好转，村民手中有了余钱，最先为家中添置的家当是自行车和电视，村里的电视逐年增多。

电视进入村民家庭以后，便迅速取代了收音机。而且，伴随收音机、电视等现代媒介进入私人领域，成为消费品，村民的文化娱乐需求被极大释放。村民对媒介自主使用的动机也逐渐转移到了满足自身的文娱需求上。村民们看电视主要着迷于电视剧，随着电视节目的丰富和增多，村民的闲暇时间越来越多地在家中度过。电影在村里仍受欢迎，只是村民越来越专注于武打片、战争片。电视和电影在塑造村民媒介认知、审美体验、价值观念的同时，也将这种视听标准施加于其他媒介。比如后来乡村家庭媒介的演变主要表现为在不动摇电视主导地位的基础上，其附属或辅助媒介的不断更替，后来进入家庭的录像机、VCD、DVD、家庭影院，卡拉 OK 等都在强化电视在家庭空间中的主导地位，家庭媒介空间的技术革新也强化着文化休闲的主基调。看秦腔戏的村民越来越少，牛皮灯影戏也几乎失传。

总之，从上述过程可以看出，现代媒介从公共领域走向了私人领域，其重要表现是村民打破了将现代媒介作为公共用品的刻板观念，获得了媒介自主性，主要体现为村民对媒介的私人占有和自主使用。村民的文娱需求也得到了释放，村民对媒介内容有了一定的自主选择空间。

第三节　媒介引起的家庭空间变革

一、传统家庭的空间格局

在传统乡村社会，滋泥水大户人家的住宅格局是正房坐北朝南，厨房坐东朝西，仓房与厕所建在院子的西边。正房分"上房"和"耳房"，"上房"空间较大，为年长者居住，"耳房"较小，为年轻人居住。"上房"的三分之一被火炕占据，"耳房"的二分之一是火炕。"上房"正中间是"中堂"，悬挂字画，下设方桌一张，陈列祖先牌位与祭器，逢年过节焚香祭拜，方桌的两侧摆放木椅，为家长专座。其余空间陈列长柜，讲究的人家将柜边用油漆漆黑，中间朝外的部分绘制一整幅彩漆山水花鸟画。此柜用来存放家中贵重物品，谁掌管此柜通常便是家中主事，因此，当地有一个对家中主事很形象的称呼叫"掌柜的"。开柜是"掌柜的"专属权利，小孩子和年轻人不能窥探。

普通村民的家庭没有上述完备的实体空间布局，但这种空间观念存在。多数普通村民的住宅在当地称为"土搁梁"，该叫法体现了普通家庭住宅的建造方式，即先把黄土托成土坯，然后将土坯用黄泥粘合堆砌，屋顶用粗壮的白杨树干做横梁，用茄杆做成楄子封顶，上面覆盖麦草，然后再厚厚地抹一层草泥。经济条件好的人家在旁边盖一间"耳房"以区分空间的主次。多数村民家庭住宅紧张，家庭空间的格局只能在一个房间中设定，比如确立一处家中的核心位置，划定权威空间，哪里祭拜祖先，哪里祭灶神都会有相应的地方。

二、传统家庭空间的权力象征体系

在传统乡村社会中，民间信仰大体上可以分为两部分，一是对神灵的崇拜，二是对祖先的崇拜。神灵和祖先作为一种精神交往对象活跃于村民的精神世界，这种虚化的精神交往对象也称为"灵媒"。传统乡村社会的权力体系很大程度上是以"灵媒"为中心构建的，"灵媒"也成了传统家庭权力的根源。由于村民与"灵媒"的精神交往是以物、空间或人的形式体现的，所以，其背后的社会关系与观念意识常常被遮掩。涂尔干说过："人既然有理性，其宗教信仰就一定不是虚幻的，而是联系和反映着某种真实的存在。这种存在当然不是信仰者信以为真的神明、精灵、鬼怪或灵魂，而是由这些概念表象或符号化的社会本身或其组成部分，或者是其成员中的代表性个体。"[1] 由此可以在传统家庭空间中划分出几类"灵媒"权力的表征系统，比如家长是"灵媒"权力的人的表征；相关物件、符号是"灵媒"权力物的表征；"中堂"等重要位置是"灵媒"权力的空间表征；仪式、家规、家法是"灵媒"权力的制度表征。

（一）"灵媒"权力的人的表征

福柯将知识视为一种权力，并提出"知识的'纪律化'"这一概念来实现知识与权力的对接。按照他的观点，知识的"纪律化"是通过"挑选、规范化、等级化和集中化"[2] 这四个步骤来完成的"知识规范化运动"。[2] 知识在这种规范化运动中实现其权力运作，形成规训。对于传统乡村家庭来说，"灵媒"始终都是神圣而权威的，与其相关的知识，包括祭拜规程、礼仪、规矩以及有关的神话、典故等，都会成为一种垄断性知识和权力话语。掌握这些知识的人，就理所当然地承受了"灵媒"赋予的权力。在传统乡村家庭中，这些知识往往为长辈或家长所掌握，例如祭拜神灵、祖先的贡品如何摆放；先祖牌位如何书写；磕头拜年的规程如何等等。家长作为家中"灵媒"权力的代言人，在家中说一不二，很少有家庭成员与之争辩。

1　〔法〕涂尔干：《宗教生活的初级形式》，林宗锦、彭守义译，7页，北京，中央民族大学出版社，1999。
2　吴猛、和新风：《文化权力的终结》，315页，成都，四川人民出版社，2003。

（二）"灵媒"权力的物的表征

"灵媒"尽管看不见摸不着，但有其存在的物化形式，例如神灵造像、祖先牌位。按照当地的说法，神灵造像接受供奉之前要先到村庙进行"装藏"仪式，通过该仪式神灵赋予造像神力，才能起到经神灵造像连通神灵，保一家平安的作用。此外，村民家中供奉的祖先牌位也是"灵媒"权力的物化形式。"灵媒"权力的物化形式作为村民观念世界中的精神交往媒介，将神秘莫测的"灵媒"具象化，让"灵媒"权力从观念形式转化为实物形式。

（三）"灵媒"权力的空间表征

"灵媒"通常占据"中堂"位置，这里构成了乡村家庭空间中最核心、最神圣、最权威的区域，这里经常摆放祭器，逢年过节、初一、十五都会上香祭拜。在这个核心区域之外还有几处区域可视为"灵媒"权力的延伸，一处是"上房"的火炕，一处是中堂两侧的家长专座。在屋外，正房前方的中心位置也属神灵的权力空间，是向天神祈福的地方。与此相对的是家庭空间中的边缘地带，基本上都是晚辈们的活动空间，在这里没有太多规矩，轻松活泼，与"上房"的氛围形成了鲜明对比。

（四）"灵媒"权力的制度表征

制度表征主要体现在一系列的规矩、礼仪，家规家法上，比如"中堂"前供桌上贡品要摆放对称，献的"盘馒头"[1]上要用食色点红花；晚辈们大年三十晚上的集体拜年仪式只能由家中男丁参加。家中所有男丁跪于中堂前，由男性家长焚化折好的黄纸，谓之"画马"，待黄纸快化完之际，集体面向中堂，依照从神灵到祖先再到家中长辈的顺序磕头拜年，同辈之间不磕头，辈分越低磕头越多。来月经的妇女不得给神灵上香。这些

1　专门作为各种仪式制作的贡品馒头，顶上用食色点红花。

规矩既映射了"灵媒"在建构家庭制度空间中的核心作用，同时也反映了家庭生活的政治伦理。

总之，小家庭大社会，家庭空间秩序与规范成为地方社会结构与文化的具体折射。"灵媒"在家庭空间中的具象化，是地方社会权力在家庭空间中的缩影，是普遍的社会权力体系向家庭的延伸。从这个意义上来说，"灵媒"起到了沟通家庭与社会的媒介作用。正是由于"灵媒"在乡村家庭空间中实现了社会权力的建构与意义的传播，完成了宗法秩序在家庭空间的设置和再生产，以小及大，地方社会才可能在更大的范围实现社会整合。

三、家庭空间的重构

20 世纪 80 年代以后，乡村生活开始告别集体化，逐渐回归家庭。这种转型的一个重要变化是处于国家媒介网络末端的家庭媒介得到了充分发展，家庭空间格局与文化底色受其影响随之改变。也就是说，国家在推进基层媒介体系建设和管理的过程中，为家庭媒介的发展打下了基础，预留了空间。也正是在国家大力发展基层传播的过程中，村民的媒介使用习惯与媒介观念得以养成发展，村民的媒介主体性逐渐形成。

回顾乡村社会媒介发展的历史脉络，可将家庭空间的变迁分为如下几个阶段：从宗族化到国家化，从国家化到私人化，私人化中的个人化。

（一）从宗族化到国家化

乡村家庭空间的宗族化与国家化，都是相对于家庭空间组织的社会意义而言的。所谓宗族化是指家庭空间以宗族秩序和伦理规则进行组织建构，此种类型的家庭空间，其组织力和统摄力来自"灵媒"，并借此完成对家庭空间的安排布局。而国家化则指国家力量介入对家庭空间的结构改造，该过程与国家推动的基层媒介体系的建立和完善直接相关。家庭空间的这种变化可从下面三个方面进行说明。

1. 观念置换：人是家庭空间的主体，家庭成员思想观念的变化，也会给家庭空间的关系结构与秩序造成冲击和改变。从社会层面来讲，思想观念的变化往往源于社会生产方式的变革，家庭思想观念的变化也源于家庭生产方式的改变。传统家庭空间在宗法伦理的规则下建构，有清晰的等级界线。这种空间组织的思想，着重强调家长权力以及家庭作为社会交往和社会生产基本单位这一事实。家庭就成了一个集权式的小社会，保持了相对稳定性。中华人民共和国成立后，农村经过土地革命与集体化，农村社会生产方式转变为集体化生产，家庭不再肩负生产的组织功能。同时，国家的政治宣传也深入到乡村家庭，村民自觉参与政治运动和社会主义文化活动成为考量村民国家观念与政治先进性的重要指标。家长说话不如队长说话好使的现象较为普遍，这反映了村民观念的转变，村民头脑中后起的国家观念超越了家庭观念。

2. 媒介置换：中华人民共和国成立后，经过一系列的政治宣传与社会主义文化改造，乡村家庭里的媒介符号被系统更换，家庭中的"灵媒"及其附属物和象征符号被彻底清理。破旧必须立新，但凡能象征国家、革命元素的东西和符号都成为乡村家庭空间的媒介新宠，如"红宝书"、毛主席画像、军装等。村民家里中堂挂上了毛主席像，供桌中间的祖先牌位和神像换成了"红宝书"。家庭的宗法仪式也被政治仪式所取代，比如从前对神灵和祖先的祭拜变成了对着毛主席画像的早请示晚汇报。

3. 空间置换：以"灵媒"为核心的宗族化家庭空间有着相对严格的空间等级界线，如家长居"上房"，凡有来访都在"上房"接待；家中年轻女性主要活动范围在厨房，吃饭时不能与长辈及其他男性同桌；女人不能参加过年拜祖仪式等等。中华人民共和国成立后，随着国家元素逐渐占据乡村家庭空间，原有的空间布局被打破，新的文化气象得到彰显，例如毛主席像和红宝书占据了家庭最核心的中堂位置。上房中堂对女性的禁锢被解除，女性可以与男人们在一张桌子上吃饭。20世纪70年代，村民家中都安装了有线小喇叭，于是，小喇叭成了聚集家人的又一中心，上房也因此成了一个开放的空间，家人可以随意进出，自由活动，不再具有严格的准入规则。相比之下，那些在传统家庭空间格局中的边缘地带，如厨房，也不再具有压迫女性的沉重内涵，转而承担本真的日常生活职能。

（二）从国家化到私人化

自从人民公社解体之后，广大农村开始实行家庭联产承包责任制，以家庭为单位的自组织劳动成为农业生产的主要形式。国家对农村集体生产关系的松绑，在一定程度上削弱了国家对家庭的组织和动员力，家庭作为私人生活领域的属性得到恢复。按照阎云翔的观点，"集体化与其他社会主义实践使得家庭不再担当过去的许多社会功能。结果是，中国农村的家庭本身被私人化并且不再主导社会生活。这种倾向在人民公社解体以后依然持续，因为非集体化只不过是回过头来推行家庭农业，却没有复兴原先的家庭式社会生活。因此，类似于西欧发生的私人生活的双重转型也在这里出现，亦即在家庭成为私人生活圣地的同时，家庭内部的个人也更多地具有了自己的独立性。"[1] 伴随家庭属性的转变，以现代媒介为中心的家庭生活也同时开启。而且，现代媒介的发展与家庭

---

1 阎云翔：《私人生活的变革：一个中国村庄里的爱情、家庭与亲密关系（1949—1999）》，龚小夏译，12页，上海，上海书店出版社，2006。

生活中私人空间的划定及个人主体性的凸显保持着同步。

私人生活领域指的是"在理想状态下既不受公众监视、也不受国家权力干预的那部分个人生活。私人领域实现的关键仰赖于家庭，因为家庭以有权对外关闭、自成一体的特性保护其个体成员不受国家权力的侵犯"。[1] 但这里需要说明的是，家庭私人生活领域的管理在很大程度上与媒介紧密相关。比如村里的大喇叭主要通知公共事项，有时也将个人事情喊得全村人都知道，这让乡村家庭空间处于半开放状态。电视初入农村家庭，很多村民都会聚集在有电视的人家看电视，此时有电视的家庭便成了临时性的公共场所。

20 世纪 80 年代中期以后，滋泥水的经济状况明显好转，村里人靠着在电厂卸煤的营生过上了好日子，许多村民家里都买了电视。电视的到来对普通家庭来说意义重大，家人聚在一起，有了更多的共处时光，家庭的私人媒介生活从此开始。电视被请进了"上房"，摆放在火炕对面的柜子上，不看的时候盖上一块漂亮的大绒布防尘。家庭空间格局因电视而改变。村里人晚饭吃得迟，饭点刚好赶上播放电视剧，像《射雕英雄传》《渴望》都是当年村民传颂的影视经典。于是，家人的用餐地点由厨房改到了"上房"。最有趣的是，在看电视的时候，中堂两侧的座椅成了开放的位置，不再是家长专座。老人们在面对电视时成了边缘群体，少有话语权，只图个热闹，关注电视中闪烁的画面与整个屋内的热闹氛围，也逐渐放弃了在共同观看过程中对老规矩的声张和严格遵守。一些学者认为："电视正替代着祖宗牌，占据了家庭空间中'神龛'的位置。"[2]

1　阎云翔：《私人生活的变革：一个中国村庄里的爱情、家庭与亲密关系（1949—1999）》，龚小夏译，12 页，上海，上海书店出版社，2006。

2　刘少文：《1872—2008 中国的媒介嬗变与日常生活》，292 页，北京，中国社会科学出版社，2010。

从乡村家庭空间演变发展来看，虽然在特定历史时期"神龛"在乡村家庭空间中一度消失，但作为村民空间观念的重要组成，连接着现实与传统，具有召唤乡村家族认同与道德伦理的力量。因此，尽管乡村家庭空间格局不断变化，构建家庭空间秩序的力量也在变化，但中堂在村民心目中的位置难以替代。即便是在媒介发达的今天，滋泥水人的"上房"中间仍旧保留着这方"神圣空间"，逢年过节，贡品齐备，仪式如常。电视等现代媒介在家庭空间中再造了一个与"神圣空间"功能相异的中心，在这里，人们更关注以信息传播和娱乐消遣为核心的现代文化需求。

后来随着电视辅助媒介的推广普及，如放像机、VCD、DVD 等，以电视为中心的家庭媒介体系逐渐拓展和完善。一系列媒介设备如何归置成为困扰家庭的问题，后来随着组合式家具的出现，电视媒介系统的空间安置得到了集成化解决，迅速在村里流行起来。"上房"火炕正对面装上了组合式立柜，每格大小都是按当时的家庭媒介设备量身定做，各归其位，既整齐又美观。电视前方的空间也有了一些新变化，比如家中的会客区域由原来的火炕转移到电视机旁；以前的小马扎、木凳和方桌被淘汰，取而代之的是与现代媒介风格相匹配的组合沙发与长条茶几，会客中电视经常会作为一种背景出现，与聊天共同构成习惯性场景。以电视为中心的现代媒介空间占据了整个"上房"的三分之一。

家庭空间中的角色扮演与权力关系也发生了相应的变化。随着电视频道增加以及其他辅助媒介普及，家庭成员选择观看的余地增大，对观看内容有了不同需求，年轻人们喜欢武打片和战争片，妇女们爱看生活剧，老年人的喜好往往被忽略，基本上都是顺着年轻人的意愿看看热闹。在传统乡村家庭中老人们凭借对"古经"话语的垄断，掌控着听说媒介技术，但在电视时代，老年人不会操控电视，也听不懂普通话，在家庭媒介空间中逐渐被边缘。年轻人成为家庭媒介空间的主角，他们对各种影像设备操作自如，游刃有余，成为家庭媒介活动的新主宰。

（三）私人化中的个人化

"事实上，家庭已经不再是一种重要的制度，家庭的私人化逐步导致了它的非制度化。社会朝着一个所谓的'非正式家庭'的方向发展。与此同时，在家庭内部个人也赢得了有独立私生活的权利。私人生活因此具有了两种相互关联的形式：家的私生活之内又有个人的私生活。"[1] 电视在家庭内部开辟了新的媒介空间，同时也孕育着新的分裂。随着电视频道的增加以及家庭成员兴趣取向的分歧，在只有一台电视机的情况下，周全所有家庭成员需求的可能性越来越小，因看电视引发的家庭摩擦逐渐增多。因此，在经济条件允许的情况下，对不同家庭成员观看需求的满足主要是通过增加电视机数量来解决的。父母长辈在"上房"看电视，年轻人在"耳房"另起炉灶，开辟出一个独立的电视空间，互不干涉，互不影响。家庭媒介空间走向分裂，全家人一起看电视的热闹场面越来越少。这种分裂并未止步，家庭媒介空间的个人化的趋势越来越明显。2000 年左右，电话开始进入滋泥水，当时只有商店安装了计时收费的公用电话。2004 年以后，手机开始在村里普及，乡村家庭步入移动通讯时代和个人化媒介时代。私人化的媒介实践形成了个人化的媒介空间，媒介与隐私紧密联系在了一起。家长借子女手机打电话，子女会替他们拨号，并在接完电话后立即收回。家长们使用子女淘汰的手机，手机在交接前所有信息都被删得干干净净。家长们也有自己的"隐私"，比如约打麻将、喝酒的电话，常常找个借口悄悄离开，背过家人

1　阎云翔：《私人生活的变革：一个中国村庄里的爱情、家庭与亲密关系（1949—1999）》，龚小夏译，11 页，上海，上海书店出版社，2006。

接听。2014 年以后普及的智能手机更是将媒介空间的个人化推向了极致，手机密码的设定、社交 APP 的专属应用、手机支付等，都让个人成为媒介空间组织的最主要和最基础单元。

第四节　家庭媒介空间的"狂欢"与"日常"

这里所谓的"狂欢"与"日常"，主要是就村民对媒介技术的认知和态度而言，由此表征了两种不同的空间状态，一种是集体共享空间，另一种是个人独享空间。这也代表了乡村家庭媒介空间发展的两个阶段：第一个阶段是以"狂欢"为特征的集体共享空间，主要是以电视为代表的现代媒介，通过全新的视听体验在家庭媒介空间中引发的家庭成员积极的媒介参与；第二个阶段是以"日常"为特征的个人独享空间，主要是指在经历家庭共享媒介阶段后，家庭媒介空间不断分裂，最终形成以个人独享为特征的、离散的、常态化的媒介空间。通过这种变化能够看出，家庭媒介空间中的媒介实践由集体狂欢的仪式逐渐沦为个人日常事务。当家庭媒介空间难以满足家庭成员的个体文化需求和媒介需要时，其组织力和凝聚力会大大减弱，逐渐走向离散。家庭成员开始将目光转向家庭之外，力图在外部媒介空间中获得对个体文化需求的补偿。

一、"狂欢"：家庭空间的媒介共享

生产生活方式的集体化带来的一个重要变化是村民的家庭文化生活被集体组织安排，公私界限模糊，诸如看电影、听广播、放幻灯、政治学习等公共活动占据了家庭休闲时间。正是在这个阶段，村民开始体验

到现代媒介的神奇和魅力，这些有组织的直至后来自觉的公共媒介活动培养出村民的现代媒介意识和媒介化生活方式。改革开放以后，"在公共生活迅速退化的同时，休闲活动转而成为以家庭为中心"。[1] 尤其是电视进入家庭以后，全体村民的集体媒介活动迅速萎缩，取而代之的是家庭共享媒介活动。家庭成员的媒介"狂欢"建立在对媒介与内容的充分肯定及想象上，"这些新的信息与形象为村民们引入了新的、不过却在很大程度上是虚拟的社会空间，但这毕竟取代了过去的社会活动而给予他们以极大的新生活动力"。[1] 村民们回忆起当年全家看电视的情景，全神贯注，看什么都觉得新鲜，怎么看也看不够，尤其是小孩子就像被钉在电视机前一样，一动不动，目不转睛，就连广告都看得津津有味。尼克·史蒂文森在对英国家庭收视行为的研究中发现，"收看电视这一活动主要是通过各种家庭关系构成的一项'个体化'活动"。[2] 并且他对该命题进一步聚焦，发现了性别在家庭收视行为中的重要性，"在大多接受采访的家庭里，控制家庭其他成员收视方式的，是家庭里的成年男人。家庭里男人处于支配地位的突出现象，还明显地表现于电视机和录像机的操作"。[3] 尼克·史蒂文森的研究主要强调了收视行为中支配与被支配的不平等权力关系。从滋泥水的情况来看，电视进入家庭，在收视行为中形成的权力关系可用"中心与边缘"的空间化描述。所谓"中心"即孩子是家庭收视行为的引导者，是家庭媒介技术的掌控者。在电视内容

1　阎云翔：《私人生活的变革：一个中国村庄里的爱情、家庭与亲密关系（1949—1999）》，龚小夏译，41 页，上海，上海书店出版社，2006。
2　〔英〕尼克·史蒂文森：《认识媒介文化：社会理论与大众传播》，王文斌译，130～131 页，北京，商务印书馆，2001。
3　〔英〕尼克·史蒂文森：《认识媒介文化：社会理论与大众传播》，王文斌译，131 页，北京，商务印书馆，2001。

奇缺，家庭成员的内容需求相对统一的情况下，掌握电视操控技术的孩子便成为家庭媒介活动的"中心"。在宗法权力主导的传统家庭中，老人是权威，但在现代媒介技术权力框架下，不掌握该技术和话语的老人被推向了"边缘"。老人们不会因看电视与晚辈争执，而是坐在炕上看看热闹，享受全家人在一起的美好时光。需要说明的是，该阶段在家庭生活的其他方面，老人仍然受到尊重。老人这种边缘地位只在家庭共享的现代媒介活动中才显现出来，这与以往通过"讲古经"就能吸引孩子，成为夜晚家庭活动主角的年代相比，不可同日而语。

二、"日常"：空间理性化

现代媒介进入乡村家庭经历了媒介技术祛魅并日常化的过程。按照赫尔曼·鲍辛格尔的说法，人"从不反思和检讨，相反，人越是操纵杠杆和按钮就越是满足——而只有在崩溃的情形下，才会回归到这种不可思议的思想模式"。[1]这也反映出人是如何在频繁地使用媒介技术中迷失自我的。对村民家庭来说，现代媒介被日常化主要体现在两个方面。一方面，媒介技术的祛魅周期迅速缩短。英格利斯认为日常生活空间是一个理性空间，而日常化的机制则是空间的理性化，在他看来，"空间理性化……包含于合理化的控制和组织中"。[2]乡村家庭媒介空间同样也存在这种理性化的过程。自从现代媒介作为消费品不断进入家庭，家庭成员对每一种新媒介技术的热度很难保持太长时间，放像机、录像机、VCD、DVD、卫星电视等只是短期的新宠，很快就

---

1 〔英〕纽博尔德：《媒介研究的进路：经典文献读本》，汪凯、刘晓红译，662 页，北京，新华出版社，2004。
2 〔英〕英格利斯：《文化与日常生活》，周书亚译，66 页，北京，中央编译出版社，2009。

习以为常了。对新媒介技术的快速掌握和适应以及由此带来的对新媒介技术热情的快速消退，让回归日常成为村民应对媒介技术快速更迭变化的固定模式，而这正是日常生活的本质。正如纽博尔德所言，"这些和技术交往的方式凸现出日常生活过程的真正本质：自然化"。[1] 另一方面，对媒介内容的选择性接触成为常态。媒介内容的不断丰富和多样化让家庭成员有了更大的选择空间，形成了不同的媒介内容偏好，在媒介终端有限的情况下，共享媒介变得越来越艰难。随着家庭成员个体意识增强以及媒介终端购置和使用成本降低，个体对媒介的选择性增强，家庭媒介空间分裂为个体媒介空间的趋势日益明显。全家人共享媒介的时间越来越少，独自观看越来越成为常态，老年人也时常觉得人少无趣早早就睡觉了。

此外，在媒介日常化过程中，家庭成员形成了媒介无意识，即在频繁的媒介接触中，习惯了此种媒介环境并对此习焉不察。正如媒介环境学所认为的，"一切'人工制造物'，一切艺术或技术，无论和交流有无关系，都要产生一个背景，也就是产生一个环境和相关技术的复合体；大多数情况下，我们对这样的背景浑然不觉，因为我们把它们看成是理所当然的既定事实"。[2] 由于新媒介技术在家庭场景中的快速融合，让凭借新媒介来维持家庭共享媒介活动热情的可能性越来越小。家庭成员开始将目光投向家庭之外，在社会中寻求满足个性文化需求的多种可能。

1　〔英〕纽博尔德：《媒介研究的进路：经典文献读本》，汪凯、刘晓红译，663页，北京，新华出版社，2004。

2　〔美〕林文刚：《媒介环境学：思想沿革与多维视野》，何道宽译，129页，北京，北京大学出版社，2007。

三、"逃离"家庭媒介空间

　　滋泥水村民的家庭媒介生活在步入个人化阶段以后，家庭共享的媒介空间大大萎缩，除了逢年过节家庭成员能凑到一起看看电视之外，其他时间基本上都是各忙各的，家庭成员走出家庭参与"圈子"活动，村里的"圈子"文化开始兴起。除了在外上学、打工的，留守村里的成年人也有自己的"小圈子"，男人们在闲暇时间聚在一起打麻将，形成了"麻将圈"，村里出现了私人开办的活动室。妇女们晚饭后走出家门，跳起了广场舞，形成了"舞市"。追逐"小圈子"已经成为村民走出家门，满足个体文化需求的主要形式，村民也通过这种圈子文化实践彰显了主体性。在与村里广场舞队成员的聊天中，她们坦言对跳舞很上瘾，一想着晚上跳舞就来精神，要是碰见天气不好，待在家中都不知道该干啥。后来大家商定，要是天气不好就集中在村长家中，放碟片学新舞。经常在一起跳舞，彼此的关系也更密切了。这里所谓"逃离"家庭空间是基于村民放弃与家人共享媒介活动，而热衷于参与家庭之外的"圈子"活动这一事实的形象化描述。我们始终承认，家庭成员与家庭保持着紧密的情感连接，家庭也一直是他们心灵深处温暖的"港湾"。

　　可以看出，现代媒介进入家庭造成的一系列变化，折射出村民媒介自主意识的不断加强。家庭媒介空间的形成、发展及衰落，都与个体媒介自主意识的增强紧密相关。在家庭媒介空间中，有限的媒介资源与家庭成员多样化的媒介需求形成的矛盾成为推动家庭媒介空间走向分裂的重要动力。当家庭媒介空间形成接纳新媒介的日常化机制后，家庭成员的媒介无意识便成为一种常态，而走出家门，参与新活动，获取新体验便成为脱离媒介日常的一种尝试，即便这种尝试是短暂的。

第五节　家庭媒介空间主体性的生产逻辑

一、人在媒介空间中的主体性

我们谈农村家庭媒介空间的结构转型和主体再造，有一个逻辑前提是明确媒介的传统与现代。对该问题的阐述主要围绕媒介技术与主体性二者的关系展开。传统与现代的区分主要基于社会结构转型，如由传统社会转向现代社会，农业社会转向工业社会。这种社会结构转型的直接后果是个人主体性的形成。对媒介发展而言，与社会转型同步，在传统社会向现代社会转型的过程中，受媒介技术、国家等力量的推动，内生于传统社会的媒介体系开始向现代媒介体系转换。这种转换的后果是村民以现代媒介观念和媒介自主意识为核心的文化主体性形成并发展。

主体性是人自由能动的、有目的活动的特性。对于个体而言，在媒介接触过程中，主体性的显著表征不仅是个体媒介传播权的获取，还是个体媒介使用权的确立。目前关于媒介与主体性关系的研究主要是以个体媒介传播权确立为前提的两种阐释逻辑：一种是媒介技术决定论的阐释逻辑，认为现代媒介技术尤其是社会化媒体技术的发展促成了个人主体性的发育。如詹扬扬指出"网络文化通过改变人们的思维方式、信息传播方式、交往方式、劳动方式，对人的主体性发展产生双重影响。"[1]隋岩、常启云认为"社会化媒体的群体传播促进了个体主体性意识的崛起。"[2]另一种是文化决定论的阐释逻辑，认为媒介文化与个体的互动促使其主体性的生成。宋妍指出"虽然媒介娱乐文化在发展过程中，还有

1　詹扬扬：《论网络文化对人的主体性发展的影响》，载《学术研究》，2011（8），45～47页。
2　隋岩、常启云：《社会化媒体传播中的主体性崛起与群体性认同》，载《新闻记者》，2016（2），48～53页。

很多问题需要解决，但是其对受众主体性的培育，以及对整体社会大众文化繁荣所起到的重要作用是不容忽视的。"[1] 陈一愚通过"秩序、知识、权力的层层深入，勾勒出媒介文化的主体建构过程。"[2] 此两种阐释逻辑都将人的主体性锁定为个体传播权的确立。人的媒介主体性是在媒介与人互动的历史进程中形成的，不单体现为个体媒介传播权的确立，还体现为个体媒介使用权的确立。当前的研究过多地关注了个体传播权的确立在其主体性确认上的重要意义，忽略了媒介使用权的获得在个人媒介主体性确认中的重要价值。对媒介使用权的考察需要回归到媒介由传统向现代转型的历史过程中，探究个体在获得现代媒介使用权过程中的推动力量和影响因素，从而发现基于媒介使用权确立的主体性生产逻辑。

二、媒介自觉：从家庭媒介文化走向个人媒介文化

所谓媒介自觉主要是指个体在长期的媒介生活中逐渐形成的主体意识和媒介自主观念。家庭成员媒介自觉的养成，其最终结果是结束了家庭媒介文化共享的"甜蜜期"，开启了家庭个人的媒介私生活。从现代媒介进入农村家庭的历史过程看，村民的媒介自主性在不断增强。从村民对有线广播的依赖，到后来随着家庭生产方式回归，公共生活退化，休闲生活兴起，尤其是电视进入家庭以后，全体村民的集体"狂欢"已不再是村民共享媒介的主要场景，取而代之的是家庭成员的聚会。这种现代媒介生活产生了两大后果，一是让家庭媒介空间秩序的"中心与边缘"被重构。年轻人尤其是孩子成为家庭现代媒介的掌控者和技术权力

---

1 宋妍：《十年媒介娱乐文化对受众主体性的培育》，载《新闻大学》，2008（4），84～88页。
2 陈一愚：《论媒介文化的主体建构功能》，载《社会科学》，2015（9），175～183页。

的拥有者，老人则在这套现代媒介技术和话语体系中被边缘并成为孩子们的追随者。二是在自觉的媒介生活中人们重新发现了自我，现代媒介生活的个体化趋势逐渐显现。当"个体化"的媒介行为转化为个人私生活，家庭成员对媒介文化的兴趣取向产生了分歧，有限的媒介资源与个性化的文化需求间的矛盾成为家庭媒介生活中的主要矛盾。针对该矛盾，一方面通过不断增加媒介终端来缓解，这样就造成了家庭媒介空间的分裂。随着农村家庭经济不断好转，一家有两台甚至三台电视的情况越发普遍，年轻人与老人很少共享媒介，各自拥有自己的媒介生活。另一方面是从家庭之外寻找解决办法，即通过自主参与"小圈子"活动，获得文化个性化满足。

这种媒介自觉的形成既是国家和社会力量推动和培育的结果，也是现代媒介技术对个体作用的产物。首先，传统媒介本身具有内生性，是乡村日常生活的有机组成部分，人们对其习焉不察。现代媒介作为外来媒介在国家行政力的推动下介入乡村日常生活，带来的冲击不仅是声、光、电等形式上的视觉刺激，还是对村民的时空观念、信息结构、思维方式以及生活状态的改变。改变的结果是乡村社会步入了现代媒介主导的媒介化进程，村民生活与现代媒介绑定在一起，开启了媒介化生存，村民的媒介主体性也因此形成并不断发展。其次，国家在推广和普及基层公共媒介体系的过程中，一方面实现了农民的集体精神塑造与国家认同，另一方面也培养了农民的媒介使用习惯。在国家将现代媒介从公共推向私人，从集体推向家庭的过程中，家庭媒介需求被激发出来，公共媒介生活衰退，家庭媒介生活兴起。即便是在农村传统部分恢复之后，农村家庭的现代媒介生活依旧受到重视，家中形成了"灵媒"和现代媒介双中心的媒介空间结构，实现了传统与现代的和谐共存。而且，在日后的发展中，伴随家庭中个体媒介需求的凸显和现代媒介获得性成本的降低，作为彰显媒介主体性的媒介空间"个体化"趋势日益显现，其主要表现是家庭成员在家庭内部开辟个体化的媒介空间，在家庭外部参与"小圈子"活动。

第七章　改革开放后村民自觉的媒介空间再生产

改革开放以后，乡村部分传统逐步回归。在新的历史条件下就如何看待这种回归存在两种不同的声音：一种是传统复兴论，强调乡村传统文化、信仰的历史延续性与稳定性；另一种是传统再造论，强调新要素融入带来乡村传统的发展和更新。传统既有稳定内涵以保证其延续性和稳定性，也与时俱进，融入新的内涵和元素，实现焕新发展。改革开放以后，乡村公共媒介空间出现了回归传统的热潮，村庙、戏台以及与此相关的民间信仰活动再次回到乡村生活中，但此传统已非彼传统，此空间已非彼空间。乡村公共媒介空间呈现出多种力量角逐的复杂态势。除了传统的回归，20 世纪 80 年代以后，市场逐渐成为现代媒介进入乡村和影响乡村的重要力量，媒介消费观念逐渐深入人心。与此同时，国家早期建立的以有线广播为代表的基层媒介网络逐渐瘫痪，对农村公共文化的影响逐渐式微。针对该状况，自 20 世纪 90 年代以后，国家展开了以"村村通""文化下乡"为代表的一系列工程。不管是民间召唤的传统回归，还是市场力量下沉，抑或是国家的积极介入，都表明改革开放以后，乡村媒介空间的再生产是多种力量博弈、多种关系综合作用的结果。

第一节　乡村公共文化的历史印记

一、体制性的公共文化供给

长期以来，国家主导的公共文化传播是公共文化供给的主要模式。此种模式模糊了政府和社会的边界，将政府视作公共文化传播的唯一主体，独立承担服务社会的职责。广大农民在国家主导的公共文化供给中缺少主动性。该模式应和了集体化时代的农村生产生活方式，对国家政治宣传和社会主义文化建设发挥了重要作用。集体化时代结束后，该模式也一直延续着，有学者认为"总体上，我国目前主要还是以政府意见和文化公共部门服务来主导和表达社会公共文化需求的。在由政府推进改革，而公民社会发育相对落后，公民、社会和政府的良性互动新社会结构还没形成的大背景中，这种政府主导的公共文化需求表达方式有其合理性。"[1]而且发挥了凝聚共识、团结人心的强大作用，但随着市场经济体制的建立和社会转型，原有的公共文化传播体系难以覆盖群众多样化的文化需求，公共文化服务供需矛盾日益突出。为此，国家立足农村公共文化和信息媒介网络建设，在农村广泛推行"农家书屋""村村通"等工程，但"公共文化服务实践是一种与周围环境、不同个体的文化生活密切联系的社会性行动，在这个由多种主客观因素交互作用所构建的

1　吕方：《我国公共文化服务需求导向转变研究》，载《学海》，2012（6），57～60页。

场域中，政府的管理思维如果只凭借一系列先进知识技术、严谨的逻辑推理和海量的信息数据自上而下的加以建构，那么，它就难以制定有效的行动策略，从而使得其主导下的文化'服务'疏离人们的日常生活，也就更难以获取普通大众和社会组织对国家意识形态的高度认可。"[1]

二、公共文化活性不足

"中华人民共和国成立后，与计划经济相适应的是整齐划一的文化生产方式，主要的文化生产手段几乎全部由国家控制，报纸、杂志、电影厂、广播电视台、新华书店、图书馆、影剧院等，它的生产和传播均不以营利和消费为目的……这种形式导向了人们对国家民族命运的集体关怀，而少有个人的欲望和要求。"[2] 由此形成的公共文化服务网络也是自上而下的，带有鲜明的计划经济的烙印。"在传统公共文化服务网络的结构中，由于服务手段和工具都存在一定程度上的功能失灵情况，公共文化活动常常远离个体行动者的生活视野，公共文化服务的供给手段较为单一而缺少市场的有效补充。"[1]农村公共文化生活的组织、文化内容生产和服务供给在一定程度上忽视了地方文化实际和个体文化需求，试图在国家主导下，通过市场和社会力量来激活乡村文化主体性，再造基层公共文化，还有待对个体文化需求的发现和满足。

三、公共文化的集体性

1958 年成立人民公社以后，农村生产生活实现了集体化，农村公

---

1 颜玉凡、叶南客：《文化治理视域下的公共文化服务——基于政府的行动逻辑》，载《开放时代》，2016（2），158～173 页。
2 孟繁华：《众神狂欢：世纪之交的中国文化现象》，40 页，北京，中央编译出版社，2003。

共文化生活成为制度安排。国家和集体是公共文化建设的重要主体，而农村群众的主体性发挥有限。通常状况下，公共性的生成起点是主体性的确立，由主体性进而形成主体间性，再由主体间性最终形成公共性。依此来看，此时农村公共文化的属性更主要地体现为集体性，主要是由于农村群众主体性发挥不充分，未实现主体性与公共性的良性互动。但需要肯定的是，"人民公社填补了公共产品供给的缺位，化解了公共产品供给的组织困境，推进了乡村公共产品供给的广度和深度。人民公社通过对乡村社会资源的高度整合较好地完成了历史未能办到的许多公共事业。"[1] 这些都为农村群众带来了新的公共文化体验，极大地促进了农村群众公共意识的发育，为集体化时代结束后农村公共文化属性由集体性转向公共性奠定了坚实的基础。

第二节　农村"舞市"的形成

在媒介时间与虚拟空间统治的社会生活中，人们放弃了许多面对面交流的机会，将大把的时间交给了手机、电视、网络，以个人为单位的私人文化空间成为社会文化呈现出的重要样态，个体化媒介生活时代已然来临。需要深思的是，社会公共文化生活是不是会因此萎缩，社会公共文化生活供需脱节与不平衡的矛盾及问题是不是会因此得到解决。与个体化媒介生活形成鲜明对比的是以"舞市"为代表的公共文化空间迅速遍布全国，发展出另一种文化生存状态。所谓"舞市"，是套用了乡村社会中"饭市"的叫法，它是指人们以社区为单位，通过在公园、广

1　武中哲、韩清怀：《农村社会的公共性变迁与治理模式建构》，载《华中农业大学学报（社会科学版）》，2016（1），15～21页。

场等公共场所集会跳"广场舞"，从而形成的公共文化空间，其主要对象是中老年人。"舞市"的出现和快速发展说明当前公共文化供给不平衡现象突出，一方面，受市场供给的影响，公共文化资源向年轻人倾斜，年轻人主导的流行文化风靡社会。另一方面，原有的国家主导的公共文化服务难以满足群众多样的文化需求，尤其是中老年人的文化需求往往被忽视。"舞市"的出现和快速发展也说明，随着我国社会主要矛盾逐渐转化为"人民日益增长的美好生活需要和不平衡不充分的发展之间的矛盾"[1]，整个社会公共文化空间正经历相应的转型和调整，具体来说，公共文化供需脱节和供给不平衡的矛盾正通过以"舞市"为代表的文化活动形式进行自我调适。长期以来，在以"舞市"为代表的文化活动中培育出来的民众文化主体性正在凝聚为公共性，民众自发组织的文化空间正在转变为公共文化空间。

在新农村公共文化建设中，公共文化供需脱节和供给不平衡的矛盾同样突出，最早在城市中出现的"舞市"也在农村生根开花，成为新农村公共文化建设和公共文化空间拓展的一个重要方向，成为城乡文化和鸣共振以及重塑农村公共文化的关键点。从"舞市"在农村的发展实践可以得到一些解决农村公共文化建设矛盾问题的有益启示。

一、闲暇：生活的新基调

"在自然经济条件下，人们的生活方式和生产方式是未区分的……人们的劳动和闲暇之间也没有固定的界线，没有明确的闲暇要求和闲暇

---

1 《决胜全面建成小康社会夺取新时代中国特色社会主义伟大胜利——在中国共产党第十九次全国代表大会上的报告》，载中华人民共和国中央人民政府网，2017-10-27。

意识。"[1] 这里需要强调的是，闲暇要求和闲暇意识的形成，除了生产力低下而造成的生活方式与生产方式界限不清这一根本原因之外，还有文化观念的阻碍。这种情况在早期的滋泥水较为普遍。文化观念的阻碍主要有两点：一是村里"男权"思想严重，直接影响到家庭分工。妇女们除了生产劳动，还要操持家务，男人们清闲的时候可以抽抽旱烟扯扯慌[2]，女人们稍有闲歇得忙活缝缝补补等家务琐事。二是受"男主外，女主内"的观念影响，女人很少在外面抛头露面。男人们普遍认为，妇女们凑在一起总免不了"倒闲话"，闲话多了是非多，男人们不愿意让女人们走出家门聚会闲聊。上述传统观念随着改革开放后滋泥水经济发展方式的转变而悄然发生变化。

20 世纪 80 年代中期，滋泥水的经济状况因靖远电厂的兴建而有了根本改观。先是大面积的征地补偿让村里人尝到了甜头，村民们用补偿款修建了新房，购买了新潮家具，比如组合家具、电视、放像机、影碟机等，这些极具炫耀性的消费品让周边村庄的村民着实羡慕。火电厂带来的好处还远不止这些，随着火电厂并网发电，卸煤场的用工需求剧增，急需装卸工。附近各村的头头脑脑都来火电厂接洽过用工一事，但都未果。早在征地时滋泥水村就与火电厂有用工协议，卸煤的差事由滋泥水村负责。因此，给火电厂卸煤这块"肥肉"，别的村只能眼巴巴看着，而滋泥水人一吃就是 20 多年。男人们稳定丰厚的收入让村里妇女的务农积极性锐减，粮食够吃就行，多余的地都租出去，过起了她们向往的城市生活。生活方式的转变不仅表现在她们主动与农业生活的疏离，还表现在她们拥有了更多的闲暇时间，开始主动模仿城里人的生活方式，

---

1 王雅林、董鸿阳：《闲暇社会学》，11 页，哈尔滨，黑龙江人民出版社，1992。
2 扯扯慌在当地方言中意为闲聊。

休闲与消费开始成为自己的生活基调。正是因经济社会变革引发的生活方式的重大变化，带来了乡村公共媒介空间的又一次重大变革。

二、滋泥水的"舞市"

日常生活中的媒介都会传达一种生活理念，建构一种生活方式，而这种生活方式与理念的改变对生活在其中的人来说就像呼吸的空气，很难觉察。能真正感受到这种生活方式与理念差异的是那些处于另一空间中的人们，城市与农村就是两个不同生活理念和生活方式的异样空间。在以往城乡文化互动中，逐渐形成了农村依附于城市的不均衡态势。这种依附关系的一个重要体现是农村对城市文化生活的向往与模仿。

靖远电厂并网发电后，白银市在长征[1]设立了平川区，管辖靖远电厂。滋泥水村归靖远县管辖，毗邻平川区。与几十里外的靖远县城相比，村民进城普遍选择距离较近的平川区。平川区是后建城市，相较于靖远，城市布局更突出现代理念。而且，平川区居民多为来自全国各地的外来人口，文化多元，思想前卫，广场舞最先从平川区兴起。自从有了广场舞，天气好的时候，晚饭后村民会坐车去平川区广场转转，在这里能感受到市民生活的时尚元素。广场上的一大景观就是广场舞，一到晚上音乐四起，好几拨人马轮番上阵。在村里人看来这是典型的城市生活样貌，是城市文化的集中体现。最重要的是，村里人认为城里人跳舞社会氛围宽松，不会被人说三道四，指指点点。

村里最早挑头组织跳舞的是村长小赵的老婆小马，她年轻时一直在外念书，思想开放，念完大专后回到村里嫁给了小赵。两口子起初在外

1　长征是地名，因当年红军路经此地，在此地会师而得名。

创业，领着村里人包点小工程，后来有钱了，在公路边开办了煤场。经过多年发展和积累又购买了几台挖掘机和铲车搞起了工程。事业步入正轨之后，小马从创业道路上退下来，回归家庭。当时，村里妇女的业余文化生活非常单调，除了看电视再没别的事可干。小马是区广场的常客，晚饭后经常来这里体验城里人的文化生活。最让她心仪的是时下流行的广场舞，每次来这里都会跟着跳一段，时间长了便上了瘾。而且，还在队伍里结识了几个邻村的"舞友"，晚上跳完舞结伴回家，切磋舞技。后来，村里与她交好的妇女向她表达了想跳广场舞的意愿，她便萌生了在村里组织广场舞的想法。听说一些村里已经有人在跳广场舞，小马组织本村妇女跳广场舞的信心更足了。

2003年的夏天，小马购置了影碟机、碟片以及音响等设备，召集了关系要好的妇女，宣布了在村里跳广场舞的想法。由于大家是初学，生怕跳不好会被村里人笑话，于是每晚在小马家恶补"功课"，除了观看影碟，小马还现场示范指导。经过前期的隐秘准备，妇女们开始走出庭院，公开表演。当时规模较小，地点在小马家门口的空地上。据她回忆，当天晚上音乐响起，引来不少村民围观，村民们就像是看耍猴，说说笑笑，指指点点，这让她们浑身不自在。尽管之前大家有心理准备，认为自己跳舞不是给大家看的，只是为了健身娱乐，只要自己开心就好，但此情此景还是给大家造成了不小的心理压力。在农村，敢开风气之先者难免遭遇猜忌指责，一些上了年纪的老人恨得咬牙切齿，称其为"乱鬼跳街"。有些人喝醉酒前来闹事，阻拦妇女们跳舞。后来，跳舞的场地被迫挪到了村校隔壁的幼儿园里。那里四周有围墙，大门可以从里面拴住，少了干扰，没了压力，妇女们尽可以甩开手跳。一些妇女见跳舞场地封闭，打消了怕人笑话的顾虑，也陆续加入其中，队伍逐渐扩大。

后来，大家更大胆，将村长家中的卡拉 ok 搬到了幼儿园，边唱边跳。随着广场舞在乡村的盛行，县文化局开始关注这一群众性活动，并在全县范围内举行农村广场舞大赛，滋泥水广场舞队在第二届广场舞大赛中获了优秀奖。政府的认可影响了村里人对广场舞的看法，村民逐渐接受了广场舞，跳广场舞也转入公开，成了村里妇女最主要的公共文化活动。值得注意的是，广场舞开始介入村里庙会、婚丧嫁娶等传统领域，成为改造文化传统的重要力量。

三、流动的媒介

"舞市"诞生于城市社区，通过跳舞团聚兴趣群体，创造出新的公共文化样态，在广泛的社区空间内实现了兴趣人群的直接关联和经由兴趣群体连接的社会关系，进而让社区共同体的形成有了新的路径。经由乡村复制的"舞市"作为基层乡村社区文化表达的新空间，发挥着"媒介"作用，宣示着村民对新生活方式的追求和对文化主体性的反思，同时也成为乡村对外宣传的一张文化名片。

滋泥水村民对广场舞的认可一方面是基于对社会整体文化环境的感知和接受，另一方面是基于对社区公共文化生活的需求和向往。与集体化时代生活方式相适应的公共媒介空间衰落以后，乡村社区共同体亟待借助新的公共媒介空间来维系和发展。"舞市"作为一种普遍的文化活动，为乡村社区整合与共同体建构提供了良好的示范。这种整合构建功能主要体现为广场舞不单活跃于公共场所，还深入到私人领域、商业领域，展现出强大的渗透力。滋泥水的广场舞搬到村幼儿园后成为相对封闭的小圈子文化活动，园内欢声笑语，歌舞升平。外头的村民无法参与，无所消遣。后来，随着村里的妇女们不断加入，舞队扩充到了 40 多人。一两年下来，大家的舞也跳得有模有样，在参加了县里比赛获奖后，转向了公开表演。村里的老赵在外做生意，头脑活泛，在父亲去世后，他萌发了一个大胆的想法，在开吊仪式上邀请了村里广场舞队演出。在当地，80 岁以上的老人过世被视为喜丧，要是经济宽裕，会请戏热闹热闹，按当地的说法是高高兴兴地送老人一程，这样也是给儿女脸上贴金，村里人会夸赞儿女孝顺。丧事当天，广场舞出场，效果出人意料，受到老赵生意伙伴的一致好评，事后还有人特意邀请舞队参加开业庆典。这让很多村民始料不及，真是"墙里开花墙外香。"自那之后，村民们对"舞市"的态度更积极包容，主动提供各种机会让妇女们崭露头角。

重建之后的滋泥水村庙远近闻名，每逢庙会都有很多人，其中外来信众不在少数。庙会的意义不单单是信众的集会，更是展示村容村貌、村庄实力的好机会。早期滋泥水扬名周边的一个主要媒介是自办的秦腔戏班和秦腔戏表演，是彰显本村文化实力的最好见证。但现在，情况生变，看秦腔戏的人越来越少了，本村的秦腔戏班也没有了，从外地请戏班演出不但费用高，而且吃力不讨好。考虑到诸多因素，庙会组织者邀请村里的广场舞队来庙会跳舞，省钱、爱看又活跃气氛，还能成为宣传本村的一个亮点。为此，村庙专门为舞队的妇女们购买了演出服装。这种颠覆"传统"的庙会演出反响热烈，为外乡人所称道。2010 年，由村委会牵头报名，滋泥水舞蹈队参加了全县第二届农村广场舞大赛，参赛的共 13 支队伍，滋泥水村拿了优秀奖，村里请大家吃了一顿，发了纪念品。随着滋泥水舞蹈队的名头越来越大，邀请她们的地方也越来越多。

乡村广场舞的出现和兴起不仅是因为村民有娱乐健身的需求，实际上也反映了村民对自身文化主体性发现和重塑的迫切需要。比如村舞蹈队不失专业水准，对舞姿要求精益求精，队列队形整齐划一；舞队表演的最大动力是为了文化追求和心理满足。相隔 20 多里地的红柳村也有舞蹈队，但规模不大且舞姿不标准，一些红柳村的妇女在庙会、红白喜事上见过滋泥水村的舞蹈队表演，深为叹服，经常有若干妇女结伴来滋泥水请教切磋，村舞蹈队都热情提供帮助。

四、"舞市"的分裂

"舞市"分裂主要是指"舞市"因村庄的分裂而形成的复制和重组。早先的滋泥水村只有老庄这一处居住地，位于国道 109 线以南沙河边上的土坪上，这里背靠山丘，前方无延展地带，空间狭小，土地紧张。从 20 世纪 80 年代开始，就有村民陆续迁出老庄，向国道 109 线及火电厂附近搬迁。随着搬出的人越来越多，分别在靠近火电厂的国道左右两侧以及靠近牙沟水村的沙河地带，形成了三处规模较大的新村。村民搬出老庄的初衷主要有两点：一是老庄人口密集，土地少，难有发展空间；二是出于经济上的考虑，认为靠近公路和火电厂，征地和就业的机会将增多。滋泥水的"舞市"最早出现在老庄，后来有新村的妇女陆续加入，规模最大的时候有 40 多人。新村的妇女学会之后，渐渐脱离了老庄的广场舞队，在新村开辟了"舞市"，尽管跳舞的人不多，但也按时按点，有模有样。据老庄的小马介绍，现在包括老庄"舞市"在内，滋泥水共有四处"舞市"。

空间的分裂是空间社会生产的一种自然方式。"舞市"的分裂表明广场舞已经日常化为村民社会生活的环境化存在，成为整个社会空间分裂、复制的必不可少的组成部分。"舞市"从城市进入乡村，从老庄进入新村不是机械复制，而是复制、融入、发展、内化并纳入日常的有机过程。该过程借助乡村熟人社会关系网络得以快速完成，起初借助熟人社会关系网络迅速组织并扎根，后续通过熟人社会关系网络拓展发展空间，成功融入乡村社会生活。可以看出，"舞市"在乡村社会的空间生产机制是以熟人社会关系网络为基础的，乡村"舞市"空间的生产和复制内含着乡土性逻辑。

五、"舞市"形成的社区认同

迈克·克朗在谈及跳舞与音乐时，认为要讨论跳舞与音乐就必须要考虑它们所创造的空间，并且他将其称之为"过渡性影响空间"[1]，认为该空间是由于人们对跳舞和音乐的共鸣而产生的。"跳舞和听音乐的空间可以产生情感共鸣的社会群体，如英国乡村音乐所创造的空间；听从室内音乐发展而来的音乐的场合……"[1] 按照他的说法，这个问题的背后涉及共同归属的空间创造，在空间创造的同时也创造了社会规范。基于这样的认识，他认为跳舞的空间可以形成同一性的群体。村里舞蹈队的成员在一起形成了自己的圈子文化，她们除了平日里正常的跳舞活动外，还经常约在一起看新碟片，学新舞蹈。大家都有共同的爱好，拥有她们共同的空间——"舞市"，在此空间内结成了文化共同体。据舞蹈队的成员说，大家以前虽然在一个村里住，也都认识，但仅限于见面打个招呼。自从跳舞之后就不同了，路上见了面感觉很亲切，除了打招呼还要多聊些家长里短，明显感觉不一样了。若是在事情[2]上碰见，大家都会坐在一个桌上吃席、聊天，都会相互招呼着不被冷落。除了在舞蹈队队员之间形成

---

1 〔英〕迈克·克朗：《文化地理学》，杨淑华、宋慧敏译，118 页，南京，南京大学出版社，2003。

2 当地人对婚丧嫁娶等人情交往事务的统称。

的集体认同，也会通过"舞市"形成社区认同。"舞市"的主角尽管是舞队妇女，但在该社会空间的构建中还有普通村民的参与，他们的捧场观看都是"舞市"空间的有机组成部分。普通村民的参与和认可也是"舞市"空间的共意机制，是"舞市"获取公共文化身份的重要标志，因此，"舞市"作为公共文化空间是在更大范围内实现了乡村社区的集体认同。

第三节 "舞市"：农村公共文化空间的孕育和再造

一、"舞市"：农村群众对公共文化空间再生产的有益尝试

改革开放以来，随着经济社会的整体转型，公共文化需求出现了新变化。一方面，普通民众多样化的公共文化生活需求不断增长，原有单一的公共文化服务模式难以适应新变化，政府自上而下的公共文化传播体系面临与普通民众需求相契合的艰难重构。另一方面，"单位体制的解体，社区建设的开展，使'单位人'快速向'社会人''社区人'转变，人们社会文化生活的重心也逐渐下移到社区……以满足居民自身精神文化需要为目的，以文化艺术为主要内容，以自我教育、自我服务、自我娱乐、自我参与为主要形式的公共文化生活空间在社区层面悄然形成。"[1] "舞市"的出现正是基层民众追求公共文化的自觉，他们从自身文化需求出发，自下而上建立公共文化空间，实行对传统公共文化服务模式的反向改造。而且，由于农村公共文化空间体系在国家、市场以及传统力量的作用下已经基本塑造成型，既定的农村公共文化空间规划缺少对类似"舞市"等自发公共文化空间的预留，"舞市"成为争夺稀缺的农村

---

[1] 金家厚：《公共文化需求新特征与新趋势》，载《党政论坛》，2009（5），42～43页。

公共文化空间资源的异类而备受诟病和排挤，尤其是在"舞市"与周边公共文化空间功能相斥时，引发的社会冲突在所难免，受村里人指指点点也不在少数。

受公共文化产品供给的市场化差异影响，农村成为城市公共文化的输入地，城市公共文化潮流成为农村公共文化的向往。在国家主导的公共文化传播仍占主导的形势下，农村的公共文化开始按照城市公共文化的潮流与标准再造自己的公共文化空间。广场舞作为一种城市公共文化潮流，迅速传遍农村，形成农村民众自发的公共文化改造运动，改变了农村公共文化相对单一的供给模式。相较传统戏剧、民间风俗等公共活动，广场舞成为更受欢迎、更为广泛的日常文化活动。而且，因此形成的"舞市"也成为农村主要的公共文化空间，通过固定的空间与流动的形式，完成对农村公共文化生活的重塑与日常化实践。如农村婚丧嫁娶时请村里的广场舞队表演已成时尚，农村的戏台成为广场舞队的舞台，农村民间信仰活动也少不了广场舞队烘托气氛。广场舞对农村传统文化活动内嵌式的改造已经造成农村传统文化阵地逐渐失守，以"舞市"为代表的公共文化空间在农村普遍兴起。

该文化空间农村民众按照自己的情趣意愿，自由参与，"不具有由行政中心自上而下进行的规划性，其基于日常生活生成，是从基层开始，从栖居环境中摸索出来的空间'规划'。"[1] 文化空间自发形成的过程中孕育着农村民众的文化主体性，通过文化自觉感知自己的文化需求，主动参与文化活动，发展文化共同体。这种文化主体意识的萌发一方面来自于在城镇化背景下，城乡文化相互碰撞融合，从而激发出农村民众对美

---

1 朱晓阳：《地势、民族志和"本体论转向"的人类学》，载《思想战线》，2015（5），1～10页。

好生活的向往，对自身精神文化需求的明确。另一方面来自于经历了集体化时代的广大农村民众文化失语后，农村民众开始主动寻求文化话语权，重建乡村公共文化的努力和尝试。

二、对"舞市"公共性的探讨

中华人民共和国成立以后，随着农村基层组织的建立，国家权力向农村延伸。国家通过对乡村社会集体化改造，有效实现了国家对乡村社会的组织动员，由于国家的强力介入，乡村社会公共文化生产与传播带有明显的集体性特征。国家与社会在此种情况下结成的关系可以概括为社会国家化。乡村文化空间的公共性被国家权力所赋予，村民的文化主体性在社会国家化的结构性关系中被文化集体性取代。"新时期公共性的转型主要表现在从高度集权型的公共性转变适度分权型的公共性……"[1]"舞市"的形成与发展正值公共性转型的大背景下，但关于"舞市"的公共性备受质疑，其中一个重要理由是"舞市"的参与群体只覆盖了中老年妇女，不具有普遍性和共享性，参与群体的有限性限制了公共性的发展。首先，需要明确的是"舞市"形成于中国公共生活的转型期。"经济改革给中国的公共生活带来了意味深远的变化：'公共生活的生态在相当程度上已由全民式的转变为群体式的和个体式的。'"[2]其次，探讨"舞市"的公共性，问题的关键不在于行为主体的有限性，而在于参与群体的异质性，即社会差别。"舞市"中跳舞的主体尽管是中老年妇女，

---

1 许耀桐、傅景亮：《当代中国公共性转型研究》，载《上海行政学院学报》，2007（4），48～54页。
2 袁祖社：《"公共性"的价值信念及其文化理想》，载《中国人民大学学报》，2007（1），78～84页。

但观演的参与群体却覆盖了乡村各类人群。"社会差别的存在是公共性建构的客观前提……恰是社会差别的存在决定了公共性产生的必要性，有效调节社会差别，在差序化的过程中实现某一特定文化群体的共同利益，是公共性承担的主要内容。"[1] 此外，"转型期的中国社区民主参与主体实际上主要是老年人群。基于社区民主参与而生发出的公共性在很大程度上都是依托于老年群体而实现的。"[2]

哈贝马斯将"公共空间"的性质确定为精英政治论坛，即"在这个空间里，参与者通过公开、理性和批判性的谈论来形成舆论和民意。"[3] 这是一个政治概念，"其最终目的不仅仅是为了使私人利益得到保障和促进，更是为了让人们获得某种'公共人格'。"[4] 但"公共空间"不专属于政治领域，它的发展经历了由政治领域、思想领域、象征领域再到文化生活领域的转变。随着我国经济社会转型，基层民众的公共文化活动成为了公众个人践行主体间性的结构性实践，个体的文化主体意识在公共文化交往中逐步健全和成熟。"舞市"正产生于这样的社会背景，因此，我们将"舞市"界定为公共文化空间，可以从以下几个方面进行审视。

第一是作为公共场所的"舞市"。雷蒙特·戈斯形象地将公共场所描述为"一个被那些我没有私人交情的人和那些不需要同意就能进入与我的亲密互动中的人观察到的场所。"[5] "舞市"是开放的，人们的行

1　许耀桐、傅景亮：《当代中国公共性转型研究》，载《上海行政学院学报》，2007（4），48～54页。
2　田毅鹏：《老年群体与都市公共性建构》，载《福建论坛（人文社会科学版）》，2011（10），191～196页。
3　吴旭：《"公众空间"的特征及其在三种媒介形态上的比较》，载《国际新闻界》，2008（9），25～30页。
4　詹世友：《公共领域·公共利益·公共性》，载《社会科学》，2005（7），64～73页。
5　同上。

为是外在的，可以被观察的，而"开放性是公共性重要的内在属性。"[1]
第二是作为公共交往的"舞市"。"交往互动性也是'公共性'的重要
内在属性。"[1]参与"舞市"的民众虽然以中老年人为主，但有向年轻
人发展的趋势。他们之间的交流互动不纯然是私人间的交谈，更多的
是脱离私人领域的公共交往，它渗透了公共意识，体现了公共精神，
并在长期的公共文化活动和交往实践中约定出共同的规范或规则。第
三是作为公共文化生活的"舞市"。"交往理性的重要场域是日常生活，
也决定生活性成为公共性不可或缺的内在属性。"[1]"舞市"形成于民
间，已经发展为民众最普遍的日常文化生活，生活性天然地成为它最
显著的属性，以生活性为特质的公共性不言而喻。需要说明的是，"公
共性的生活性属性背后，是一种新的思维方式，亦是一种反思以往公
共性建构与发展模式的新方向。"[1]以往公共性建构的方式主要是自上
而下的政府权力分享，其表现是政府公共服务的社会化转移。"舞市"
这种自下而上的公共性建构实质上是对已有国家主导的公共文化发展
模式与市场化公共文化发展模式的反思和完善。第四是作为文化主体
性培育空间的"舞市"。"作为具有主体性的个人，能否参与和是否参
与，成为公共性的第一个标准。"[2]这涉及主体性个人公共参与的可能性。
"舞市"相对开放，没有专业场所和专业标准制造的参与障碍，确保了
个人自由自主参与的可能性。自主参与活动和自主交往中个体主体性
间的相互作用"已不是人的依赖关系中的群体性，也不是简单的个体
性的集合，而是一种互动的、有机的、社会的结合，形成我们所说的

---

1 芦恒：《共生互促：公共性与社会发展的内在逻辑关系探析》，载《社会科学》，2015（9），
  72～80页。
2 张法：《主体性、公民社会、公共性——中国改革开放以来思想史上的三个重要观念》，载
  《社会科学》，2010（6），101～107页。

公共性。"[1] 通过上述四点分析,可以发现"舞市"的本质在于其公共性,而且,这种基于日常生活和社会文化交往的公共性有其内在的共同兴趣指向、话语体系和秩序规则作支撑,有其对参与主体自由度和开放性的认可与肯定。由于在促进社区和谐方面发挥了积极作用,上至政府认可,下至民众认同。

"舞市"重要的社会意义是通过唤醒民众的文化主体意识,构建民众的主体间性,实现对公共文化供需矛盾的基层破解,突出表现是公共文化产品的自我供给和对基层公共文化空间的再造与转型。一些学者将"舞市"的本质理解为公共文化空间的缺失,认为在市场利益最大化的前提下,商品房的规划与开发未能将公共文化空间的设计考虑在内,再加上"现有设计一味模仿西式社区,缺乏对中国人公共活动特性的思考……没有公共文化空间,并不意味着人们放弃了对公共文化的日常需求……并不妨碍居民们自行开发、'占领'和改造既有空间。"[2] 的确,现代城市公共文化空间的缺失造成了普通民众再造公共文化空间的可能,但从更深层次来讲,城市公共文化空间的缺失则是由于原有的社会公共文化生产模式与供给方式不能及时适应民众日益增长的公共文化需求引起的,而这一点在农村尤为突出。曾经农村公共文化生活也在追随城市潮流的过程中捻断了传统,迷失了方向。城市公共文化空间的自行改造也通过城乡共鸣的作用机制影响到了农村。广场舞作为底层民众按照自己需求生产出来的公共文化产品,有极强大的本土基因,蕴含着引发公共文化空间再造与转型的强大力量。在既定的公共文化格局中,通过不

---

1 郭湛:《从主体性到公共性:当代中国马克思主义哲学的走向》,载《中国社会科学》,2008(4),10~18页。
2 罗小茗:《"广场舞"源于公共文化空间缺失》,载《人民日报》,2014-05-09。

懈的努力与抗争，基本实现了合法化和制度化。在国家指导和市场力量的推动下，成为基层公共文化的主流样式。正是基于上述理由，我们说"舞市"成为了社会民众对基层公共文化供需矛盾破解的有益尝试，是基层公共文化空间再造与转型的生动实践。

三、"舞市"：国家与社会互动的公共场域

"国家与社会"二元划分的理论架构源于西方社会学研究。我国学者在引进和应用该理论框架的过程中多寓含了西方的价值体系和解释有效性的普遍预设，在面对中国的问题时，研究的理论框架与现实问题相脱节，其解释力大打折扣。"国家与社会"的框架并非不能借鉴，"关键在于在什么意义上使用'国家 – 社会'这对范畴来研究中国的现代化……我们在研究过程中使用'国家 – 社会'这对范畴，并不是要接受西方的价值和照搬西方的经验，去探讨建构一个什么独立于国家、并与国家相对立的'社会'，而是在尊重传统和坚持国家与社会统一前提下，去探讨如何协调国家与社会的关系。"[1]而且，由于在国家与社会关系的结构性转型与互动中形成了当下公共性的生产机制。因此，从国家与社会的框架内来审视"舞市"就具有十分重要的现实意义和理论价值。

对农村公共文化建设而言，在国家与社会关系转型调整的进程中，不论是自上而下的公共文化传播体系，还是自下而上自发形成的公共文化传播空间，相互之间都将形成磨合与互动，都会带有"国家与社会"互动融合的结构性特征。这种结构性特征一方面表现为国家直接控制力

---

1 郑杭生、洪大用：《现代化进程中的中国国家与社会：从文化的角度看国家与社会关系的协调》，载《云南社会科学》，1997（5），10 页。

逐渐淡化与隐性指导力量的逐渐延展，社会自组织能力不断强化。另一方面表现为社会自组织成长的无序性得到国家的合理引导，其健康发展被纳入到制度体系中。通过组织村际广场舞大赛，修建文化广场，规范广场舞活动场所等方式，广场舞成为国家繁荣农村文化的重要抓手，与此同时，"舞市"作为农村公共文化空间的一种自下改造，逐渐得到农村民众的理解和认可，获得了在农村公共文化空间格局中的合法性，不再被视为异类。

"伴随新时期社会治理改革进程的推进，培育社会力量，激发社会活力，提高社会自治能力已成为衡量现代政府治理角色转变的关键。"[1]而激发社会活力，提高社会自治能力的关键是要确立人的主体性。在农村公共文化建设中，国家与社会互动的结果是唤醒了农村民众的主体性和创造性，并让这种主体性与创造性不断滋养农村公共文化的发展繁荣。一方面，国家通过组织广场舞大赛激发出自发空间的组织特征和凝聚力，改善参与者之间的弱连接，从而使广场舞队成为农村社区文化交往的主体和社区自治的主体。另一方面，广场舞团队为进入国家视野，获得更大发展，主动融入和参与国家有组织的文化活动成为普遍共识。"舞市"也因此成为很多农村社区文艺团体成长的摇篮。"社区属于国家权力管理领域的最底端或神经末梢，既是居民的生活场域，也是国家与社会、国家权力与民众生活交接的场域。"[2]在这个多方力量互动的场域中，农村的广场舞从最初的自娱自乐到有组织地参加比赛，从不被村民理解到引领农村公共文化潮流都在说明"社会与国家互构的机理在于社会利益

---

1 崔月琴、沙艳：《社会组织的发育路径及其治理结构转型》，载《福建论坛（人文社会科学版）》，2015（10），126～133页。
2 周孟珂：《国家与社会互构："村改居"政策"变通式落实"的实践逻辑——基于Z街道"村改居"的案例分析》，载《浙江社会科学》，2016（5），93～98页。

的合理性与国家权力的有效性之间的契合关系与磨合过程。"[1] 而这种契合关系与磨合过程实质上是对农民文化主体性的认可和确立的过程。

国家与社会的互动在当下最主要的场域就是城镇化。传统城镇化实践导致了农村文化主体缺位和农村文化空心化。"农民文化主体的缺位改变了农村基层公共文化空间的结构，使农村公共文化活动失去动力。"[2] "舞市"的出现打破了这种认识，中老年人逐渐成为农村文化的新主体，并在学习城市文化的过程中有选择性地接受了广场舞，开启了农村公共文化活动的新局面。十八大以后，我国城镇化模式开始转型，"作为一种政策范式的转变或者说变迁，以人为本的新型城镇化建设模式……体现了经年运作下的传统城镇化模式对于公共性的忽视正得到应有的关注和重视，基于公共领域、着力提升公共利益的城镇化建设新思路正逐渐成为一种社会共识，并上升至国家政策层面。"[3] 农村广场舞开始逐步纳入国家指导，成为地方政府部门组织的一项重要的文化活动，除了搭建文化广场，还定期举办广场舞大赛。同时也开始接受市场指引，参与商业文化活动并介入传统文化活动，如参加农村红白事。农村"舞市"成为国家、社会、市场在农村文化领域相互作用的公共场域。需要说明的是，尽管农村"舞市"复制了城市"舞市"，但广场舞以所向披靡的态势从城市走向农村，这中间不仅仅是文化形式符合了广大农村群众需求，更关键的是对农村民众文化主体性的发现和释放，而这种文化

1　周孟珂：《国家与社会互构："村改居"政策"变通式落实"的实践逻辑——基于Z街道"村改居"的案例分析》，载《浙江社会科学》，2016（5），93～98页。

2　陈波、耿达：《城镇化加速期我国农村文化建设：空心化、格式化与动力机制——来自27省（市、区）147个行政村的调查》，载《中国软科学》，2014（7），77～91页。

3　金太军：《中国城镇化推进中的公共性不足及其培育》，载《社会科学战线》，2015（1），170～177页。

主体性的养成恰恰是在国家、社会、市场三方力量共同作用的农村公共文化实践中实现的。

"舞市"是农村公共文化空间的重构或转型的集中体现，是农村经济社会发展与其他各种力量相互作用的结果。伴随着中国经济社会的转型，年轻人成为流行文化消费的主体，市场化的文化供给渠道向年轻人倾斜，尤其是在新媒体的指引下，公共文化的供给严重不均衡。这种情况也发生在农村，一方面，农村年轻人的文化选择余地大、渠道多、资源丰富，文化需求容易得到满足。另一方面，对于市场化的文化供给来讲，中老年人是公共文化传播受众中的弱势群体，市场潜力有限，因而，对其公共文化产品的市场供给严重匮乏，再加之国家自上而下的公共文化输送不能充分满足农村民众的实际需求。于是，农村中老年人便成为公共文化的边缘群体。当城市广场舞传向农村时，中老年群体这一在公共文化传播格局中的弱势群体，率先走出家门，用自己鲜活的文化实践打破传统束缚，主动担负起了农村公共文化建设与公共文化空间改造的历史任务。

第四节　民间信仰空间的再造

20 世纪 80 年代以后，乡村民间信仰重新复活，村民们也隐约地感觉到了这种变化，一些积极人士跃跃欲试，时不时地在小范围内组织活动。村里对此也是睁只眼闭只眼，不管不问。后来，政策渐渐明朗，积极分子打出"宗教信仰自由"的旗号，从幕后走向台前，神灵木主也被请回了村里。自此，滋泥水的民间信仰活动逐渐恢复。重修村庙被提上了村里的议事日程，经过积极分子的倡议和张罗，决定村庙重建于旧址，由全村集资兴建。建庙耗资巨大，虽然村里的家庭经济稍有起色，但总体实力有限，20世纪80年代末只重修了"三官殿"。听岳老大讲，筹资建庙的时候有个小插曲，当时村里嚷着要修庙，以前的积极分子都跳出来动员，其中就有老马，他也是当年拆庙的积极分子，除了自己出资出力，还积极动员左邻右舍集资修庙。于是，大伙都笑他，早知道要重修当时就不那么积极地拆了。

一、绝不仅仅是"村庙"

20世纪90年代以来，村庙的空间规模不断扩大，在"三官殿"的基础上，修建了山门和前殿，90年代后期又修建了"将军殿"，2003年在村庙的山脚下修建了戏台和仓库食堂。如今的村庙，基础设施已经基本完善。这样的村庙规模在周边不多见，当问及村庙为什么能有如此规模，村里人十分自豪，除了归因于本村的经济实力之外，普遍认为村庙灵验，名声在外，吸引了不少外面有钱人的捐助。这种说法在会长老徐那里得到了证实。老徐自称年轻时与神有缘，多年来一直"跑庙"[1]，对村庙的发展了熟于心。他认为，自20世纪90年代以来，村庙有了长足的发展，除了扩张规模之外，最明显的就是扩大了影响。以前村庙的信众只有本村村民，但20世纪90年代以来，村庙不再是"村庙"，很多城里人甚至是外地人也都来村庙问事，过庙会的时候能见到很多陌生面孔，近处的有平川和靖远的，远处的甚至有兰州和银川的，按老徐的话说，他们都是受过神灵帮扶并与神结缘的。"村庙"方神"杨四将军"据说非常灵验，尤其是前来治病和看风水的求助者趋之若鹜。后来村庙

1　当地人对经常参加村庙各种民间信仰活动的一种通俗叫法。

新盖了"法王殿"，请来了"法王爷"，主事求学、求官、求财，也吸引了不少外乡人。

从村庙恢复重建后的发展来看，村庙发展不再局限于本乡本土，市场逻辑逐渐渗透到村庙的发展中，推动着村庙的传播力和影响力突破地方空间，民间信仰活动被纳入到开放的社会交往体系与市场体系当中。

二、诸庙纷争

随着农村社会力量的崛起，村庙赢得了进一步发展的空间。自20世纪90年代末，随着整个地区的经济发展，不少有钱人乐于"村庙事业"，村庙进项可观，大家都将其视为一块"肥肉"。在此情况下，村庙会长一职就显得非常重要，不但能掌控村庙进项，还能结识不少地方上有头有脸的人物。于是，村庙会长的职位成为香饽饽，竞争异常激烈。一些有钱人愿意出钱捐个会长头衔，目的是能在乡民中间扬名。由于掺杂了追名逐利的不良动机，村庙组织成员之间的矛盾逐渐凸显。

滋泥水村民向公路两侧陆续搬迁相继形成三处新村，拥有空间上的相对独立性，再加上村庙内部矛盾加剧，一些村庙组织成员私下里拉拢有钱人在新村另起炉灶，建起了新庙。由老庄村庙统摄整个村庄的格局被打破，这些新建的小庙都以各自所在新村为依托确立了自己的地盘。老庄村庙曾阻止修建新庙，但不起作用。除此之外，打破这种格局的力量还来自于宗族观念的强化。2001年，徐氏子孙集资重修了徐氏祠堂，在周边引起了"震动"。关氏家族开始召集在外经商的族人，商讨修建家庙，理由有两点：一是关氏宗族庞大，是当地大姓，理应修建自己的祠堂；二是关氏先祖关公位列仙班，理应建庙供奉。于是，关家派代表请老庄"方神"为祠堂选址并为关公结化[1]。当时，村庙"方神"明确回应，祠堂可以修建，选址也没问题，但不赞同建家庙供奉关公，建议将关公作为先祖供奉在祠堂中。待选址完毕之后，关氏族人未听劝阻，执意修建了家庙。之后邀请"方神"为关公塑像结化，由于"方神"有言在先，便拒绝了。后来，又求助任家湾的"方神"，但任家湾村庙与滋泥水村庙达成共识，不予结化。无奈之下，辗转找到黄河对岸三滩某村的"方神"，方才结化。

三、村庙的复兴及其背后

（一）形相近，性相远

自滋泥水村庙重建以后，从前与村庙相关的文化活动开始恢复，定期举办的庙会、过年的社火都搞得异常红火。表面上看，一切似乎都回到了从前，传统得到了恢复，但形式上的相似并不代表其文化心理上的一致。村庙文化活动混杂着市场观念和潮流文化。庙会戏台上妇女们跳起了现代舞；民间资本以敬神为名向村庙捐款，进行经济渗透和权力转移；村庙组织内部矛盾突出，利益分歧严重；市场化开始成为左右民间信仰活动的重要逻辑，比如上文、问事、疗治、还愿、安宅等事项明码标价。对于信众，他们敬神的目的和动机日渐多元，更趋功利。传统乡村社会村民们敬神是为了求医问药保平安，保障正常的生产生活，获得心理慰藉。村庙重建之后，人们的求神动机掺杂着更多功利需求，求财、求学、求官成了敬神的重要目的。传统乡村社会中村庙空间凝聚的地方共同体观念并未在重建后的村庙空间中得到延续和发展，反而随着市场

1　主要指为神灵塑像装藏开光。

逻辑渗透和多元文化的侵入，村庙空间的地理界限被打破，凝聚地方共同体的文化机制被瓦解。村庙空间在更大的社会关系网络中呈现出碎片化、交错性的复杂特质。

（二）空间文化与文化空间

中华人民共和国成立前的村庄受到交通、媒介等因素制约，村庙的传播力和影响力被局限在相对封闭的地理空间中，封闭的地理空间在一定程度上也意味着封闭的文化空间，村民们在此空间内共同参加活动，共享信息，结成了文化共同体。也就是说，文化共同体与地理空间的边界基本重合。20 世纪 80 年代以后，乡村社会转型，社会力量与市场逻辑开始影响乡村，而且现代媒介系统与便捷的交通网络将城市与乡村以及不同地区间紧密联系在一起，乡村文化共同体的形成已经超出了既定的地理空间界限，成为开放的社会关系网络与多元文化综合作用的结果。从由外乡人参加的庙会、新建村庙等现象都能说明这一点。诸多村庙诸多选择，村民们对村庙的归属感和认同感成为精神易碎品。哪里灵验去哪里的功利心成为村民从事民间信仰活动的主要动机。村民的民间信仰活动不会固定在本村村庙，而是在更广的空间范围内选择，这种开放型社会交往降解了村庙作为生产和凝聚村庄共同体观念的重要功能。当村民的民间信仰活动突破地理空间进入市场空间后，村庙间的竞争便错综复杂地交织在一起，变得更加激烈。

四、乡村内部重建的开放社会空间

（一）村民面临的关系危机

早期的滋泥水相对封闭，对外交往较少，各大家族在内部交往中结成了错综复杂的亲戚关系，这种高社会关联度保证了乡村的有效治理，也形成了共同体意识。如今，这种社会关系格局发生了变化，在乡村经济转型以及交通、现代媒介等因素的影响下，家族间的内向关系发展逐渐让位于外向关系拓展，村民们尤其是年轻人更倾向于在对外关系的拓展中赢得发展空间。村民之间的关系远不如从前那样亲密和纯粹。贺雪峰认为，"造成村庄社会关联度低的原因大致有二：一是20世纪的革命运动特别是新中国成立以后的历次政治运动对传统的冲击，二是市场经济本身对农村社会的渗透和村庄共同体意识的被破坏，村民之间传统的社会关系逐步解体，现代的社会关系却没有建立起来，这是当前村庄社会关联度低的根本原因。"[1] 乡村传统社会关系的解体，使村民作为不受共同体庇护的个体被推向社会。现代语境下，"传统的宗族联系解体了，血缘联系弱化了，地缘关系被破坏了，利益联系尚未建立且缺乏建立起来的社会基础，村民因此在村庄内部变成了马克思所说的'一袋马铃薯'，村民已经原子化了。"[2] 如今村民们面对的社会关系空间已经大大超出村庄熟人关系的地理边界，村民个人难以应对开放社会关系网络中的潜在风险，与外界进行社会交往的不确定性显著增加，没门路办事难成为村民对外活动中面临的主要问题，比如孩子就业难、做生意被骗、出外打工被拖欠工资等。于是，"有门路、有关系"成为村民衡量一个人社会能力的关键指标。

（二）从祠堂到家庙再到村庙

贺雪峰将乡村社会关系区分为现代关系与传统关系，并分别对其做出相应的界定，"现代的关系是指建立在利益和契约基础上的关系，传

---

1 贺雪峰：《新乡土中国：转型期乡村社会调查笔记》，7页，桂林，广西师范大学出版社，2003。
2 贺雪峰：《新乡土中国：转型期乡村社会调查笔记》，5页，桂林，广西师范大学出版社，2003。

统关系则指那些基于信任、友谊、亲情和习惯的关系，如亲缘关系、朋友关系、邻里关系等等。"[1]在社会生活中，村民们已经明显感觉到打通两种关系的重要性，认识到两种关系相互借重的可能性。村里马老大的闺女大专毕业没找到工作，一直赋闲在家。马老大四处托人想把女儿的工作安排到平川，一次偶然的机会，他去表弟家串门聊起此事，表弟在外包了些小工程，认识些场面上的人，见表兄有难处就试着问问一起生意上的伙伴，没想到有朋友在区里有关系，经运作，马老大的闺女被安排到了社区工作。社会关系的重要性已经深植于村民头脑中，村民们遇到大事小情都习惯性地先找找关系。基于这种认识，当地的大姓发起了家族内部的"社会关系整合运动"。之所以称之为运动，意指这种关系整合的普遍性和持续性，各家族已经将关系整合作为家族活动的一个重要目的。各家族借修家谱，盖祠堂的契机，广罗在外工作的家族成员以整合各种社会关系资源，服务族人。家族"社会关系整合运动"既反映了在宗法秩序式微的背景下，对发展和巩固家族认同的积极努力，也反映了以家族的集体之力应对开放性社会关系风险的一种有益尝试。通过这种持续性的家族活动实现了现代关系与传统关系的衔接，在一定程度上为个人走出乡村寻求发展提供了社会关系援助和保障。

最先开始这种做法的是徐家，徐氏是当地大姓，家族中在外工作者众多，为了让族人共享关系资源，他们将修家谱的工作做得很细致，尽可能将村外徐氏子孙的学习工作情况摸查清楚，记录在册。还修建了祠堂并规定每年进行一次大规模的祭祖活动，届时会尽可能邀请村外工作的徐氏子孙参加，目的是让大家彼此熟识交往，遇事相互之间能有个帮

---

1 贺雪峰：《新乡土中国：转型期乡村社会调查笔记》，5页，桂林，广西师范大学出版社，2003。

村。关氏家族也效仿该做法，重修家谱，修建祠堂，不同的是关家的此项活动范围更广，还联合了白银关家沟的同族人。祠堂建成后，确定每年农历六月二十四祭祖聚会。

在家族"社会关系整合运动"中，家谱与祠堂被赋予新的意义和功用，成为整合扩展乡村外部社会关系的媒介和手段。虽然，家谱与祠堂在形式上依旧，其血脉传承与家族凝聚的意义犹存，但在新的社会环境中与时俱进，形成了新的内涵，表达着对家族内部与外部利益连接的现实关切以及对家族开放性社会关系的肯定。通过集体力量和家族平台为个人发展提供尽可能多的社会关系资源和援助。这种家族式社会关系援助机制的建立实际上是对家谱与祠堂传统文化与社会意义的超越，因此，不能单纯地将其视为回归传统，而是超越传统，具有现代意义的社会关系媒介实践。

此外，祠堂作为一个家族的精神领地本应对家族内成员提供心理庇护和精神支持，但实际情况却非如此。家族在将祠堂上升为家庙的过程中，实际上已经扩展了家族信仰的边界，将家族信仰升级为村庄信仰，将家族的信仰空间拓展为村庄的信仰空间。正如刘晓春在《仪式与象征的秩序》一书中指出的："家族试图通过建构家族的信仰中心，向村落的其他家族表明，在村落文化象征资源占有上，自己具有其独立的地位，而且不遗余力地使家族的信仰中心上升为村落、乃至更大区域范围内的信仰中心。"[1] 祠堂本应供奉祖先，但关氏家族在供奉祖先的同时还供奉神灵，将家族的祠堂变为家庙，除了本家族成员来家庙求神，还吸引了不少外姓人。家庙演化为村庙，家族实际上掌控了村庄部分的信仰资源

1　刘晓春：《仪式与象征秩序：一个客家村落的历史、权力与记忆》，72页，北京，商务印书馆，2003。

与象征资源，形成了对原有村庙的冲击。以关氏家庙来说，供奉的神灵关帝圣君乃关氏先祖，神灵指定的"轿夫"也是关氏家族成员，家庙内的各种规矩也都由关氏家族制定，村里外姓人若来家庙问事，"通灵""打讯""记录""解释"等各个环节都由关氏家族成员操控，问事结束后，外姓人要给家庙上布施以谢神灵。这种家庙向村庙的转变，实际上也体现了家族信仰的族外认同。

第五节 再造空间的传统与现代

关于传统与现代是一个非常复杂的问题，这里谈再造社会空间的传统与现代并非将问题简单化，把再造社会空间的问题置于传统与现代的二元对立，而是对照两种不同的发展过程，从中发现并探讨社会空间再造中存在的问题。

迈克·克朗在《文化地理学》一书中谈到了两种不同的地方空间观念，即"无地区性"地方和"有地区性"地方[1]，并且认为："前者的形式受'契约的孤独'所控制，个人或小群体与稍广泛一点的社会群体发生联系是通过有限的、特定的互动方式，而后者却存在着一个'有机的社交活动'。在那里，人与人之间有长期的固定关系，他们之间的交往不只是为了实现一时的某种需求功能。"[1]克朗谈到的上述两种关于地方空间的观念，实际上是与人们的传播活动或社会交往活动密切相关的。地方的"地区性"就成了该地方人们社会交往与互动方式的集中体现，而象征社区"有机"与"契约"的差别就成了人们互动交往方式长期固

1　〔英〕迈克·克朗：《文化地理学》，杨淑华、宋慧敏译，146 页，南京，南京大学出版社，2003。

定与短期特定的差别。此两种地方空间观念也代表了乡村社会空间发展变迁的两个不同阶段，两个阶段并非截然分离，尤其对当下的乡村社会空间而言，"无地区性地方"与"有地区性地方"交错融合。如传统乡村社会中，滋泥水村民流动性不强，有相对封闭的生活圈子，他们彼此相熟，其社会交往凭借土生土长的乡土媒介，遵守既定的交往规则，社会交往活动与村民生产生活实际上是融为一体的。再如以"人情"为中心的社会交往体系形成于长期的传统乡村社会生活，"人情"往来表面上是一种钱、物的流动，在婚丧嫁娶等特定的场合中发生，但由于这些场合本身就是人们的日常生活场景，"人情"往来也就因此成了乡村社会普遍的社会交往行为，成为村民在村里维持社会关系和巩固社区认同的日常手段。该社会交往体系与村民广泛的社会生活同构，呈现出明显的"有机性"。

"无地区性地方"的空间概念，伴随着现代媒介在乡村社会中的推广和使用而形成，体现了现代媒介对乡村社会交往与互动方式的深刻改变。首先，现代媒介在乡村中的推广和普及，应和了当时政治宣传与社会动员的需要，形式更迭多变，缺乏稳定性和延续性。比如进入滋泥水人视野的幻灯片，主要用来宣传劳动典型，流行了没几年就消失了，电影、有线广播、无线电等传播媒介也都没能持续下来。值得注意的是，应和社会形势需要的现代媒介对维护地方社会认同虽然成效不大，但对实现国家与地方连接以及突破地区性社会空间整合的作用非常明显。从这个意义上来看，现代媒介在维持"地区性"方面所做的贡献不大。其次，一些现代媒介虽然已经日常化，但对维系地方观念和建构社区认同的效果甚微。例如电视进入乡村家庭后，已经成为村民日常生活的一部分，但电视常态化的传播在帮助村民长见识、广见闻的同时，对村民巩固地方观念助益不大。村民们从前主要靠自己的直接经验和人际传播得到间接经验就能熟练应对生产生活。受到传播媒介的时空限制，这些间接经验被封存在一定的地域范围，适用于地方社会。现在村民们靠电视、网络、手机等传播媒介获取间接经验，这些间接经验超越了地方社会，内容庞杂，名目繁多，对指导村民的社会生活来说供大于求，村民观念也超出了地方性的观念体系，与时代共振，与国家共鸣。例如2012年的钓鱼岛事件激起国人愤怒，在滋泥水，村民天天看电视，关注最新动态，年轻人相互转发信息，听到或收到的最新消息会在一些公共场合与人分享，如棋牌室、村口的商店以及村部。村里的私家车在车头挂起了中国国旗，并在车体显眼的位置贴上了"钓鱼岛是中国的""小日本滚出钓鱼岛"等标语。村民们谈及此事都情绪激动，义愤填膺。这种强烈的民族国家观念超越了狭隘的地方主义，按本尼迪克特·安德森的观点，这正是由现代媒介所创造的认同。

此外，"无地区性地方"这一空间观念的形成，还受到市场力量对整个社会互动或交往结构调整的影响。自20世纪80年代以来，农村家庭在生产生活上开始获得了更大的自主权，国家力量在一定范围内收缩，以政治动员为主的社会交往结构开始退出了历史舞台。与此同时，在经济变轨的大形势下，农村也开始了城乡一体化进程，市场力量成了重塑农村社会交往结构的重要力量，"'市场力量'嵌入局部性的互动过程中，通过受空间制约的局部性的交易文化起作用。它们不是为局部互动设定参数的全部过程，实际上，它们是嵌入局部互动之中的'大结构'。"[1]自20世纪80年代以来，滋泥水经济依托靖远电厂与邻近平川城区的地理

1　〔英〕迈克·克朗：《文化地理学》，杨淑华、宋慧敏译，155页，南京，南京大学出版社，2003。

优势得到了快速发展，得到了征地补偿、就业等一系列实惠，村里人明确意识到了地理位置的重要性，邻近电厂与公路的地方炙手可热，老庄向外搬迁的人口逐年增多。老庄已经分裂出的三个新村都位于公路两侧及电厂附近。这种空间上的分裂，也带来了村民社会交往上的差异，老庄的村民多以农耕为主业，闲暇之余在棋牌室打麻将，打扑克，孩子大多在村校念书，到了初中才想办法送到县城去读书。新村的情况则大不一样，村民们考虑的问题似乎要复杂一些，村民的主要经济来源一靠征地补偿，二靠做生意，三靠打工，其生活方式已经接近城镇居民。活动与社会交往范围也已经超出了村庄，很多人在平川城区买了楼房。一方面是为了能让孩子接受良好的教育，另一方面是为了享受城里良好的生活设施和人居环境。出于这样的考虑，到城里买房的村里人越来越多。村民生产生活方式的改变对"无地区性地方"空间观念的形成产生了重要影响。

村里"无地区性地方"经常是通过市场和国家力量，以政策指令或契约形式嵌入到乡村社会空间之中的。滋泥水经济条件好转，村里有了自己的村办企业，再加上靖远电厂在征地过程中给了村里不少好处，村里的经济基础逐渐厚实。于是，村里自筹经费修建了环村公路，并且村里的大道也基本硬化，大路两旁不规整的地方都砌上了护坡。改造后村里道路两旁的护坡和墙体被乡政府和商家视为宝贵的空间资源。调查中的一天，与驻村的乡干部小刘沿村里的环村公路转悠，当走到一处被染成蓝底的护坡前时，他忽然止步，非常生气，提起电话询问村支书。他认为这是中国移动在事先没有给村里打招呼的情况下"抢地盘"，不合情理、不合程序。早先村里就已经将公路沿线的护坡以及村户的墙体都协调好供乡里做宣传，因此，小刘要求村里履行约定，纠正错误行为。

村支书表示认可，同意小刘的要求。电信运营商的运作方式与乡政府不一样，他们直接与相关村民联系，支付一定的费用租赁墙体。因此，常有村里与村民商量好无偿使用墙体而后又被商家说动，将墙体租给商家的情况发生。

类似于院墙、后墙、护坡等空间在传统乡村社会，即"地区性地方"中不具有媒介意义和商业价值，不是一种可供交换的社会资源，但在当下乡村，情况发生了变化，政府宣传与市场推广已经让这些闲置空间变成了炙手可热的媒介资源，当这些空间被政府征用或被企业租用，它们便脱离了"地区性地方"的空间范畴，不再表征地区性意义，它们被纳入开放的社会空间体系内，成为政府或市场利用的媒介资源，表征的含义从此变得"无地区性"了。

第八章　技术催动下的乡村媒介空间再生产

　　史蒂文森关于"文化媒介"与"技术媒介"的概念，对于认识乡村媒介发展演变颇具启发价值。为增加概念与实际的契合度，可以对这两个概念稍加引申，即"文化媒介"重在对文化传统的传承与维护，对传统社会关系的巩固与维系。"技术媒介"强调媒介的技术启蒙与逻辑阐释，重在对社会关系进行改造或建构，开拓新的文化面向。通过这两个概念标识乡村媒介发展的不同阶段，需要说明的是二者并非截然对立，只是各自功能定位不同，在不同发展阶段上的主次不同。从滋泥水的媒介发展演变来看，以中华人民共和国成立为分水岭，整个村庄的媒介系统由"文化媒介"主导阶段转向了"技术媒介"主导阶段。该转变过程中，尽管"文化媒介"与"技术媒介"并存，但在"技术媒介"的冲击下，"文化媒介"或被改造并发展，或被淘汰，渐渐消失。而与这种媒介变迁如影随形的是媒介空间的生产与再生产，改造与再改造。

第一节　文化媒介的空间化

人要维持自身的延续，首先要维持一种自身的社会存在，这种社会存在包含了人在进行自身社会再生产过程中所应该具备的各种要素。社会存在的确立很大程度上与媒介密不可分。在传统乡村社会，村民的社会存在和社会化过程，大多是通过一定社会空间中的媒介活动来完成的。媒介活动按其作用的空间范围划分，不仅包括维系个体家庭化存在的媒介活动，还涉及个体为实现对象化存在或社会存在而进行的媒介活动。传统乡村社会的文化媒介从形式和内容上都具有较强的稳定性或文化惯性，文化媒介的空间化带有较强的复制性或重复性生产特质。因此，在传统乡村社会，村民面对的媒介空间都固定地具象为一些熟悉的文化场景或文化活动，比如正月里闹社火，还愿唱戏、庙会等。村民在熟悉的文化媒介空间中感知地方文化，获取地方性知识，实现地方社会中的社会存在。文化媒介以空间化的方式将地方性的文化和知识传播于村民，同时以相应的媒介空间为村民提供地方文化的实践场域。因此，从这个意义上说，文化媒介的开拓性和创造性不强，村民生活于文化媒介空间中处于媒介无意识状态，生活即媒介，媒介即生活。受此影响，所有超出村民经验范畴的事情，他们会感到彷徨和无助，通常交由"灵媒"判定和处置。在这样相对稳定的乡村文化媒介空间中，村民基本保持着文化上的相对安全感。传统乡村社会中，文化媒介空间的边界以村民的经验范畴来划定。相对封闭的文化媒介空间中，充斥着规范、习惯、惯例等既定的经验和知识，村民们长期沉浸于此，重复着这种媒介化生存，却不能给出任何合理的解释。正如安东尼·吉登斯所认为的"这些活动是未被解释的社会行动组织结构的一部分。很难说我们为什么要做这些事情，我们只能说，它们就在那，我们做了而已。"[1]

　　阿格妮丝·赫勒依据社会关系强弱对日常生活划分出团体、群体与共同体三种社会关系形态。这里可以根据这三种具体的社会关系形态来阐明文化媒介在不同层面的空间运作。团体主要是以面对面关系为基础的构成单位，比如家庭。家庭空间秩序和空间结构在成员稳定持续的面对面的交往中被感知和习得，并将成员的关系结构化制度化。对这种空间结构和空间秩序的学习掌握也成为维系家庭存续的关键。群体的形成则显得比较随意或偶然，常因某种契机临时形成，它的结构相对松散，与之相应的文化媒介如婚丧嫁娶当中的"人情"，主要功能在于对群体行为规范和社会交往规则进行空间体认，比如有人无故缺席村里婚丧嫁娶等重要场合，会被认为不通"人情"，而且，经常在这些重要场合中的"人情"来往会让个体社会生活能力得到提升和发展。如果将群体看作是一种临时或偶然的集合，那么，共同体就是一种人与人之间关系发展的必然结合。它内生于社会结构之中，成为有机社会关系的具体表达。"共同体为个体生活提供了有组织的场所。"[2]例如与民间信仰共同体相对应的村庙，就是以"灵媒"为代表的文化媒介空间，在此空间中，"灵媒"确立了鲜明的价值体系与道德标准，对个体行为施以规训和塑造，确保了共同体关系的维系与巩固，与此同时，它又通过文化排他主义来强化"我们的意识"，来完成"认同空间"的缔造。

　　文化媒介空间的相对封闭性与该空间中遍布的直接经验，预设了人们处理日常事务的习惯养成，人们会自觉遵从习惯性经验，更愿意驾轻就熟地生活，避免承受陌生的压力。因此，习惯被打破也就意味着空间

1　〔英〕英格利斯：《文化与日常生活》，周书亚译，3页，北京，中央编译出版社，2009。
2　〔匈〕阿格妮丝·赫勒：《日常生活》，衣俊卿译，38页，重庆，重庆出版社，2010。

被破坏，当新的习惯养成以后，新的空间边界也就逐渐明晰。对空间的习以为常，就个人而言，是心理安全感的确认，是维系有序而稳定生活的一种感知和体验。"因此，当我们将自身从日常惯例中去熟悉化时，我们所做的是'逃离'生活世界，并且开始'从外面'观察，如同他们之于我们是陌生的一样。"[1]

第二节 技术媒介的空间化

中华人民共和国成立后，根据滋泥水技术媒介的发展及其相应的社会空间变化，大体上可以分为三个历史阶段：第一个阶段是公共化的技术媒介空间，主要是以有线广播、电影等技术媒介来组织村民的公共文化生活；第二个阶段是家庭化的技术媒介空间，其中主要是以收音机、电视等技术媒介来组织村民家庭文化生活；第三个阶段是个人化的技术媒介空间，其中主要是以手机、网络等技术媒介来组织个人的文化生活。这三个发展阶段表明技术媒介的发展正在模糊乡村媒介空间的界限。不管是公共化的技术媒介空间，还是家庭化的技术媒介空间都有共享性特征，它是以固定场合、固定场景为特征的有形空间，村民可以具体感知，比如电视的传播空间在家里、广播的传播空间在村校。手机、网络进入村民的日常生活后，"移动"触媒成为村民主要的媒介实践，由此形成的媒介空间不再有清晰的界限和固定的场所，成为"流动的空间"。需要说明的是，这三个阶段尽管代表了不同时期技术媒介空间变化发展的新特征，但三者并非割裂，非此即彼，而是一种相继叠加的发展过程。

---

1 〔英〕英格利斯：《文化与日常生活》，周书亚译，16页，北京，中央编译出版社，2009。

在手机、网络等个人化技术媒介流行于农村之际，仍然存在公共化的技术媒介空间，也存在家庭化的技术媒介空间，三者并不排斥。而且，这种空间上的变化也映射出村民媒介集体性逐渐转向媒介主体性的趋势。

为了便于呈现技术媒介空间化过程及特点，可以将技术媒介空间化的发展大致区分为共享媒介的空间化与个人媒介的空间化两个阶段。这两个阶段不单体现为媒介在乡村社会中如何从构建组织化、集体化的空间形态向构建个体化、流动化的空间形态演进，还体现为技术媒介如何从一种基层传播的制度设计，一步步转化为村民的媒介自觉；如何从乡村社会结构的外在安排，逐步内化为对乡村社会关系的组织调整，进而实现现代媒介在乡村社会空间结构中的深层嵌入。

一、共享媒介的空间化

滋泥水进入技术媒介时代应该追溯到电灯的使用。尽管电灯没有明确的内容指向，但其社会意义非常重要，"电"早于广播和电影，让滋泥水人第一次看到的现代技术的神奇，家庭生活也由此改变。

（一）电的意义

1956 年左右，水电处的三泵房在关家台建成，泵房的通电线路取直线刚好经过滋泥水，经村里与水电处协调，顺带给村里也接了通电线路，滋泥水村领先周边村庄率先进入了"电气时代"。由于当时的电能不足，为了优先供给泵房，村里的用电不太正常，停电是常有的事，因此，村民家中仍保留着从前的煤油灯，以备不时之需。即便如此，电灯对村民生活的意义显而易见。到了晚上，电灯照亮了家中的每个角落，煤油灯被端到一旁，家里的晚间生活不再是环聚在煤油灯周围聊天、"讲古经"，而成了一种无中心的家庭"变奏"，家庭成员的活动范围扩展到整个屋内，随时都会从各个角落传来说话声。可以看出，从油灯到电灯的转变，让晚间的家庭生活呈现出明显的去中心化特征，家庭成员的个人活动从屋外延续到屋内，没有因电灯的开启而中断，直到关灯睡觉。家庭晚间生活因缺少"油灯"而变得涣散。按照麦克卢汉的解释，电光虽然是不负载任何信息的媒介，但却对人际组合及其行为方式实施塑造与控制。[1] 而且还影响了人们构建自己公众生活和私人生活的方式。[2]

（二）电影：集体的想象空间

滋泥水村民在靖远地区看电影算比较早的。20 世纪 50 年代中期，红柳来了地质队进行地质勘查，在那里住了将近大半年。地质队有自己的放映机，隔段时间就会为地质队员们放电影，附近村民都能跟着一起饱饱眼福。滋泥水离红柳较远，放电影的消息很难迅速传到村里，因此，去过红柳看电影的人不多，看过的都是去那里办事碰巧赶上。滋泥水人集体看上电影是借了三泵房的光，滋泥水离三泵房很近，自打三泵房建成运转后，那里就开始长期驻守看泵的水电处工人，平日里看泵的工作枯燥无聊，水电处为丰富工人的业余文化生活，会不定期地派放映队来泵房放电影以示慰问。只要泵房放电影，消息很快就能传遍整个村庄甚至邻近的任家湾、马庄，村民都会闻讯赶来，齐聚一堂。那时，对村民来说，看电影是一件盛事，各路村民向三泵房涌来，时不时有人扯着嗓子高喊着片名，生怕有人不知道。很多村民迫不及待，老早就来到放映地点占好位置，放映人员还没来，大家就先聊聊家长。有些以前看过电影的村民会给旁边的人大谈特谈自己的观影体验和影片故事情节。待放

1　〔加〕麦克卢汉：《理解媒介：论人的延伸》，何道宽译，35 页，北京，商务印书馆，2000。
2　〔英〕尼克·史蒂文森：《认识媒介文化：社会理论与大众传播》，王文斌译，185 页，北京，商务印书馆，2001。

映人员挂好幕布，灯光打到幕布上时，现场谈话声戛然而止，短暂的调试之后，进入正式播映。那时的片子不多，村民印象最深的是《苦菜花》《地道战》《地雷战》等。随着影片故事展开，现场的气氛开始变得活跃，笑声不断。自打三泵房放了第一场电影之后，村里人就天天盼着放电影，也正是从那时起，村里人对这个全新的影像世界开始痴迷，充满期待。

大队自己联系放映是 20 世纪 60 年代以后的事了，那时大队可以向公社提出申请，由公社与县里的放映队联系为社员放电影。当时，放映队来滋泥水放电影被安排在村校，后来，村校作为电影的固定放映场地被确定下来，村里人只要听说放电影，就直奔村校去了。播放的电影除了《地道战》《地雷战》《南征北战》，还有根据样板戏改编的影片。后来开始放一些国外电影，主要是罗马尼亚、阿尔巴尼亚和朝鲜电影，村民们开了眼界，长了见识。村民们影响最深刻的是《卖花姑娘》，这部片子当时很流行，感人至深，很多人都是边看边哭，边哭边看。尽管电影的概括叙述与选择性呈现，让人们失去了亲身经历与现场全景式感知的机会，而只能借助于机器制造的空间来形成片段化的认知。[1] 一些村民谈到当年看过的阿尔巴尼亚电影，认为外国男女都是蓝蓝的眼睛，卷卷的头发，非常漂亮。对村民来说电影为他们打开了一扇窥探村外世界的窗户，村民的认知范围开始超越地理空间束缚，形成了新的空间观念。

20 世纪 70 年代末，靖远县电影公司开始将下乡放映工作承包给私人，整个靖远县有十几家私人放映队分片区负责为乡村放映，县电影公

---

1 Hansen，Mark B.N. New philosophy for new media. London: The MIT Press, 2003，23.

司只负责提供片子并对放映队进行业务与技术指导。各放映队有自己的放映网络，与所在片区的村庄保持着密切联系。进入 20 世纪 80 年代，电影在农村仍受欢迎，各村看电影得事先与放映队联系，按先后顺序排队，费用由村里承担。放映队经常披星戴月，辗转各村，钱没少挣，苦也没少吃。值得注意的是，村民观影的兴趣取向发生了明显变化，武打片成了村民的最爱。每次放映结束后，村民们总是不忘叮嘱放映人员下次过来带上最好的片子。在村民看来，最好的片子就是武打片，当时有一部非常火的电影叫《大上海》，主要演的是上海黑帮间的争斗，激烈的火拼打斗场面吸引了一村老小。根据放映人员的回忆，若放的电影不是武打片，现场会招来唏嘘和指责，一些年轻人会以各种方式骚扰影片播出。若是播放打斗精彩的武打片，全场肯定全神贯注，鸦雀无声。放映队还会放一些革命、教育题材的宣传片，像《铁道游击队》《地道战》《地雷战》等。教育题材的宣传片，当时最流行的是宣传雷锋精神的影片，通常给学生放映。

作为媒介的电影可以分为媒介形式和媒介内容，从这两方面来考察电影在乡村的接受过程，可以看出，村民们在最初接触电影的阶段，对电影的媒介形式产生了浓厚兴趣，对媒介内容要求不高。在后来的长期接触中，随着观影经验的积累，村民渐渐完成了对电影媒介形式的脱敏，转而投向对电影媒介内容的追求。从 20 世纪 80 年代村民观影的兴趣变化，可以看出乡村公共文化的价值偏离和精神领域的虚空。

（三）广播：从中心走向分散

关于滋泥水广播的发展历程，前文已详细论述，此处不再赘述。需要补充的是，滋泥水 1958 年成立向阳大队，大队部设在滋泥水村，徐家湾、关家台虽隶属向阳大队，但与大队部仍有一定距离。县里为大队安装的有线广播在滋泥水村，声音不能覆盖整个大队。若有重要通知或消息，徐家湾和关家台都会通过高音喇叭转达。对徐家湾与关家台两地村民来说，广播真正进入日常是在20世纪70年代，那时村民家中普遍安装小喇叭，当地村民形象地将其称之为"碟子"。"碟子"刚安上那会儿，村民们非常感兴趣，每天吃饭都端着饭碗坐在小喇叭旁，边吃边听。但好景不长，由于线路容易坏，又缺乏维护，村里的小喇叭慢慢地基本都瘫痪了，成了摆设。随后，半导体收音机开始在村里流行，老岳家是村里最早有收音机的，每天茶余饭后，就将收音机摆在外面，一家人围坐收听评书和革命秦腔剧。村里人都知道老岳家有收音机，饭后也会过来凑热闹，大人小孩聚在一起，好不热闹。后来村里有了便携式收音机，村民下地干活都带着，一到中午播评书的时间，大家都放下手头上的活，团坐在地埂边听评书。从广播在村里的空间变化可以看出，广播从固定变为移动，从中心走向分散。早期有线广播时代，广播是"公器"，村民聚集在一起听广播，展现的是公共生活的样貌。随着有线小喇叭进入家庭，广播的空间组织形态也由集体转向家庭，收听广播开始成为家庭生活的重要组成部分。后来的便携式收音机又让广播走向田间地头，成为群体劳动生活的调节。广播对社会关系的组织经历了由集体向小群体的转变，比如在地埂边临时的广播收听群体，这恰恰展现了广播在村民生产生活中的渗透力以及日常化。

（四）电视：重组家庭空间

村民接触电视获知的经验已经远远超出直接经验的范畴。在村民的现实生活缺乏主体性实践的领域，这是一种无形的权力，一种对人们思想观念无形的控制。"从某种意义上说，它利用自己的垄断给众人强加了有文化追求的产品，培育公众的品位。"[1]例如 20 世纪 80 年代流行的《聊斋》《射雕英雄传》等，很大程度上塑造了村民的观赏趣味，武打、神话等题材的电视剧成了那时村民的最爱。后来，靖远电视台为迎合观众的观赏兴趣，开始每晚播放武侠片、神话片，如《日月神剑》《魔域桃源》《封神榜》《八仙过海》等，很受村民喜欢。随着电视新闻以及实证调查类节目的不断增多，"电视从它所采取的一种文化行动策略转向了某种自发主义的蛊惑术。"[2]村民们普遍表现出对电视的信赖，凡事都要拿电视的文本作为与人争辩或是争取自身权益的证据。伴随电视内容的分化，家庭成员的兴趣取向也开始出现分歧，因看电视造成的家庭摩擦不断增多，最终使家庭媒介空间由统一逐渐走向解体。

从技术的社会意义来讲，电视在家庭空间中又创造出一个神圣空间，并通过技术赋权树立了新的权威，对家庭"中心与边缘"的原有空间结构重新改造。而且，随着电视辅助技术的不断更新发展，如录像机、VCD、DVD、机顶盒等都与电视结合，不断强化着家庭的技术权威，与此同时，"它们的定位、播放和使用的模式上创建了私人意义（也重新定义了公共意义）。"[3]加速了家庭媒介空间的解体，让收视成为一种个人行为，从而失去了共享性。村民的生活中充满了超地方性的体验，奥运会夺金激发出的民族自豪感，"钓鱼岛事件"点燃的爱国热情等都会在家庭生活中呈现。

---

1 〔法〕布尔迪厄：《关于电视》，许钧译，55 页，沈阳，辽宁教育出版社，2000。
2 同上。
3 〔英〕莫利：《电视、受众与文化研究》，史安斌译，237 页，北京，新华出版社，2005。

二、个人媒介的空间化

早期由于上网硬件成本与网费偏高，PC 端互联网被村民拒绝。在移动互联网与智能手机的推广普及后，因使用费用大幅降低，手机上网在村民中间迅速流行。本部分专门探讨手机作为个人媒介如何组织村民的社会生活，建构村民的社会关系。

（一）固定电话的尴尬境遇

固定电话在滋泥水的推广不像其他媒介那样顺利，未普及就被手机取代了。2000 年左右，固定电话初入农村，因安装费和话费较高，村民安装积极性不高，装机止步于村里的商店和加工厂，少有私人家庭安装。在村民的印象中有好多年，村民打电话都在村里的商店。小徐 2002 年上大学，在学校给家里打电话都是先将电话打到商店，劳烦商店老板叫来父母通话。在村里商店通话不便宜，市话一分钟三毛，长途一分钟一块二，接听电话一分钟一毛。后来有个别经济条件好的家户也安装了固定电话，由于邻里彼此相熟，接电话不要钱，有急事打电话也方便，于是，有电话的村民便与周边关系好的邻居结成了"电话圈子"。这成为固定电话在村里落地的主要模式。后来村里有人安装过无线座机，但与固定电话相比没有任何优势，也没有普及开。

固定电话未能在村里普及，究其原因可以大致归结为两个方面：一是滋泥水村民居住分散，固定电话线路难以全覆盖，而且当地多为山地沟壑，架杆拉线非常不便，成本较高。二是固定电话在农村的安装费用相对较高，而使用率又普遍偏低，村民觉得不划算。基于上述原因，滋泥水固定电话在日常生活中的运用主要以前文所述的私人媒介公共援助的方式进行，它通过以点带面实现了固定电话对村庄的覆盖。受乡村熟人社会中人情、面子等道德和情感约束，固定电话的私人所有与公共使用之间的矛盾尽管能在短期内调和，但从长远来看却无法解决，会造成一系列问题，比如碍于情面，不好意思收电话费造成私人电话费用增加、干扰私人生活等。

（二）手机：移动的社会空间

2002 年以后，滋泥水人开始使用手机，拥有手机不单是方便联络，更是身份的象征，经济实力的体现。最先使用手机的是村里的包工头和跑运输的司机，皆为村里的富裕人群。此时，手机的使用在村里仅是个别人的游戏。2005 年左右，千元以内的手机已经比较普遍，再加上手机资费较以前有较大幅度降低，手机在村里开始普及。

手机从开始进入乡村就被定义为移动的私人媒介，这对于乡村日常生活具有解放性意义。村里的粮食加工厂主要服务本村及周边村民，起初安装了固定电话是为了方便远处的村民提前联络，安排加工，天天都要有人值守电话，生怕耽搁生意。有了手机，情况就变了，村民们可以点对点联系老板，随叫随到，厂子里再也不用专人守电话，只需要在加工厂的大门上写上老板的手机号码。以往村里的婚丧嫁娶，东家请本村人都亲力亲为，请外村人，委托熟人代请。有了手机，请人的事情变简单了，将受邀的人列个单子，逐个手机通知，省时省力。拜年也开始图省事，近亲登门拜年，远亲、朋友手机拜年。年轻人热衷于手机短信互动，短信拜年成为年关新时尚。

手机强化了隐私观念。以前，村民串门直接推门进院，现在得先打电话确认是否方便，即便离得很近也不会贸然前往。手机让村里的"小圈子"活动更容易组织，从前只有在婚丧嫁娶等重要场合才能凑到一起的"酒友"通过手机联系增加了许多临时聚会。手机也将村民之间的交往从台前拉到幕后，这种空间感的转换带来了村民交往行为的微妙变化。

村里人好面子，觉得当面拒绝人有伤情面，拉不下脸，手机为他们提供了绝好的借口，手机没电了、欠费了、信号不好、静音没听见等，都成为拒绝别人的正当理由。而且，即便是接通了电话，只要不愿意，也会随便找个理由搪塞过去。这似乎已经成了村民默认的一种行为习惯，都明白其中含义。手机深入到村民生活的方方面面，一方面它拓展了村民的社会交往，让社会交往深入到私人生活领域，在一定程度上挤占了私人生活空间，干扰了私人生活秩序。为此，村民通过托词、借口等反抗性话语策略应对社会交往对私人生活的过度介入。另一方面在密集的社会交往中手机为村民构筑起一个应对复杂社会生活的缓冲地带，面对还是回避，参与还是退出成为极具弹性和张力的媒介技术实践。村民之间的社会关系因手机而变得微妙。

（三）手机上网：虚拟的社会空间

互联网初入滋泥水就碰到了与固定电话同样的尴尬。撇开购置电脑设备和初装费不说，光每月一百多的上网费就让人望而却步。村里只有几家安装了互联网，平时也就是打打游戏、看看电影、听听歌曲。每年寒暑假，在外读书的年轻人回村，一些家庭会办理假期宽带，临时使用两个月，其他时间都停着。宽带互联网还未在村里全面推开就被移动互联网终结了，移动互联网与智能手机的联袂登场让手机上网成为村民接触网络的主要方式。浏览新闻、网聊、听歌、打游戏等基本上网流量可以通过不同的手机套餐降低资费，满足需求。

手机上网的重要意义在于它通过编织村民个人的外部社会关系网来改造乡村社会生活，从而将外部社会关系接入乡村社会。比如村里年轻人通过网络找对象，打破了媒人介绍的传统模式，将超出熟人社会关系之外的陌生人以婚姻的方式嵌入本村社会生活，也让本村社会生活受到外部社会关系的影响。手机上网还推动了村内社会关系的再组织。一个非常典型的例子是村里的年轻人建起了本家族的QQ群。通过该群，有事找人、通知事情都非常方便。尽管这里是年轻人的领地，但很多家长打电话联系不到的人，都委托孩子们通过此平台联系。这种网络群体组织不单将年轻人紧密联系在一起，还通过年轻人间接地联系着家长，联系着各个家庭。这种社会交往模式与村民的日常生活紧密结合在一起，正悄然改变着村民社会交往观念与行为方式。后来的微信更是极大拓展了上述"网圈"模式的使用人群，因血缘、业缘、趣缘形成了大大小小的微信群，将整个乡村生活网格化。手机与网络的叠加既让乡村社会空间在开放的社会关系网络中实现重构，也让乡村社会空间通过"网圈"模式形成对外部社会关系风险的新防御。

第三节　流动空间与地方空间

曼纽尔·卡斯特在《网络社会的崛起》一书中提出了"流动空间"与"地方空间"的概念，他认为"流动空间"是基于现代技术环境下产生的一种新的空间逻辑，是"技术、社会与空间彼此互动的复杂状态。"[1] 而与此相对的则是"具有历史根源的，我们共同经验的空间组织：地方空间。"[2] 按照卡斯特的理解，"地方乃是一个其形式、功能与意义都自我包容于物理临近性之界线内的地域。"[3] 对于每个人而言，他们所

1　〔美〕曼纽尔·卡斯特：《网络社会的崛起》，夏铸九等译，467页，北京，社会科学文献出版社，2001。
2　〔美〕曼纽尔·卡斯特：《网络社会的崛起》，夏铸九等译，468页，北京，社会科学文献出版社，2001。
3　〔美〕曼纽尔·卡斯特：《网络社会的崛起》，夏铸九等译，518页，北京，社会科学文献出版社，2001。

能感知到的空间均是以地方为基础的空间，"地方空间"的本质归结于经验。而之所以要辨别出"流动空间"，在卡斯特看来主要是由于新技术打破了行为所要遵循的既定的空间模式，转而形成了流动的交换网络并成为支配性的社会结构性力量，并且他将这种"流动空间"的内在本质确定为"信息化"。于是他将"流动空间"理解为一种过程，而非一个地方或场所，这个过程就是要将地方社会连接并整合进全球网络里。"流动空间"与"地方空间"虽然是卡斯特在面对全球化时代，网络社会崛起的背景下提出的一对新概念，但其中仍然蕴含着传统与现代的论证逻辑，并且他对这两种结构性社会力量之间的角逐深表担忧，认为二者对抗的"结果是两种空间逻辑之间的结构性精神分离，构成破坏社会沟通渠道的威胁"。[1] 同样，迈克·克朗也就媒介侵入日常生活表达了自己的担心，他认为媒介已经渗透进日常生活之中，"它们也并不是人类经验的附属物，它们越来越多地构成了日常生活中的词语……这些媒体也使得现代世界中经验与媒体的关系问题更加突出"。[2] 这种因现代媒介引发的两种空间逻辑的背离，或者说是媒体与经验的冲突，让村民面临着社会关系危机与社会沟通障碍。比如，乡村社会本地信息与网络信息的不对称造成信息结构的内源性崩塌，以城市文化为主导的城乡文化同质化等。就滋泥水的情况来说，信息化的进程是从中华人民共和国成立以后就开始的，只不过当时的信息化进度主要由国家控制，城乡之间也有着鲜明的社会区隔，地方社会的经验体系足以应对村民的社会生活需要。但到了20世纪80年代以后，

1　〔美〕曼纽尔·卡斯特：《网络社会的崛起》，夏铸九等译，524页，北京，社会科学文献出版社，2001。

2　〔英〕迈克·克朗：《文化地理学》，杨淑华、宋慧敏译，104页，南京，南京大学出版社，2003。

使用媒介成为一种普遍的家庭行为，甚至后来转向了一种个人行为，在此过程中，国家的媒介控制力在削弱，而村民的媒介自主性却在加强，一个典型的例子就是卫星接收天线在村里普及，国家推广的有线电视却受到排斥。一般说来，地方社会中形成的经验多直接来自于本地方生产生活实践以及对文化传统的继承。对于地方社会的认知自然蕴藏于地方性经验与地方性事实之中。受现代媒介之影响，村民的经验范围大大扩展，其中有很大一部分是因其获得的间接经验。但对间接经验的处置缺少实践场景，村民的在地方空间中根本找不到与之相应的生产生活实践的原型，于是在超出地方空间之外的社会交往中很多村民要么无能为力，无所作为，要么顺势而为，随波逐流。

网络媒介在将地方社会空间整合进网络社会空间的过程中，虽然在很大程度上拓展了村民的社会关系网络，但同时也将网络社会中的亚文化区隔复制到地方社会空间中，在乡村社会交往中设置了种种无形的障碍，让乡村文化共同体面临被瓦解的巨大风险。村民之间的社会交往被切割成小圈子并成为村民交往的主要形式。就个人的社会交往而言，个人媒介的普及让社会交往与私人生活空间划界不清，往往会造成对私人生活的干扰，同时在利用媒介技术设置将村民从面对面交往的"前台"拉到了"幕后"，既为个人选择性交往提供了可能，也在一定程度上动摇了维系地方社会空间的信用体系。例如，以前编瞎话为村民所不齿，但现在却成了接打电话搪塞对方的习惯性说辞，为村民所默许。

此外，现代媒介在推进乡村信息化的过程中，村民从事的一些活动，面对的一些事实都不具有地方性，村民对地方的感知失去了相应的文化参照。按照文化地理学者索尔的观点："事实是关于某个地区的事实，而这个地区是这些事实的一个特别的组合。"[1] 也就是说，人们对一个地方的体验也是通过对这些地方性事实的感知来形成的，"人们体验到一个地方那些超出物质的和感官上的特征的东西，并且能够感到对这个地区精神的依恋"。[2] 以中华人民共和国成立之前的滋泥水来说，让村民们引以为自豪的事情就是村里曾经出过秀才，村里有自己的戏班，周边村庄都将其称为"文化窝窝"。中华人民共和国成立之后，国家对村庄的改造基本上都是统一模式，村庄文化的地方性消失，20 世纪 80 年代以后，乡村文化传统在恢复中遭遇了普遍的媒介技术冲击和市场观念改造，文化传统未能真正恢复，相反，乡村文化与市场文化、城市文化、网络文化的杂糅成为当下乡村文化的普遍表达，村庄正在失去乡土文化的底色。

1　〔英〕迈克·克朗：《文化地理学》，杨淑华、宋慧敏译，138 页，南京，南京大学出版社，2003。
2　同上。

第九章　乡村振兴与乡村媒介空间生产的制度转型

第一节　国家再造乡村公共媒介空间的努力与困境

一、农村社区的萎缩

　　改革开放以后，城乡之间的交流逐渐增多。农村人口开始向城市转移，起初从农村走向城市的多为村里的精英，后来是剩余劳动力的大量转移。最先走出农村的农民主要通过考学、招工、招干、当兵等途径，这些途径对大多数农民不具可操作性，但这开启了脱离农村的序幕，动摇了农村社区的稳定性。滋泥水民办教师老徐，当年就是通过选干进城的。据他回忆，20 世纪 80 年代初，东湾乡政府从各村选招财经专干，是临时岗位没有编制，属借调性质，但村里人非常看重，都认为这是离开农村的好机会，只要进了公家门迟早都是公家人。老徐当时在村小学教数学，相较于村里其他候选人更适合担当财经专干一职，最终他凭借专业优势被村里推荐到乡政府。在财经专干的位置上，他勤勤恳恳工作了 3 年，正好赶上乡里将临时借调人员转正的机会，于是辗转成为一名正式的国家干部，当上了乡政府会计。后来又调到了平川区城建局当了会计，在这个岗位上一直干到退休。老徐情况不是个例，在村里还有一些，城里人将他们称为"两半户"，即男人在城里工作，女人在乡下务农，这种"城乡结合"的家庭，生活水平明显好于纯务农的家庭，成为村里人心目中理想的生活模式。

考大学对于村里人来说似乎有些遥不可及，从上小学到考大学一级不留也要 12 年，而且考上的几率较小，而小中专初中毕业就能报考，省去了高中 3 年的时间和花费，并且与大学生一样属于国家干部，也能分配到城里工作。出于时间成本与收益的考量，考小中专成为通过考学离开农村的一条公认的捷径。当兵也是落户城市、改变命运的有效路径，凡是有人参军入伍，家里都要设宴请客以示庆祝，那时，农村户口的年轻人参军复员回来都会转业安置到城里分配工作，要是能在部队提干，转业后就是国家干部。经济体制改革扩大了城里的用工需求，一些有门路的村民也通过城里的招工渠道进了城，尽管刚开始都是临时工，熬上几年也都转成了正式工，成了正儿八经的城里人。但能通过上述途径进城的村民毕竟还是少数，大多数村民望而兴叹，但随着农村城镇化进程的加速推进，农民进城的门槛越来越低。

进入 20 世纪 90 年代，随着农村剩余劳动力向城里加剧转移以及农民市场意识增强，很多农民放弃农业生产，走出农村，到城市谋发展，这在年轻人身上尤为突出。老年人经常抱怨年轻人不劳动，老想去城里拣"飞食"[1]。中年农民在闲暇时间里也开始走出家门，在城里搞起了副业。"打工"成了村里人口中的热词。滋泥水靠近火电厂，火电厂煤场卸煤需要大量劳动力，工钱多结算快，村里的男人们撇下农务，来煤场卸煤。女人们将自产的蔬菜瓜果、池塘里捞的鱼、山里拣的头发菜和地软软[2]等拿到电厂小区市场里卖给工人，赚点外快。年轻人头脑活络，胆子大，他们将目光投向了大城市，即便没考上大学，他们也不会守在家里，而是结伴前往大城市打工。这样的选择受到村里的舆论支持，普遍认为年轻人有闯劲有出息，哪个年轻人要是留守村中反倒成为村里人眼中的异类，被指指点点。1993年小关没有考上小中专，也没有再上高中，于是在县城学了电脑打字复印，给人打工。打工期间她结识了她的爱人，两人一样都是初中毕业出来打工，积累了一定经验后，商定去了北京发展。20世纪90年代末，她们开始在北京一所大学有了自己的打字复印店，还从老家带去不少年轻人。村里将其视为出外打工的成功典范。听村里人讲，小关给父母在平川买了楼房，老两口也成了城里人，过上了城市生活。电厂征地拆迁也让一些村民离开乡村来到城市，他们用补偿款在城里买了楼房，做起了生意。靠征地补偿进城的路子更直接，于是很多老庄的村民开始向公路两旁与电厂周边搬迁，企图能占到征地的好处，于是老庄开始衰落，新村逐渐兴起。原有的农村社区随人口的迁移而日渐衰落。

二、社区媒介空间的重建：国家与社会的角逐

自20世纪80年代，农村实行以家庭联产承包责任制为核心的生产

1　意指不劳而获。
2　地衣在当地被称为地软软。

方式改革，家庭在农村社会生产生活中的核心地位开始凸显，国家对农村生产生活的直接管理开始弱化。具体到乡村家庭媒介的发展也能窥见这种趋势。随着乡村集体化生产生活方式的消失，以政治动员和宣传为主要功能的乡村媒介网络逐渐告别历史舞台。在市场力量的驱动下，城乡媒介空间发展出现不平衡，城市媒介空间凭借优质的媒介与市场资源日益发达，而乡村媒介空间逐渐边缘化，并形成了对城市的依附，并因管理弱化而陷入混乱。比如劣质港台录像带在农村流行，带来了低俗内容泛滥，价值观扭曲等严重的文化问题。

20 世纪 90 年代以后，国家针对农村媒介网络建设陆续开展了各项工程，如广播电视村村通工程、社区和乡镇综合文化站建设工程、农家书屋工程等，以加强国家在农村的媒介网络建设，正确引导农村社区文化的健康发展。

（一）20 世纪 80 年代后乡村的媒介状况

集体化时代构建的乡村基层媒介网络实现了国家管理下的媒介共享，在乡村形成了组织化的公共媒介空间，它成为国家组织动员村民的重要保证。家庭文化活动被纳入公共文化活动范畴，呈现出高度组织化特征。20 世纪 70 年代中后期，国家对农村家庭媒介空间的组织管理进一步深入，现代媒介延伸到了家庭，有线小喇叭连接起了国家与农村家庭。尽管随着集体化时代的结束，以有线小喇叭为载体的基层媒介体系逐渐瘫痪，但这对日后农村家庭的媒介使用产生了两方面积极影响：一方面，农村家庭的媒介使用习惯开始养成，现代媒介开始从公共生活领域走向私人生活领域；另一方面，国家在培养村民媒介使用习惯的同时，也培养了村民的媒介主体性。

改革开放以后，电视开始进入滋泥水人的家庭生活，也正是从电视开始，现代媒介发生了功能转向，即从先前的宣传动员功能转向了信息传播和文化娱乐功能。在国家管理之外，市场和社会逐渐成为影响农村家庭媒介选择与使用的重要力量。农村卫星接收器的使用就是一个典型例证。卫星接收器售价不高，可接收到国内国外上百套电视节目，内容丰富，类型多样，而且收看免费。卫星接收器初入滋泥水就广受欢迎，村民私下里相互推荐，购买安装，很快就成为村民家庭媒介的新宠。同期，县广播电视局号召农村安装有线电视，但村民却不理这茬，在农村推广举步维艰，主要原因是村民对媒介使用经济性的考虑。有线电视需要村民支付数目不小的安装费，每年还要交近百元的收视费，再加上节目内容较少，村民觉得很不划算。相较于卫星接收器一次性购买安装，免费收视，县里的有线电视毫无优势可言。尽管县广电局后来也禁止过村民私自安装卫星接收器，一经查实没收设备并处罚款，但仍屡禁不止。当县里来人检查时，村民就把卫星接收器藏起来，检查过后又搬出来，村民们认定县里不会天天来查。由于缺乏对卫星接收器的有效管理，乡村传播秩序混乱，信息环境芜杂，村民的收视趣味受其影响出现了低俗化倾向。

从上述案例也可以看出，村民拥有了媒介自主权，通过卫星接收器、VCD、DVD以及移动互联网构建了个体化的媒介空间。在这里，国家管理和乡村道德约束弱化，村民的媒介实践成为受市场力量驱动的个人消费行为。类似上述现象的后果正像雷尔夫所说的，"现代生活景观体现了两种相互矛盾的东西，技术成就和普通的物质繁荣，同时存在'审美混乱，道德贫乏，以及对专业知识令人困扰的依赖。'从这个意义上说，现代技术在创造物质繁荣的同时，却使人们在地方情感方面陷入危机。"[1]

1　〔英〕迈克·克朗：《文化地理学》，杨淑华、宋慧敏译，132页，南京，南京大学出版社，2003。

现代媒介从形式与内容两个不可分割的方面重塑着现代生活。村民们在享受现代媒介技术的同时，也受到媒介内容的影响，这给地方情感带来挑战，主要表现在两个方面：一方面，地方情感的维系主要是对村民共享的地方伦理道德、价值观念、文化审美等方面的坚守，它是村民们社会交往的价值归属与情感逻辑，但现代传媒技术却使村民的个人需求得到释放、膨胀和扭曲，并且通过不同渠道得到相应地满足。这种由现代媒介塑造的价值理念和情感原则，正点点滴滴地改变着村民的社会交往。例如，村里的年轻人与老年人分开过，在以前是不可想象的，被认为是子女不孝的表现，会遭人背后指责，但现在年轻人放得下，老年人也想得通。当问及为什么现在人们的想法会变时，年轻人与老人都会拿电视剧来说事，认为很多家庭情感剧都在演年轻人与老年人分开过，这样可以避免不必要的家庭冲突和摩擦，这样的观念已经被村里人接受。另一方面，地方情感所倚重的地方社会空间面临解体和重新整合，地方情感处于混乱状态。传统乡村社会的地方情感、地方社会空间与地方社会交往体系之间相互适应相互巩固，村民们生活于稳定的地方社会空间中，进行既定的社会交往，保有一贯的地方情感。现代媒介的介入打破了地方社会空间的地缘限制，极大拓展了村民的社会交往。村民原有的价值规则、审美体验、知识体系都不再适用于现有的社会交往，正在现代媒介的指引下进行自我调适和自我建构，但不可避免地存在一定的盲目性。村里的一些农户从中央台农业频道的《致富经》栏目中，看到了其他省农民的致富之道，纷纷效仿，按照节目中提供的联系方式，通过自己联系或政府帮助引进了一些新产业，有的在黄河边搞起了水产养殖，有的则搞起了柴鸡养殖，有的开始了生猪养殖，有的开始了西甜瓜种植，这些产业都在村里红红火火地发展着。村民们也不会为产品的销路发愁，销售商与农户要么通过协会，要么通过政府都会有紧密联系，产供销实现了一条龙，村民的个体生产行为被纳入整个市场体系之中。这种社会交往体系的建立虽然是多方力量推动的结果，但现代媒介的作用不容忽视，通过现代媒介，地方之外的社会交往模式被复制或模仿，成为重新构建本地社会交往体系的有效途径。与此同时，村民自我构建社会交往的过程中有时也会陷入现代媒介的陷阱，在忽略社会交往现实需求的情况下，一味沉迷于虚拟社会交往，尤其是在手机上网普及以后，村民的社会交往转移到网络，一些村民沉迷网聊、游戏，小孩也是一拿起手机就再不松手。

从 20 世纪 80 年代以来乡村媒介的发展状况看，在多方力量的推动下，现代媒介已经深入到村民的日常生活中，以多元发展为主线构建起现代媒介生态。不同的媒介按照村民的社会生活需要，经过长期的媒介实践，在乡村媒介生态系统中形成了相应的生态位，彼此之间形成了自洽。电视是家庭共享公共信息资源的媒介，手机是个人化的信息媒介，网络则是获取个性化信息资源的平台。

（二）农家书屋

2007 年 3 月，新闻出版总署会同中央文明办、国家发展改革委、科技部、民政部、财政部、农业部、国家人口计生委，联合发出了《关于印发〈农家书屋工程实施意见〉的通知》，在全国范围内实施农家书屋工程。该工程由政府组织建设，同时鼓励社会捐助并由农民自主管理，其目标是到 2015 年基本覆盖全国的行政村。甘肃省早在 2005 年就作为农家书屋的试点省份，其经验在随后的全国实施过程中得到了推广。靖远县在 2011 年年底就已经实现了全县 175 个村的农家书屋全覆盖。滋泥水也响应号召，在县里的统一安排下建立起了自己的农家书屋，地点在村委会办公楼的二楼会议室。

农家书屋作为国家在基层农村中建立的公益性文化设施，旨在满足农民的文化需要，但在实际运作中出现了一些问题。据包村干部小刘介绍，农家书屋刚开张时，还有些人来这里借书、看书，或许大多都是出于看新鲜凑热闹，后来就慢慢没人来了。村里的农家书屋设在村委会二楼的大会议室，房间很宽敞，中间摆着一张椭圆形会议桌，桌上蒙着一层厚厚的尘土。周围一圈的凳子都是皮底的，很上档次。周围墙边都摆放着书架，上面陈列的几乎都是新书，有历史文化类、社会科学类、实用技术类、医药卫生类以及少儿读物等。图书按照县里统一标准配发，藏书1324种，共2530册。这些图书中还有一些学术著作，如孔飞力的《叫魂》、黄仁宇的《万历十五年》、钱穆的《国史大纲》等，图书完好如初看不出有翻动的痕迹。屋内四周的墙壁上悬挂着一些伟人画像和明言警句，文化味十足。据小刘介绍，村里设了专人管理农家书屋，管理员是小赵，年龄二十出头，是位复员回家的军人。由于县里还没有给他安排工作，便暂时赋闲在家，没待几天就被村委会叫来上班。初来村委会恰逢村里建成农家书屋，便被安排在了管理员岗位上。农家书屋的工作量不大，好几天都碰不上一个借书的，所以也没有值守，若是有人借书得先打电话联系小赵。

在与小赵、小刘以及支书的攀谈中，他们分析了农家书屋利用率不高的原因。农家书屋的初衷是好的，但是本村的阅读者少得可怜。首先，近年来，村里的年轻人要么出外念书或工作，要么初中毕业就在火电厂卸煤，对读书没需要也没兴趣。现在村里大都是上了年纪的老人，他们识字不多，看不懂书，农闲时靠看看电视，打打麻将消磨时间。其次，村里各家的小孩顶多就两个，村里各家的经济状况都不差，家长们都希望自己的孩子能接受良好的教育，将自己的孩子送到城里去念书，村里小学没剩几个学生，学校都快办不下去了，还能有几个人来这里看书。三是尽管农家书屋藏书过千，种类也不少，但村民们最想看，最具实用价值的图书并不多，有的也已经过时。大多数图书只是装点门面，不知道在说啥，看不懂。书屋刚开张的时候，大家过来看个新鲜，后来没有新书上架，村民们就不再光顾了。

就村里的实际情况而言，村民们习惯于看电视，手机上网，有着固定的媒介接触习惯，对信息和知识的获取主要靠电视、网络以及与他人交流。比如村里养殖户常看央视农业频道和陕西农林频道，而且常去镇兽医站取经或与同行交流。图书没有电视直观形象、通俗易懂、内容丰富等优势，再加上图书内容与村民需求存在偏差，对村民来说，图书对电视以及网络不构成功能或效用上的替代或补偿关系。此外，村民们对闲暇时间的安排有相对固定的习惯，看看电视、打打麻将、跳跳舞等，阅读作为一种个体沉浸式的文化休闲方式，要让其成为村民的一种生活习惯，以丰富村民精神文化生活，农家书屋需要在"使用与满足"上摸索更有效的路径。

（三）农村文化活动室

十六大以来，国家着力发展以公共财政为支撑、农村为重点的公益性文化事业，构建公共文化服务体系。该体系建设涵盖了多个工程，其中一项是乡镇综合文化站建设。该项工程在乡镇文化站的基础上向各村延伸，有条件的村庄筹建了文化活动中心和文化广场。滋泥水经济条件较好，在上级政策和财政扶持下，村里很快建成了自己的文化活动中心。活动中心位于老庄村口，四间混凝土平房，钢门钢窗，外面贴着灰色拉毛外墙砖，辨识度较高。文化广场的地点选在村校旁边，那里是一片废弃的旧院落，因其中一家在征地补偿上与村委会僵持，广场建设一时受阻。

按照县里关于村级文化活动中心的建设标准，村文化活动中心主要组织村民开展健康向上的文体活动，参与县镇文化活动；开展文化、科技、法律法规宣讲与培训。尽管县里对村文化活动中心的活动有具体说明，但在村里的实际运行中，所谓的文化活动主要成了打麻将，活动中心自开张之日起基本上成了麻将馆，活动室内麻将声整日不断，尽管也有诸如下象棋，打扑克等娱乐活动，但远不及麻将。这种局面与村里长期形成的赌博陋习有关，打麻将起初活跃于在冬闲时间，后来随着大家闲暇时间增多便成了常态化活动，有些人甚至常年混迹麻将场，以此为生。麻将以前安排在私人家中，由于外人长时间介入，给私人家庭生活带来不便，还会产生一系列额外费用，比如烟、茶、水电等，散场之后的卫生清洁更是让人头疼。于是，打麻将受到家庭的普遍排斥。城里的棋牌室为此提供了思路，棋牌室为打麻将提供了专门场所，属营利性质。它有两种收费方式，一种是按人头收费，打麻将的人每人 5 元，另一种是按牌局收费，每和一局就由赢家支付 1 元钱给老板。村里有人将城里的棋牌室复制到村里，在家里专门收拾出一间房子开办了营利性的棋牌室。打麻将的都是村里熟人，碍于情面，组织者不好意思直接按城里的模式收费，便将收费名称改成了卫生费，这样一来，大家都能理解这是对场地服务的补偿，收费也具有了合理性。

在村文化活动中心成立之前，村里营利性质的棋牌室已经被大家接受。但在村文化活动中心成立之后，村里的麻将客很多都撤到这里，因为这里不用交"卫生费"，空间大、桌子多。尽管国家有意通过建设文化活动中心的方式引导乡村积极健康的文化取向，但由于长期形成的文化陋习一时间难以改变，再加上基层缺乏有效的组织监督，村文化中心的作用发挥得并不理想。

（四）"村村通工程"

中华人民共和国成立以来，国家始终在加强乡村传播网络建设，经过大喇叭、有线广播等发展阶段，20世纪70年代，农村有线广播基本上普及到了所有村庄，截止1976年底，全国将近60%的农户安装了有线小喇叭。滋泥水于20世纪70年代中期实现了有线广播入户，当时生产队有专人管理，负责转播中央、省、县、公社的新闻、节目。与此同时，党和国家的各项政令指示都能一传到底，直接深入农户。据村里人回忆，当时关于粉碎"四人帮"的消息就是从小喇叭里听到的。进入20世纪80年代以后，"由于农村经济体制改革后有线广播管理工作滞后，网络年久失修以及电视发展等原因，农村有线广播开始滑坡。1988年，全国农村有线广播的入户率为41%左右。"[1]到20世纪90年代末，以有线广播为中心的"村村通"网络已经举步维艰，近乎瘫痪。早在20世纪80年代初，国家就有意识地重新构建全国传播格局，在1983年的第十一届全国广播电视工作会议上针对该情况专门制定了"四级办广播、四级办电视、四级混合覆盖"的发展方针，将具备条件的市、县纳入到国家媒介网络建设的框架中来。按照规定，"直辖市、县广播电台和电视台分别主要转播中央、省台的广播电视节目，有条件的也可以插播自办节目。"[2]"四级办台"虽然在很大程度上拓展了国家基层媒介网络，但由县到村的信息传播效果却并不理想。主要原因有二：一是由于一些

---

1 周然毅：《广电"村村通"建设：历史、现状和未来》，载《现代传播》，2006（5），45～50页。
2 刘家林：《中华人民共和国新闻传播60年长编（上）》，2页，广州，暨南大学出版社，2010。

偏远村落受到地理条件的限制，电视接收信号弱，有的根本就接收不到信号；二是由于一些村庄没有通电，更没有电视广播等接收设备，成了国家媒介网络中的信息盲区。自 1985 年以后，我国开始利用通信卫星向全国传送中央电视台的电视节目，卫星广播、卫星电视开始出现，电视发展逐步从"无线"转向"有线"。为重新建立和疏通农村媒介网络，1998 年国家启动广播电视"村村通"工程，重点在于对边远地区广大农村实现广播电视全覆盖，主要通过技术手段扫除农村传播盲区，后来延伸到电话网、有线电视网、互联网等。甘肃自 1998 年实施广播电视"村村通"工程以来，工作的重点主要是辖区内的行政村与 50 户以上的自然村，2009 年后开始将工作的重点进行细化和延伸，主要面向 20 户以上已通电的偏远自然村。广播电视在甘肃正在由"村村通"转向"户户通"。靖远县为此专门成立了工程建设领导小组和技术服务队，逐户统一登记建立档案，统一发放设备，同时还进村入户进行安装调试和技术指导培训。

滋泥水靠近火电厂，经济条件好，不属于偏远山区，在广播电视"村村通"工程的实施中，靖远县没有将滋泥水列入其中，而是提高标准要求安装有线电视。有线电视由县广电局负责运营管理，每年收取一定的收视费，县广电局给村里定的收视费要低一些，但村民们有自己的小算盘，如前文所述，县里的想法在村里落了空。

偏远地区的"村村通"工程也不是一帆风顺的，在与包村的镇干部小刘闲聊时，他谈到了县里在推进"村村通"过程中遇到的尴尬。县里在偏远乡村装设的"村村通"设备不是每家都有，一般是一村一台，安装在村部，然后以有线的形式与村民家庭电视机相连，通过一台设备实现全村覆盖，解决全村看电视的问题。"村村通"的接收设备主要是一台卫星接收器，转动的角度不同，接收到的频道也不一样，由于线路串联，同一时间全村人只能看一个频道，换台也是全村电视同时换台。因此，这样的电视局域网对接收设备的管理和合理使用非常重要。通常情况下，村里的接收设备都由村长保管，村长调什么频道全村看什么频道，这完全取决于村长的兴趣偏好，村民没有媒介自主权。有些村的村长甚至将设备搬回自己家中，当成自家的私有财产，想看啥就看啥，全村人跟着遭"眼罪"。

（五）从"村村通"到"户户通"

广播电视"村村通"旨在将国家媒介网络体系覆盖到村，尤其是广播电视信号难以覆盖的偏远农村，但由村到户的网络连接基本上脱离了国家管理，在村里的自主管理中，发生了上文中所提到的漏洞和弊端，村民意见颇多。于是，此项工程被纳入到了国家公共文化体系建设的战略高度，并将有线网络未覆盖的农村作为实施重点。为此，国家在制度、技术、财政等各方面对此项工程给予了大力支持。该工程牵扯国家、地方、企业、农户四方关系，各地方都因地制宜采取了相应的政策措施，甘肃省主要是在国家补助 2.9 亿元的基础上，通过省、市、县三级配套2.9 亿元，中国移动甘肃分公司在借此发展业务的基础上对每户农民补贴 50 元，如有不足通过其他渠道设法解决。2012 年 4 月开始，"户户通"工程在甘肃全面铺开。农村公共文化服务体系建设成为多方力量共同参与的结果。

滋泥水村委会对此项工作非常积极，一接到靖远县广电局的通知后，就召集村委会班子成员开会研究，大家知道村里进项颇多，正好借此机会惠及村民，于是达成一致意见，将全村购置"户户通"设备的资金纳入村财政支出，不再向村民收取。对村民来说，不收取设备费固然不错，但起初县里对于"户户通"的收视费，政策不明朗，没有明确说法，村民们对其反应并不积极。很多村民认为现在家家都有卫星接收器，接收频道多，而且不收费，已经看习惯了，没必要再折腾。农民的这种想法较为普遍，后来上级部门进一步明确了政策，规定3年内不收取任何费用，村委会也如实通知到村民。设备运来当天就顺利发到了村民手中，经过县广电局技术人员的调试，很快大多数村民都看上了电视节目。大多数村民都抱着先看看的态度，半推半就地接纳了"户户通"，一个普遍想法是到了3年期限开始收费，再重新使用卫星接收器。"户户通"是通过不断完善各地的基站库来增加定位精度的，因此，每个村都被划定了一定的安装区域供基站建设并且有相应的基站编号。近20年来，滋泥水村的居住地已经日渐分散，一些村民居住地已经超出了基站覆盖的区域，处于信号盲区。村民对此并不理解，满腹牢骚，又回到了过去的收视习惯。

三、介入自组织空间的困境

改革开放以后，乡村原有公共媒介体系逐渐处于失修瘫痪状态，公共文化生活开始脱离国家的组织管理，尤其是在一些偏远的中西部地区，许多乡村成了国家媒介网络中的盲区。与此同时，随着乡村经济的发展，现代媒介在乡村的快速发展和更迭，让现有的基层媒介管理制度始终处于滞后状态，这带来了乡村媒介管理上的被动。对乡村媒介空间治理的弱化造成乡村信息生态恶化，文化低俗化倾向日益明显。国家自20世纪90年代末开始，进行了一系列乡村媒介建设工程，力图通过重建乡村媒介网络，强化国家对基层媒介空间的治理，净化乡村公共文化生态。但在实施中遇到了一些困难，究其原因可以从空间的自组织发展与媒介自主意识的提高这两个方面进行说明。

首先，随着原有乡村基层媒介网络瘫痪，国家对基层媒介的管理逐渐弱化，对基层公共媒介空间的组织力和影响力逐渐式微，乡村公共媒介空间开始了自组织状态。所谓自组织状态是指乡村公共媒介空间缺少国家组织和管理，而呈现出市场、社会、个体等多种力量推动的发展状态。尤其是社会力量与市场力量相互交织，相互借力，对乡村公共媒介空间的重构发挥了重要作用。滋泥水凭借突出的区位优势实现了经济的快速发展，村民的市场意识明显增强，脱离农业劳动从事非农经营成了村民的致富的主要方向，很多人都在外面发了财，成了村里的新富阶层，他们主动参与到乡村公共媒介空间的重建中来，如建村庙、修戏台。与此同时，长期以来，通过外出求学、外出打工，外出工作，村里的文化精英或知识精英流失严重，逐渐丧失了参与乡村公共媒介空间建设的机会和能力。主动参与乡村公共媒介空间建设已经成为乡村新富阶层赢得乡村文化权威和话语权的一个重要渠道。比如在重建村庙的过程中，通过捐助获取村庙会长副会长职务，将建庙作为新富阶层彰显财力和声望的舞台。通过组织"舞市"引领乡村公共文化新时尚。此外，公共媒介空间的自组织还体现为对市场逻辑的遵循，比如仿效城里，在私人家中开办营利性的棋牌室；因村民不满土地补偿标准而阻碍村文化广场建设，这些都是市场逻辑左右乡村公共媒介空间建设的典型例证。

其次，村民媒介自主意识的提高与媒介管理能力的缺乏，让村民的媒介使用陷入盲目。所谓媒介自主意识主要是村民对媒介的自主判断评价，选择取舍。表面上看这种媒介自主意识带有较强的随意性或主观性，但从根本上讲，却被各种外在力量左右。这种媒介自主意识决定着人们的媒介选择与使用，并形成媒介准入壁垒。国家在乡村媒介网络建设过程中所遇到的障碍，也与村民既定的媒介自主意识密切相关。自20世纪80年代以来，农村媒介体系逐渐从公共媒介转向了家庭媒介，媒介的私人性质逐渐被村民接受认可，选择和使用媒介也就被认为是私人事务，是彰显自身主体性的重要指标。对媒介的选择和使用村民有自己的利益考量和评价标准。例如"村村通"工程推广的难点就在于媒介使用权掌握在村长手中，忽略了村民的媒介自主意识。再如卫星接收器在农村流行，有线电视遭到排斥，也是村民媒介自主意识的表现。

第二节　乡村媒介空间生产秩序的转向

一、从集中走向分散

　　随着乡村媒介从传统向现代的更迭，尤其是在新媒体和移动互联网推向农村之后，乡村媒介空间的生产秩序发生了结构性转换，即从集中走向分散。中华人民共和国成立以后，国家媒介体系向乡村延伸，制度化、组织化的媒介系统在乡村建立，媒介信息生产和传播由国家统一管理，社会交往受集体约束，整个乡村媒介空间生产步入了制度化、组织化轨道。乡村民众的媒介生活和社会交往具有明显的集体化特征。这种由国家管理，村民参与的集体化媒介空间让乡村民众认识和熟悉了现代媒介，并把对现代媒介的使用内化为一种生活习惯，既实现了乡村媒介空间由传统向现代的结构转型，也帮助乡村民众完成了现代意义上的媒介启蒙，形成了媒介自觉。受国家行政力推动，国家媒介系统进一步延伸至乡村家庭，最具代表性的是每家每户安装的广播"小喇叭"，乡村媒介空间生产由集体化转向家庭化，家庭成为乡村媒介空间生产的主要单位。随着农村生产体制的变革和市场经济的渗透，市场力量成为推动新媒介推广的重要动力，整个乡村媒介空间逐步走向开放，乡村民众媒介使用的主体性被激发出来。

尤其是自新媒体和移动互联网走向乡村以后，乡村媒介空间走向以个体为中心的分散化生产。一方面，广大农村民众媒介使用的主体意识增强，进行乡村媒介空间生产的主动性和积极性提高，媒介空间生产成为一种自发行为。另一方面，由于以县域媒体为中心的国家基层媒介体系式微，由此导致乡村社会制度化、组织化的媒介空间生产严重滞后。受两方面共同作用的影响，乡村媒介空间生产呈现出无组织的个体化特征。乡村民众的媒介空间生产因趣缘、业缘等关系重新组织聚合，形成众多小圈子，整体的乡村媒介空间被切割成块，呈现碎片化和区隔化特征。这种状况既是乡村媒介空间生产的分散化、市场化的结果，也是组织化媒介生产缺位的产物。要想扭转乡村媒介空间生产的困局，并重建乡村社会的集体认同，乡村媒介空间生产秩序亟待转型。

二、乡村媒介空间生产的转型方向

（一）重新确立县级媒体在乡村媒介空间生产中的主体担当

在当前的新媒介环境下，县级媒体应当进一步明确自己在乡村媒介空间生产中的主体责任，借媒体融合之机重新回归区域主流媒体并对乡村媒介空间生产和空间消费形成有效组织和引导。

（二）重新树立乡村媒介空间生产的基本面向

乡村媒介空间生产的基本面向应该是服务乡村文化建设和乡村民众的文化生活信息需求。受流动空间裹挟的乡村媒介空间生产往往与乡村民众的文化生活信息需求产生了结构性偏差，乡村媒介空间生产的市场化导向虚构了乡村民众的文化向往，甚至扭曲了乡村民众文化取向。为此，乡村媒介空间生产应以有利于实现和满足健康合理的乡村民众文化信息需求以及推动社会主义乡村文化建设为基本面向。在乡村振兴战略指引下，通过对乡土文化的挖掘、传播和强调，召唤乡村民众对乡土文化的自信，激发其传承与创新意识，赋予乡村媒介空间生产新内容、新内涵。同时，把对农信息服务作为组织化媒介空间生产的重要任务，降低个体在复杂信息环境中的应对风险，满足乡村民众生产生活的基本信息需求。

（三）重建乡村媒介空间生产的认同逻辑

乡村媒介空间生产的文化逻辑是维系和促进乡村民众间的互动交往，最终实现乡村社会整合与集体认同。这种集体认同的实现主要靠媒介空间生产的公共性来保证，但目前稍显无序的乡村媒介空间生产过于突出私人性，缺失了公共性，造成了乡村媒介空间的区隔化，难以形成公共媒介空间。为此，需要以民众需求为中心增加乡村公共媒介资源和信息资源，丰富公共文化服务，整合乡村媒介空间生产。同时，注重培育以乡村社团和民间组织为代表的乡村社会力量，作为重建乡村媒介空间公共性的内生性动力。

三、重新确立乡村媒介空间生产秩序

如上文所言，乡村媒介空间生产在由集中走向分散后，其既往的生产秩序也受到冲击，最明显的表现是以县级媒体为中心的乡村媒介空间生产格局逐渐式微，以智能手机为中心的乡村媒介空间生产被卷入去地方化和去地域性的生产格局中，由乡村媒介空间所承载的地方性知识与认同体系正被挤向边缘。乡村媒介空间被撕裂，以往建立起来的县级媒体与乡村民众的密切联系逐步淡化甚至出现隔膜。在这种转变过程中，国家面向乡村推出了一系列公共文化服务工程，如"图书下乡""农村电影放映工程"等，作为对乡村媒介空间生产秩序重建的努力效果并不理想，于是"学者们开始反思，为什么一个个有着美好初衷的惠民的公共文化服务工程，在实践中农民'不买账'，或者是走向初衷的对立面？"[1]沙垚将其原因归结为"长期以来的发展主义和'他者'视角"，并且提出摆脱乡村文化传播的可能性路径就是要遵循"农村文化传播的内生性视角"。[2]这种内生性视角主张尊重农民的文化主体性，发现并满足农民真正的文化需求，而这也是乡村媒介空间生产秩序重建的方向。如何重建乡村媒介空间生产秩序，净化乡村传播环境，培育健康、理性的媒介空间生产主体呢？内生性往往与地方性紧密相关，从"内生性"视角重建乡村媒介空间生产秩序必须首先立足地方性，以重建地方性媒介的权威性、影响力和公信力为突破口。

"县级媒体在中国最初的发展道路基本上复制了中央、省、市三级的媒体管理体制和资源配置方式，作为县域空间大众传播资源的垄断者而深嵌于区县行政体系"[3]，这种与区县行政体系相嵌合的格局培养了乡村民众的媒介依赖和良好的触媒习惯，也构建了制度化的媒介空间生产秩序。"改革开放后的历次媒体结构调整，县级媒体都是裁撤的重点区域……从之后近20年中国传媒业的演化情况来看，这一政策导致中国大众媒体的发展严重脱离县区、社区空间，更多集中于大众化覆盖层面进行同质化竞争。其实，伴随着中国城镇化的快速发展，区县媒体对新

1　沙垚：《乡村文化传播的内生性视角："文化下乡"的困境与出路》，载《现代传播》，2016（6），20～24页。

2　同上。

3　朱春阳：《县级融媒体中心建设：经验坐标、发展机遇与路径创新》，载《新闻界》，2018（9），21～27页。

社区群体的黏合功能将会有助于社会共识的达成，降低碎片化的社会关系导致的摩擦和冲突。"[1] 县级媒体作为一种社区媒体，其历史定位和角色功能是植根于地方空间的，本身具有内生性，它理应成为乡村媒介空间生产秩序重建的主体，身负乡村媒介空间生产秩序重建的重任。

习近平总书记在 2018 年 8 月的全国宣传思想工作会议上明确提出要"扎实抓好县级融媒体中心建设，更好引导群众、服务群众。"[2] 至此，乡村媒介空间生产秩序重建迈入了实质性阶段。按照中宣部部署，2020 年底要基本实现县级融媒体中心全国全覆盖，2018 年先行启动 600 个县级融媒体中心建设。以县级融媒体中心建设为契机的乡村媒介空间生产秩序重建重点从三个方面展开。一是夯实基层意识形态阵地，重新构建认同空间。中宣部在县级融媒体中心建设现场推进会上指出"加强县级融媒体中心建设，是加强和改进基层宣传思想工作、推动县级媒体转型升级的战略工程。各地各有关部门要聚焦更好引导群众、服务群众，着力打造基层宣传思想工作和精神文明建设的重要平台，打造为民排忧解难、做群众思想政治工作的重要平台，把基层百姓所需所盼与党委政府积极作为对接起来，把服务延伸到基层、问题解决在基层，切实推动基层宣传思想工作强起来。"[3] 二是找准县级媒体的角色定位，重新构建社区媒介的功能空间。中宣部强调"努力把县级融媒体中心建成主流舆论阵地、

---

1 朱春阳：《县级融媒体中心建设：经验坐标、发展机遇与路径创新》，载《新闻界》，2018（9），21 ～ 27 页。

2 《举旗帜聚民心育新人类文化展形象更好完成新形势下宣传思想工作使命任务》，载《人民日报》，2018-08-23。

3 《中宣部要求：2020 年底基本实现县级融媒体中心全国全覆盖》，http：//www.sohu.com/a/256303929_488920。

综合服务平台和社区信息枢纽。"[1]。三是以媒体融合理念为指导，重新构建基层现代传播空间。习近平总书记指出"加快构建融为一体、合而为一的全媒体传播格局。"[2] 这种深层次融合"要坚持一体化发展方向，通过流程优化、平台再造，实现各种媒介资源、生产要素有效整合，实现信息内容、技术应用、平台终端、管理手段共融共通，催化融合质变，放大一体效能。"[3]

第三节　县级融媒体中心建设：乡村振兴与乡村媒介空间再生产

国家关于推动传统媒体和新兴媒体融合发展战略与乡村振兴战略在最基层的实践中有了交汇点，即县级融媒体中心建设。《中共中央国务院关于实施乡村振兴战略的意见》指出："实施乡村振兴战略，是解决人民日益增长的美好生活需要和不平衡不充分的发展之间矛盾的必然要求，是实现'两个一百年'奋斗目标的必然要求，是实现全体人民共同富裕的必然要求。"该战略的实施和目标的实现需要在基层建设强有力的现代媒介体系以增加乡村公共文化供给和服务，满足农民公共文化需求。2019 年 1 月 31 日，滋泥水村所在的靖远县响应国家政策，借鉴先进经验，立足本地实际正式成立了县级融媒体中心，该中心以原靖远县广播电视台为基础，整合县委报道组、县政府门户网站、两微一端、《乌

1　《县级融媒体中心建设全面启动》，http://www.xinhuanet.com/politics/2018-09/21/c_1123466267.htm。
2　《习近平谈治国理论（第三卷）》，318 页，北京，外文出版社，2020。
3　姚眉平：《融合发展关键在融为一体、合而为一》，载《红旗文稿》，2019（6），10～11 页。

兰》杂志等资源，消除传统媒体和新媒体采编发环节的壁垒，加快重构采编发网络、再造采编发流程、建立全媒体内容管理系统，建设稿库、数据库，具备集中指挥、采编调度、高效协调、信息沟通等基本功能，实现"一次采集、多种生成、全媒传播"，搭建靖远本地最具影响力的"政务＋民生"和"信息＋服务"平台。这对于重建当地基层媒介体系，增加当地乡村公共文化服务供给，整饬当地乡村媒介空间秩序具有重要意义。

如上文所述，乡村媒介空间本身承载着文化供给与服务的功能，媒介空间的生产在一定意义上也表现为与之相应的文化生产和文化服务的提供。因此，人民日益增长的美好生活需要和不平衡不充分的发展之间的矛盾，从媒介空间生产的角度看可以理解为乡村媒介空间生产的无序化、碎片化与建设乡村美好生活对媒介空间生产秩序化、平衡化需求之间的矛盾。为了解决该矛盾，县级媒体建设成为关键，在乡村振兴战略背景下，它实际上开启了乡村媒介空间的再生产，并借此平衡乡村媒介空间生产结构，重建媒介空间的生产秩序。

一、县域媒体融合的困境

（一）县域媒体的传播生态位失衡

生态位是应用生态学中的重要概念，主要指"在自然生态系统中一个种群在时间、空间上位置及其与相关种群之间的功能关系。"[1] 媒介生态学借鉴生态位的概念，认为传播生态位"是指一个媒介种群在传播生态系统中所处的位置，该位置决定了媒介种群的形态、功能与行

1　李博：《生态学》，105 页，北京，高等教育出版社，2000。

为。"[1]"在我国乡村传播生态系统中,以县级电视台为代表的区域媒体,既是沟通中央、省市与乡村信息的桥梁,又是县域传播的重要阵地。县级电视台一方面承担着上情下达的功能,即将各级政府的信息及时、准确地告知县域的居民,另一方面又肩负着民情上传的责任,让上级政府、域外受众充分了解县域居民的需求。但是,以往这两种职责存在着头重脚轻的现象,县级电视台往往只是'传声筒',而不是'扬声器'。"[2]新媒介环境下,从城镇到农村,普通民众都具有更大的媒介选择自由和信息选择空间,再加上域内信息的交叉重叠以及海量域外信息的涌入都淡化了民众对县域媒体的专注和热情,县域媒体在乡村传播系统中的传播垄断被打破,以往最具优势的"传声筒"功能发挥受阻。卫欣、刘露研究认为由于传播环境变化和内在基因缺陷,县域媒体的"生态位"优势已不复存在,"一是在城市化的冲击下,原本生态位就比较狭窄的县级电视台在资源生态位、营养生态位等方面进一步收窄。二是在网络化的融合下,县级电视台受到来自域外媒体与域内网站的双重挤压,媒介生态位的争夺进一步加剧。"[2]

(二)县域媒体的传播环境失控

四级媒体格局下,县域媒体制度与传媒产业发展存在生态性矛盾,"一方面,'事业建制、管办合一'已经不能适应媒介生态结构的需要;另一方面'四级办电视'格局割裂了生态互动关系。"[3]随着企业化经营的全面展开,各级媒体间的传播竞争不断加剧,县域媒体传播空间不断

---

1 邵培仁:《媒介生态学:媒介作为绿色生态的研究》,72~73页,北京,中国传媒大学出版社,2008。

2 卫欣、刘露:《县级电视台传播生态位面临的挑战及其应对》,载《中州学刊》,2017(12),164~169页。

3 孙宜君、王建磊:《论融媒时代电视传播生态的嬗变与建构》,载《现代传播》,2018(3),34~40页。

被挤压，而且受地域和资源的束缚，这种生态性矛盾越发突出，在传播竞争中常处于劣势，"在这一过程中，强者愈强、弱者愈弱的'马太效应'愈演愈烈，优质资源进一步向大台流动，小型媒体的压力进一步增强。而地方媒体由于地域发展状况，也呈现出较大差异。"[1]尤其是在西部经济落后地区，县域媒体传播力量微弱，域外媒体越俎代庖，传播环境几乎成为域外媒体和新媒体的天下。随着互联网向农村延伸，以互联网为中心形成的电商网络、社交网络、文化网络打破了地方社会的传播壁垒，越过了县域媒体掌控的边界，形成新的传播环境。城市媒体也借助互联网之力对县域传播环境实施"转基因"，造成城乡传播环境的同质化。县域媒体面对开放的传播环境，信息传播、信息内容以及文化引领的功能受到冲击。尤其是针对城镇化过程中出现的地方性问题和矛盾，域外媒体往往捷足先登，以社会舆论之名绑架地方民意，造成县域媒体难以有效发声，扰乱了县域社会治理秩序。

（三）县域媒体传播观念体系退化

"1979 年之后，广告经营成为众多媒体的命脉，对此而言，'内容生产＋节目经营'已经是经营的内核。"[2]也成为广大县域媒体的基本发展理念，于是开疆扩土，扩充频道便成为通行做法。在实力受限的情况下，县域媒体"贪大求全设置多个频道的意义并不大，大多数频道基本沦为'广告频道'。"[3]尽管短期获益，但因广告诚信缺失反倒伤及公信力。此外，地方政府出于社会治理和意识形态安全的考虑，将县域媒

1　黄升民、宋红梅：《广电媒介区域化进程研究——中国城市广播电视媒介区域化生存与发展》，37 页，北京，中国国际广播出版社，2009。
2　黄升民、宋红梅：《广电媒介区域化进程研究——中国城市广播电视媒介区域化生存与发展》，38 页，北京，中国国际广播出版社，2009。
3　徐蓉：《全媒体时代县级电视台的破茧之路》，载《新闻研究导刊》，2014（15），127～128 页。

体作为辖区舆论引导的主阵地和先进文化的播种机，对县域媒体进行输血式扶持。一些县域媒体墨守成规，不思进取，在新媒介环境下，放弃了对市场化运作模式和多元化经营的积极探索，一味地认为"舆论优先于盈利，政治优先于经济，无论是做强传统媒体还是做大新媒体。只要保证政治安全，能否盈利、有否盈利新模式都在其次。"[1]一些县域媒体以媒体融合为由，新设新媒体部（中心），不是为了重组新闻采编流程，而是为了增加人员编制、购置设备，造成重复建设和资源浪费。县域媒体用宣传观念涵盖传播观念，将"两微一端"等同于媒体融合，以行政思维取代互联网思维，用互动形式包装大众传播都造成了传播观念体系上的巨大偏差。"因此，当前传统媒体应对媒介融合所采取的那种'大众传播思维方式'的举措，实际上并没有影响到新媒介环境下的传统媒体的自我分化进程，还不能说就是挽救传统媒体使之获得新生的路径和策略。"[2]

（四）县域媒体资源的结构性崩塌

受域外媒体和新媒体冲击，县域媒体的传播垄断地位被颠覆，媒体资源格局重新洗牌。首先，新媒介环境下的信息资源搜集、开发和利用主要基于平台，由于县域媒体在平台搭建上的滞后以及域外融媒体平台和社交化平台的强力渗透，县域媒体对本地信息资源的吸纳能力受限，本地信息资源向域外平台迅速集聚。除公共服务信息资源外，县域媒体在其他信息资源的竞争中均处于劣势。即便是公共服务信息资源，也往

---

1 尹连根、刘晓燕：《"姿态性融合"：中国报业转型的实证研究》，载《新闻与传播研究》，2013（2），99～112页。
2 韩立新：《时空转移与智慧分流：媒体的分化与重构》，载《新闻与传播研究》，2016（5），98～112页。

往因为相关部门条块分割，信息开放和共享受限，造成县域媒体对公共信息资源的获取渠道不畅，获取量有限。其次，县域媒体业务人员较少并且已经习惯于传统媒体的运作方式，难以胜任媒体融合的业务需要。再加上县域媒体用人机制不灵活，待遇较差，人才聚集能力较弱。第三，县域广告资源在经过域外媒体、新媒体的瓜分后，县域媒体在广告市场被边缘化并成为劣质广告的集散地，由此引发了县域媒体公信力资源损耗、受众资源流失的恶性循环。此外，对县域媒体发展至关重要的县域文化资源仍是沉睡资源，未被有效开发利用，很大程度上限制了县域媒体的资源结构转型调整和内容创新突破，死守着政务信息资源只能让路越走越窄。

对县域媒体传播生态环境的考察可以看出，县域媒体在由互联网开启的传播生态调整中逐渐走向边缘。媒体融合作为县域媒体重新打造传播生态位的基本指向，关键在具体怎么融合。基于县域传播生态系统的特殊性考虑，县域媒体融合需要明确两个基本方向：一是需要明确既有的媒体融合模式多是基于城市逻辑，而县域媒体主要面向农村，其融合模式要遵循乡村逻辑，符合对农传播的实际需要。二是需要明确县域媒体融合不只是媒体内部生产要素的整合，更多地还要立足县域传播生态，实现以信息、传播环境、传播主体为核心的生态融合，以此促进媒体外部生产要素与内部生产要素的有效对接与优化配置，重塑自身的传播生态位。

二、县级媒体融合的逻辑转换

2014年8月18日，中央全面深化改革领导小组第四次会议审议通过了《关于推动传统媒体和新兴媒体融合发展的指导意见》，在该意见指引下，全国各级媒体都进行了融合转型的实践探索。对于中央和省级媒体，融合转型已经积累了一定经验，形成了一些通行的做法可供借鉴，如通过"中央厨房"重构采编流程，通过产业重组实现跨界运营，通过用户参与完成内容创新等。"截至目前，虽然媒介融合实践在新闻传播业界特别是中国新闻传播业界已成为一股毋庸置疑的潮流，但具有普适性、堪称典范的媒介融合案例并未出现，如何通过恰当的途径、采取合理的方式，实现有效的媒介融合，仍是一个没有确切答案、有待进一步细究的难题。"[1] 县域媒体囿于地方经济状况、体制机制、技术条件、人才队伍等方面的基础性劣势，中央和省级媒体的融合路线图并不适合指导县域媒体的融合实践，"不同于中央以及省级媒体的'树大根深'，县市媒体的转型更多选择了'接地深耕'。"[2] 一方面，县域媒体需不断强化自身区域信息的服务功能，着力提升自身的公信力、传播力和影响力；另一方面，县域媒体立足地方经济社会发展变革的需要，敏锐捕捉变革中的新生市场，强化与市场互动，拓展盈利空间，力争形成与地方经济社会同呼吸共命运的良好格局。目前，县域媒体融合的层次普遍较低，基本都瞄准"两微一端"的初级操作模式而难有实质性突破。

（一）理解媒体融合的进路

媒介融合与媒体融合的概念多有交叉重合往往混用。最初媒体融合概念主要指向媒介形态的融合。早在 1983 年，伊锡尔·德索拉·普尔首次将融合作为媒体业内变革力量进行讨论，认为"一种可称为'形态融合'的过程正在模糊媒体之间，甚至是点对点传播与大众传播之间的

1　赵星耀：《认知媒介融合的既有理念和实践》，载《国际新闻界》，2011（3），65～69页。
2　赵新乐：《媒体融合时代县市媒体家门口服务要做精》，载《中国新闻出版广电报》，2016-12-01。

界限。"[1] 国内学者也认为"媒介融合在最初意义上是指'传播介质融合',即文字、图片、声音、图像等多种传播介质合为一体,组成一个更先进和更便捷的信息传播平台——互联网。"[2] 以媒介形态融合理念指导融合实践的情况较为多见,比如一些传统媒体将媒体融合等同于"两微一端",将融合实践简单化为微博微信公众号运营。应市场化和产业化发展需要,对媒体融合的认知逐渐向经营战略、组织结构、内容生产、所有权重构等方面扩展,认为媒体融合是"以数字技术、网络技术和电子通讯技术为核心的科学技术的推动下,组成大媒体业的各产业组织在经济利益和社会需求的驱动下,通过合作、并购和整合等手段,实现不同媒介形态的内容融合、传播渠道融合和媒介终端融合的过程。"[3] 中央和省级媒体在该理念指导下,形成了颇具代表性的"中央厨房"融合模式。随着媒体融合实践的继续深入,已有媒体融合理念遭遇了挑战,媒体融合中隐性因素的潜在影响被发现和重视,如媒体融合的文化隔阂、政治价值、人文关怀等。对媒体融合的理解走向多向度。首先是对文化因素的关注。"2004 年,对于由媒介融合带来的新兴媒介生态,杰金斯首次明确使用了'融合文化'一词……杰金斯用了大量的案例将融合文化诠释为一个媒介平台所有层面交互相融的新世界。"[4] "近年来媒介融合的研究在欧美进一步深化,不仅局限于科技、产业、新闻研究,而是拓展到更多领域,如文化领域,有学者提出新旧媒介之间不是简单的替代关系,而

---

1 〔美〕亨利·詹金斯:《融合文化:新媒体与旧媒体的冲突地带》,杜永明译,40 页,北京,商务印书馆,2012。

2 赵星耀:《认知媒介融合的既有理念和实践》,载《国际新闻界》,2011(3),65 ~ 69 页。

3 蔡雯、王学文:《角度·视野·轨迹:试析有关"媒介融合"的研究》,载《国际新闻界》,2009(11),87 ~ 91 页。

4 纪莉:《在两极权力中冲撞与协商——论媒介融合中的融合文化》,载《现代传播》,2009(1),45 ~ 48 页。

是会产生一种复杂的融合文化。"[1] 国内学者也意识到媒体融合的文化逻辑，如彭兰教授认为"在传统媒体向新媒体转型，以及新老媒体的融和过程中，媒体面临着的，不仅仅是技术、资金、体制、人才等方面的障碍，另一种隐性的因素，其影响也变得越来越突出。这就是文化性的障碍，这体现在新老媒体的不同文化取向与特质，也体现为新老用户之间的不同文化偏向。这两个方向上的矛盾，都在阻碍着新老媒体的融合。"[2] 刘冰也认为"文化是媒体融合进程中居于更深层面的力量，对媒体融合产生着潜移默化的影响。文化是隐蔽的力量，这种隐蔽的力量从根本上控制着媒体融合的进程，并决定着媒体融合的成败。"[3] 文化成为理解媒体融合的一个重要向度。其次是对媒体融合政治价值的考量。如林如鹏、汤景泰认为媒体融合的政治逻辑就是"认识媒体融合发展不能只是从业务问题维度来认识，更重要的是从政治价值的维度高度重视媒体融合发展战略，并以能否有利于掌握意识形态话语权、壮大主流思想舆论作为媒体融合发展效果的根本标准。"[4] 于正凯认为媒体融合的"政治逻辑在于国家权力、民族凝聚力。"[5] 同时指出"技术、资本、市场、政策是中国媒体融合发展进路的四种相互交织的力量，也是理解中国媒体融合发展历史，并展望其未来的关键线索。"[5] 此外，还有对媒体融合意义的思

1　殷乐：《媒介融合环境下欧美受众研究的范式转换》，载《新闻与传播研究》，2010（6），70～78页。
2　彭兰：《文化隔阂：新老媒体融合中的关键障碍》，载《国际新闻界》，2015（12），125～139页。
3　刘冰：《文化的融合：媒体融合进程中的文化因素考察》，载《编辑之友》，2017（12），65～68页。
4　林如鹏、汤景泰：《政治逻辑、技术逻辑与市场逻辑：论习近平的媒体融合发展思想》，载《新闻与传播研究》，2016（11），5～15页。
5　于正凯：《技术、资本、市场、政策——理解中国媒体融合发展的进路》，载《新闻大学》，2015（5），100～108。

考。如石义彬、周夏萍认为"在创新形式、争夺市场、扩大竞争力的同时，关注并为解决当下的现实矛盾而出力，这是媒体融合更具意义的一步。重视互动情境下对于真相的探寻，对目前传统媒体的融合转型而言，是缺失亦是突破口，更是使命。"[1] 黄良奇认为"在新媒体传播生态环境下，当作品的生命力和生命周期不再由传媒单方面续写、用户参与更共创了生命力的意义时，传统媒体急速寻求与新兴媒体的深度融合，这就启示着媒体融合的本质追求和最终面向是生命体融合。"[2]

从上述对媒体融合的认知发展历程可以看出，媒体融合是多种主体相互博弈、多种因素相互作用的结果。对媒体融合的多维理解与审视已经跳出了媒体机构本身，正在将其引向传播生态学的认知方向。李明海、董小玉认为"媒体融合不是把传统媒体和新兴媒体加在一起，而是基于互联网思维、由数字化和网络化激活的一种新的信息服务范式和新型传播生态。"[3] 黄旦、李暄指出"我们唯有沿着演变随从演变，跳出仅仅以媒介机构为边界的'媒介融合'，借助媒介融合的通道走出大门，转向社会形态的'媒介融合'，把产业层面的经验'意识结晶'融入'网络社会'的理论把握，重塑传播观念和范式。"[4] 从传播生态学的视角审视媒体融合，可以看成是媒体生态系统应对传播环境变化的动态调适，它不仅包括媒介技术跟进、资本重组、内部资源整合、内容生产流程创新、

---

1 石义彬、周夏萍：《融合的意义：论传统媒体融合转型的缺失与突破口》，载《新闻传播》，2018（1），4 ~ 8 页。
2 黄良奇：《从平台经场域到生命体：媒体融合的实践范式与路径》，载《西南民族大学学报（人文社科版）》2018（2），137 ~ 142 页。
3 李明海、董小玉：《相融相生与关系重构：论媒体融合的进路与近路》，载《现代传播》，2017（1），15 ~ 18 页。
4 黄旦、李暄：《从业态转向社会形态：媒介融合再理解》，载《现代传播》，2016（1），13 ~ 20 页。

媒体市场化运营策略的调整等媒体内部生态调适，还包括文化适应、政策协调、社会资源调配与交换等外部生态调适。由于城市媒体与县域媒体所处传播生态系统的差异，其融合路径存在较大差异。城市媒体面向全国，所处的传播生态系统较为复杂开放，对传播生产要素的调配和把控较难，媒体融合首选内源性融合，通过内源性融合形成市场竞争力进而获得优质的生态资源和良好的发展环境。县域媒体面向地方，结构相对简单，所处的传播生态系统主要由地方社会构建，在一定区域内适合生态融合，兼顾发展与和谐，通过内部传播生产要素的重组与外部生态要素的整合，优化传播生态系统，实现产业发展、文化传承、政治宣传、价值引领、公共服务等功能协调。目前，基于城市媒体的融合理念盛行，其融合模式作为普适性的操作经验被广为学习和模仿。这种融合模式到底适不适合县域媒体，从大多数县域媒体融合的艰难实践中已经有了答案。

（二）乡村振兴视野下县级媒体融合的逻辑转换

县域媒体既包括县级媒体，如县级党报、县级电视台等，也包括县域内的自媒体、企业微博微信公众号、电商等。多年的实践表明县域媒体的融合不应该是自发的，以市场为导向的融合，而应该是以县级媒体为主导的，有目标、有方向、有步骤的融合。这是由县级媒体在整个国家媒介体系中的特殊地位和在地方社会中的重要作用决定的。因此，县级媒体融合有双重使命，既是国家推进媒体融合战略纵深发展的鲜活实践，也身负助推乡村振兴的历史重任。基于双重使命，县级媒体融合的内在逻辑需要兼顾乡村振兴，在政策与技术催动的同时厚植于乡土，重新梳理融合的内在逻辑。通过逻辑重构进一步明确县级媒体融合的历史方位，让县级媒体融合也成为乡村振兴的契机和重要助力。

1. 文化逻辑：面向乡土文化

曼纽尔·卡斯特认为"地方乃是一个其形式、功能与意义都自我包容于物理临界性之界线内的地域。"网络社会的逻辑，结构性地改变了地方的意义和动态，往往造成意义生产与地方性知识的分离，在一定程度上破坏了社会沟通渠道，他认为造成的后果是"地方之间的关联逐渐丧失，越来越无法分享文化符码。"[1]他将这种情形称为平行宇宙中的生活，并且提出治理该现象的方法，即"刻意建造文化、政治与实质的桥梁。"[2]县级媒体植根于地方社会，是地方政府与民众沟通的桥梁，是地方社会知识与意义生产、价值与文化分享的重要机制，是卡斯特认为的"桥梁"。但在以往的传播实践中，整个县域媒体形成了对城市文化的倚重，忽略了对乡村文化的召唤，这种城乡文化符码的结构性失衡造成了新的文化分享障碍。正如阎云翔在谈及城乡文化时认为"城乡的分割，城乡的分离，在文化上恰恰是呈现着相反的结果，就是城乡的一体化，但是以城市文化对农村文化的含化为主要特征的。"[3]在由城市媒体定义的媒体融合实践框架中，县级媒体融合同样面临这样的文化困境，一方面在学习和模仿城市媒体融合模式的过程中，受城市媒体视角与文化逻辑带入的影响，县级媒体容易忽略了自身所处的文化生态，脱离厚植的文化土壤。另一方面，由融合植入的内容与意义的生产逻辑会影响到地方性知识与意义生产方式变革，统一的内容选择、生产标准造成县域特色文化被城市大众文化淹没。尽管国家推进城乡文化一体化，但需要明确的是城乡文化一体化不等于城市文化一边倒，城乡文化一体化背后蕴

1　〔美〕曼纽尔·卡斯特：《网络社会的崛起》，夏铸九等译，518 页，北京，社会科学文献出版社，2001。

2　同上。

3　黄平：《乡土中国与文化自觉》，163 页，北京，生活·读书·新知三联书店，2007。

含着城乡文化融合的逻辑。因此，县级媒体融合作为城乡文化融合的重要机制，要解决文化定位和方向的问题，形成地方文化逻辑，即为乡土文化代言，让乡土文化符码同城市文化符码享有同等传播权，实现城乡文化共享。与此同时，互联网的普及让县域传播生态变得异常复杂，乡土文化承载的认同观念正在被无远弗届的虚拟交往所消解，以往所积累的地方性知识也在网络开放的意义生产机制中被解构。为此，以乡土文化为基本面向的县级媒体融合也将成为规避网络社会文化风险，修复和强化乡土文化认同心理，实现乡村社会凝聚的重要机制。

2. 话语逻辑：让农民获得话语权

从县级媒体的历史定位来看，农民是县域媒体的主要传播对象，但在以往的媒介话语中他们处于被动的、边缘的位置。究其原因主要是媒介资源的布局受市场逻辑左右，农民作为被市场评判的弱势群体，未能享有有竞争力的媒介资源。县级媒体作为基层农村最主要的媒介资源，在媒体融合的同时需要竭力避免完全以市场逻辑左右媒介话语，避免用现代性话语替代乡村话语。为此，县级媒体融合旨在构建新的话语体系，通过制定新标准对媒体资源进行重新分配，对话语权进行重新调整，为农民获得所在地话语权提供坚实的平台和保障。与此同时，在网络社会话语权与本地话语权的竞争中，县级媒体融合要有意识调配话语资源，为农民赋权，放大农民声音，构建基层话语新秩序。同时，县级媒体的融合也是对自身主体身份的再认识和再确认，具体来说就是代表谁说话和为谁说话，县级媒体作为联结中央与地方、城市与乡村的桥梁纽带，既要保证党和国家的声音传递到基层，也要保证农民获得充分的话语空间，要将党和国家代表的身份与基层农民代表的身份有机融合，这样才能对县级媒体融合产生真正的革命性意义，也使县级媒体融合拥有了区别于城市媒体融合的标志性意义。

3. 价值逻辑：保障农民的公共文化服务

媒体是社会的公器，满足公共文化需求理应成为媒体内在的价值目标。尤其在我国正处于社会转型的大背景下，各种矛盾开始凸显，通过媒体提供公共服务成为缓和社会矛盾，增进社会凝聚的迫切需求。但受市场逻辑的影响，媒体的公共文化供给往往被淡化甚至忽略，而这恰恰是关乎国家、媒体和民众三方良性互动，和谐发展的关键。对县级媒体而言，融合应该内置保障农民公共文化需求的价值基因，这是社会发展赋予基层媒体的历史使命。目前，城乡公共文化服务失衡主要表现为城市的公共文化供给强劲，并借助强有力的媒介系统源源不断地输向农村，在公共文化上农村对城市形成了强依附关系，农民真正的公共文化需求被忽略。县级媒体作为基层主流媒体，其融合实践首先是要以满足农民精神文化需求和保障农民公共文化权利为指向构建农村公共文化服务体系和供给系统。尊重、发现并培养农民的文化主体性，帮助恢复乡土文化活力，培育扎根农村的公共文化市场，形成农村公共文化生产的内生动力。同时，县级媒体作为连接城乡的桥梁也具有协调城乡文化的社会责任。融合转型不只是为县级媒体求出路、谋发展，更是为了改变过去农村公共文化的供给格局，实现城乡居民公共文化服务均等化。

此外，融合文化牵扯重新认识并理顺媒体与民众间的公共服务关系，建立并畅通农村民众普遍的公共交往，参与并鼓励民众的公共表达。经过前期新媒体在农村地区的广泛使用和经验积累，融合文化已经先于媒体融合的产业化和市场化在农村生根发芽。这种融合文化暗合了县级媒体融合的价值逻辑，为县级媒体融合指明了以促进公共服务、公共交往、公共表达为核心的努力方向。

4. 生态逻辑：对话与共融

当前，媒介环境的深刻变革重构了县域媒介生态，因此，县级媒体融合的突破口在于确立有效的生态逻辑，构建全新的媒介生态。对外而言，中央和省级媒体以较大的经济体量、富集的媒介资源、较好的市场基础为前提，已经有了较成形的融合模式。但不具备上述条件的县级媒体，其融合有其特殊性，不能简单照搬。应该摆脱以简单模仿复制为核心的被动融合，以"对话"的理念指导由被动融合向主动融合的根本转变，即立足实际选择借鉴，内化吸收县域外媒体融合的先进经验，让域外媒体融合经验本土化。此外，"对话"的理念还体现在融合秩序的重构上，正如朱春阳教授所指出的"传播规制需要由政府管理机构的'独白宣教'，转向行政力量和社会性规制力量之间的'对话沟通'；由行业内、区域内以垄断为主导价值的'独白式'管理模式转向以行业间竞争与合作为主导价值的'对话式'治理模式。"[1] 对内而言，通过"共融"推动县域内媒体间的目标协调、资源共享、平台对接以及市场整合，实现县域媒体生态重构。以往县级媒体融合实践受"平台化"这一工具理性的指导，将"平台化"物化为以"中央厨房"为代表的媒体内部新媒体采编分发平台，这实际上剔除了"平台化"的生态"共融"基因，各自为政的媒体融合不是真正的媒体融合，县级媒体的融合应该是县域内各媒体平台的融通与内在机制的协调统一，包括广电媒体、自媒体、报纸等。

5. 关系逻辑："硬融合"与"软融合"并重

习近平总书记在 2018 年 8 月的全国宣传思想工作会议上指出，"要

1　朱春阳：《媒介融合规制研究的反思：中国面向与核心议题》，载《国际新闻界》，2009（6），24 ～ 27 页。

扎实抓好县级融媒体中心建设，更好引导群众、服务群众。"[1] 该重要指示明确了县级融媒体中心建设是手段，引导和服务群众是目的，也明确了县级媒体融合的两个层次，即一个层次是以平台打造为核心和"硬融合"，它注重搭建融媒体架构，如建设媒体内容生产的"中央厨房"；注重采编流程重构，如成立新媒体中心；注重各类资源整合与配套制度跟进，如创新用人机制、改革薪酬制度等。另一个层次则是以"引导＋服务"为核心的"软融合"，它注重夯实群众基础，密切与群众的联系，深化与群众的感情，并以此为主基调实现"新闻＋服务"、"宣传＋服务"的理念与信息内容的融合。对县级媒体融合而言，"硬融合"是手段，"软融合"是目的。在大多数县级媒体融合实践中，对"硬融合"的目标往往比较明确，有模板和清晰的路线图，但对"软融合"缺乏前瞻性和创新性的思路，从而导致一些县级媒体"硬融合"与"软融合"发展不均衡，融合效果不佳。目前，"软融合"的成功经验表明立足本土，服务当地群众是一个基本方向，但在明确这一方向的前提下如何有效实现"软融合"难有标准路线，需要因地制宜，自主摸索。县级媒体融合是"硬融合"与"软融合"两条腿走路，在"硬融合"全面展开的同时，"软融合"也需要及时跟进，二者需要齐头并进，不可偏废。

---

1 《举旗帜聚民心育新人兴文化展形象更好完成新形势下宣传思想工作使命任务》，载《人民日报》，2018-08-23。

第十章　乡村媒介空间转型的反思

　　现代媒介进入乡村社会带来的一个重要后果是乡村社会关系被重新组织和乡村传播场景被重新构建。与之相应的是乡村媒介空间突破地理界限与外部相连，其建构和发展成为内部性与外部性交互的结果。乡村媒介空间的转型既反映了现代媒介与乡村社会的深层互动关系，也反映了以现代媒介为中介、不同力量参与乡村媒介空间生产与再生产的历史进程。通过对中华人民共和国成立以来滋泥水媒介空间变迁的历史考察，着重探究了两个主要问题：一是现代媒介如何构建新的传播场景和新的社会关系网络，从而推进乡村媒介空间不断演进；二是现代媒介如何嵌入并内化为乡村日常生活，在潜移默化中培育人的媒介主体性。基于前文对这两个问题的梳理和探究，这里可以从总体上做一些归纳和思考。

第一节　空间的媒介化

　　空间并非抽象的概念，它不但表现为有形的实体场所，还表现为人与人之间的社会关系。可以将空间理解为进行社会关系建构的场所，是具体的、生动的人的社会活动与实践。空间的变化不单体现为地点或场地的变更，更体现为关系的流动与创造。在乡村社会中，"社区邻里映射的空间并非冷冰冰的实体，而是充溢着各种信任、互惠等社会关系。空间秩序是一种道德秩序，体现了不同主体在空间中的合作、交换。"[1] 空间实质上具有形式和结构上的社会意义。由此，空间的媒介化主要从两方面进行理解，一方面是指通过不断发展的媒介组织并拓展实在空间，尽可能在最大范围内实现对空间的媒介联通与整合。另一方面则指实在空间具备了媒介的属性，具有对外传播信息的特性或功能。媒介是在一定空间中缔结社会关系的主要机制，因此空间的媒介化也可以理解为空间通过媒介的社会关系化。空间因人的参与而具有鲜明的社会意涵，并在社会活动进行着表征实践，成为各种社会关系的标识进行自我表达。随着人们社会活动范围的不断扩大，社会交往的不断扩展，空间的媒介功能突出地表现为它的流动性和开放性。比如庙会，从前的庙会都是本村人的集会，少有外地人参加，而现在的庙会常会引来很多外地人，庙会成了本村对外交流宣传的平台。

　　公共文化空间凝聚着乡村民众，承载着乡村民众共同的情感体验和生活记忆，是乡村社会空间的中心。公共文化空间是乡村社会关系、秩序生产、变革、传播的重要机制。公共文化空间内置了乡村社会的

---

[1]　黄晓星、郑姝莉：《作为道德秩序的空间秩序：资本、信仰与村治交融的村落规划故事》，载《社会学研究》，2015（1），190～214页。

结构密码，其变迁映射着乡村社会结构转型的历史内涵。中华人民共和国成立之前的滋泥水，村庙是村庄的公共文化空间，在这里村民们除了参与共同的民间信仰活动以外，还会参加以秦腔、皮影戏为代表的媒介文化活动，此空间着重于强调村民之间的文化关联。从中华人民共和国成立至20世纪70年代末，国家通过以广播、电影为代表的技术媒介，在农村着力构建以政治文化宣教为导向的公共文化空间，致力于建立国家与农村社区的媒介关联与意义联通。如有线广播的定时播报将村民吸引至此，电影将村民团聚一处，这些就是那个时代的村民生活，村民们至今记忆犹新，它所体现的是乡村集体化与乡村国家化的社会关系建构。也正是在此空间中，国家制度化的信息传播活动培养了村民的媒介接触习惯，不论是听广播还是看电影，村民们都持有非常浓厚的兴趣。随着国家媒介网络进一步延伸到家庭，有线小喇叭成为家庭媒介组织村民的日常文化生活，而以村校为中心的公共文化空间走向衰落，媒介不再是村民集体共享而转为家庭共享。自20世纪80年代末开始，传统公共文化空间开始复兴，城市文化走向农村，再加上国家的目光也开始转向农村，村庄的公共文化空间开始走向多元发展。这种公共文化空间的发展变化正好映射了村庄社会的变迁。

空间媒介化体现在空间象征意义的表达或象征空间的建构上。从建构主义的立场来看，人们力图建立附着价值判断与功能意义的感知、评价以及范畴，并将其化作一种共享的表征，这就形成了象征空间。象征空间具有独立于人意志之外的意义指向与实践，影响人的思想与行为。在象征空间中，一切观念、概念、情感都被具体化为一种符号或媒介，并由此释放着一种权力。距离的远近、间隔、层级以及空间位置的中心与边缘，高与低都造成了社会空间的象征权力。比如在乡村社会中，"上房"的中堂一般供奉祖先牌位，两侧的位置一般都是长辈或家长专用，这里一般都是一个家庭的核心空间，对此空间的掌控也就意味着对整个家庭的掌控。社会距离或空间的象征意义与权力始终是存在的。这些象征空间也有不同的边界，而且这种边界是由社会地位、社会角色等社会关系的变化所界定的，比如在任的村长与卸任村长的社会角色转换，体现在人们的日常概念中就是"上去"和"下来"，而这种空间位置上的描述背后，则体现的是对权力占有与否的判断，以及接下来要对其所采取的态度，这似乎已经成为一种社会共识。因此，对象征空间边界的认定，实质上反映了对社会关系的概念性共识与判断。

空间的媒介化还体现在空间通过释放和传递人们共同的日常生活经验、文化、历史传统等信息，廓清里与外，"我们"与"他们"的界限，并以此建立和强化"我们"的意识。同时空间还通过"熟悉化的过程"，将陌生的他者沉淀为经验与情境的记忆，最终在经验的不断积累与情境日常化过程中，达成对空间及"我们"的认同。

第二节 媒介的空间化

空间并非空虚的维度，而是充盈着丰富生活内涵的社会互动体系，正因如此，空间中的个人或群体获得了相应的社会结构性安排。从媒介与社会的互动发展史来看，"媒介技术作为人体的延伸，是构成一定社会形态的基础性物质架构。人类历史上每一次新技术架构的出现或关键性技术的突破，通常都会导致人类生活方式甚至是整体社会的结构性转型，从而开辟出新的生存空间并形成新的生活经验。"[1] 媒介的空间化可以理解为因媒介而形成社会关系和结构之过程，同时也是媒介渗透进人们的生产生活实践，实现日常化的过程。"媒介使个人最细微的行为都为之一变，同时又改变了我们最宏大的生活空间。"[2] 例如，广播就是国家嵌入乡村的现代媒介，起初村民对广播持有好奇心，后来听广播成为村民每天茶余饭后的一项重要集体活动，也因此形成了固定的公共媒介空间。20 世纪 80 年代以后，农村集体化走到尽头，国家控制的基层媒介网络也由于经费紧缺等原因逐渐陷于瘫痪，家庭则开始摆脱集体控制成为生产生活的独立单位。随着家庭经济条件的好转，电视成为家庭媒介，家庭的空间秩序与结构都相应改变，电视在中堂之外又创造了家人共享的收视空间，家庭成员的角色也发生了微妙的变化。如小孩因对操作技术的熟稔，跻身权威或核心位置，而老人则在这场新的媒介技术之争中处于弱势地位，逐渐被边缘。在随后的电视辅助技术如放像机、录像机、VCD、DVD 等进入村民家庭后，这种空间格局不断被强化，媒介对家庭文化空间的统摄力也在不断加强。家庭空间的媒介共享成为一定时期内村民文化生活的主要形式。20 世纪 90 年代以后，随着村民隐私观念的增强与个人化媒介兴起，农村家庭媒介共享空间开始瓦解，接触媒介进入村民个人事务的范畴。与此同时，村民们开始"逃离"家庭，在家庭之外寻找和建立自己的"小圈子"。

媒介空间化既可以形成了相对固定的有形空间，也可以超越地方社会空间的范畴，塑造出流动的空间。尤其是以手机为代表的个人媒介在

1　夏雨禾：《微博空间的生产实践：理论建构与实证研究》，46 页，北京，中国社会科学出版社，2013。
2　〔英〕库尔德利：《媒介、社会与世界：社会理论与数字媒介实践》，何道宽译，4 页，上海，复旦大学出版社，2014。

空间化的过程中，并不注重对有形空间的塑造，而是着力于超越既定空间的社会关系流动。在对滋泥水人使用手机的情况进行调查后发现，由于地理条件、资费等方面原因，固定电话与互联网都未能顺利普及，因此，手机除了通话，上网功能被普遍使用。村里人的社会交往范围大大拓展，人们开始与村外建立社会关系。此外，村民中间也兴起了短信拜年、电话请人、微信群组等社会交往方式，这些都在说明，媒介为村民塑造的社会交往空间已经超出了有形的空间局限，超越了面对面的直观距离，一个流动的社会交往空间正在形成并左右着村民的日常生活。

媒介空间化的过程中隐藏着微观权力的运作，这种微观权力的运作主要是用以对抗和消解村民日常生活中的异质性，维持一种和谐、有序、稳定的社会生活状态。媒介空间化中，这种微观权力主要以文化习惯、技术规则、社会纪律等方式呈现。例如，"灵媒"在空间化的过程中设置了不少制度性的空间隔离规则，怀孕妇女不能进入村庙，戴孝之人也不能进入村庙等等。再如，固定电话和手机将村民的社会交往由台前转向幕后，进行了空间隔离，这也使得交流变得非常脆弱，随时都会因技术、情绪等各方面原因而中断。因此，从微观权力运作的角度讲，媒介空间化的过程实质上是在建构一整套相应的空间规则或纪律，一般包括行动的角色、交往环境、互动规则等。综上所述，可以说，媒介活动是空间中人的交往实践，空间是媒介建构的社会关系。

乡村应该有确定的空间范围和地理界限，这是维系乡村文化认同、情感联系与群体归属的物质基础。现代媒介的发展不断突破和建构着乡村民众的空间观念，让乡村社会关系从地域性关联中脱离，也让乡村社会逐渐脱离地方范畴，成为流动的、不确指的空间概念，造成了吉登斯所谓的"脱域"，乡村社会空间的内聚力逐渐减弱，空间文化逐渐多元，乡村社会空间认同体系面临解体的危机与风险，比如导致集体记忆衰退，引发农村社会的价值危机、伦理危机和治理危机。[1] 中华人民共和国成立后，现代媒介开始大规模介入乡村社会空间的再造，但为什么没有造成上述危机？最重要的是中华人民共和国成立后，尽管现代媒介改变了乡村民众的空间观念、空间文化，让外面的世界开始纳入地方社会的认知体系，但国家的制度体系、基层管理、乡村社会生产方式和现代媒介都不断强化着乡村社会空间的集体性，从而较好地保持了乡村社会空间的地理边界，维系了地方社会的情感连结。而且统一的社会主义价值体系保证了乡村社会空间文化的纯净性和稳定性，形成了基于确定空间与相同文化取向的内聚力。改革开放以后，乡村社会空间在市场化、信息化等多种力量的作用下，"乡土性"逐渐丧失，"后乡土性"日渐显著。值此形势，要重建乡村文化认同，实现乡村文化振兴关键是要重新回归乡村社会空间的地理边界，恢复乡村社会空间的物质基础，以社会主义主流价值重塑地方空间文化认同，以集体性克制个体性过度发展造成的社会空间分离。比如通过国家主导和民众自发相结合重建乡土性的公共文化空间和地方性的公共媒介空间，廓清本地文化空间界限。

第三节　媒介启蒙：发现人的主体性

中华人民共和国成立以后，基层乡村的现代媒介网络逐步建立并完善，在政策传达、文化宣传和社会动员等方面发挥了显著作用。在此历史进程中，乡村媒介空间逐渐向现代转型，伴随并隐匿于其中的媒介启

1　董磊明：《村庄公共空间的萎缩与拓展》，载《江苏行政学院学报》，2010（5），51～57页。

蒙很少被重视和探究。当下乡村传播研究中开始较多关注农民主体性，而媒介启蒙作为农民主体性的生成机制理应成为其有机组成部分被置于历史脉络中发掘和探讨。

媒介空间是由实现人的信息分享、社会交往、情感维系、文化认同的媒介所中介和结构化的传播场域。媒介空间是人通过媒介实践塑造自身主体性的主要机制。传播学者吴飞将人的主体性分为内向度和外向度两个维度，"主体性的外向度是指主体对外处理与客观世界的关系，强调人是自然界的主人，即人对自然界的主体性。主体性的内向度是指人进一步把自身作为认识和改造的客体，内在地指向自身，是一个反身建构自己的主体意识、提高自身主体能力的过程，是一个改造主观世界的过程。"[1] 在人与人相互关联的社会中，人的主体性主要表现为主体性的内向度，人通过内向度的主体性构建完成对社会关系的调适。内向度的主体性建构是外在环境与人的主观能动性相互作用的结果。中华人民共和国成立后，乡村社会空间完成了结构转型，其中最重要的是在乡村社会空间中重塑了农民的主体性并形成了新型的乡村社会关系，比如国家以宪法的形式将农民作为革命和社会主义实践主体进行了制度确认，通过在乡村开展政治文化宣传和意识形态重建让农民获得了政治主体性，通过进行社会主义文艺改造与基层文艺实践让农民获得了文化主体性。

乡村媒介空间的转型伴随着对农民主体性的重新发现和发掘。从滋泥水的公共文化空间发展变迁中能够发现，国家在建构社会主义乡村公共文化空间的过程中建立的基层媒介网络在服务乡村政策传达、政治教育、文化宣传的同时，实际上还潜在地进行了一场乡村媒介启蒙运动，

1　吴飞：《新闻传播研究的未来面向：人的主体性与技术的自主性》，载《社会科学战线》，2017（1），148～158 页。

即乡村社会的媒介环境在由传统向现代转型的过程中，农村受众通过对媒介的接触使用以及媒介的宣传教育，逐步接受新媒介并获取相应知识，具备相应观念、认识与能力，开启媒介化生存的历史进程。媒介在为人们提供一个超经验外部世界的同时，还提供了认识和理解这一世界或空间的框架与方式，与集体化时代相适应的大喇叭、电影、幻灯等媒介，其触媒方式的集体性内在地规定了人们对媒介空间集体性或公共性的认知，围绕媒介活动的行为框架与关系准则都体现着集体逻辑。此时村民的媒介主体性表现为集体性。与家庭生活方式相适应的电视、VCD、DVD、卫星电视等媒介，让家庭成为媒介活动的重要空间，与之相应的媒介规则逐渐渗透到家庭关系与家庭生活的组织中，成为家庭空间的结构性要素和制度性安排。此时村民的媒介主体性表现为家庭主体性，乡村公共媒介空间受到冲击并逐渐衰落。在市场力量的渗透和组织下，个体作为消费者的身份被确立和强化，媒介作为重要的消费品和象征性符号被纳入到彰显个人经济主体性的意义框架。当媒介主体性表现为个体主体性时，受市场和技术力量的推动，媒介空间变成了流动空间，媒介主体性成为在不同媒介空间中流动性的建构。

论及人与媒介的关系绕不开"身体"这一概念，在列斐伏尔的空间理论中，"身体"作为一种原初概念用来阐释社会空间的建构，身体生产了空间，却受制于空间法则，二者间相互渗透，完成了"从身体的空间到空间中身体的意识转换。"[1] 他要"在身体的历史和空间的历史之间建立一种本质上的联系。"[2] 但在传播学研究中，身体的问题却被遮蔽，

1　路程：《列斐伏尔空间生产理论中的身体问题》，载《江西社会科学》，2015（4），100～106 页。
2　Derek Gregory.Geographical Imaginations.Cambridg-e：Blackwell Publishers，1994，382～383.

传播成为脱离身体的、抽象的意义流动，媒介成为没有身体参与的孤立存在，人成为抽离了物质身体的空洞概念。"麦克卢汉捕捉到了身体在传播中的显豁地位，并且立足于身体视角构建了一套别具一格的媒介理论。"[1] 他将媒介视为身体的延伸，将媒介规则视为在身体实践中引发的新尺度，从而构建起抽象的人、具象的身体以及环境化媒介的紧密联系，身体因此成为人与媒介互动实践的具象化空间。感知、体验、批判、审美等认知标准和价值准则成为开展身体空间生产的结构化原则，媒介启蒙正是媒介破除旧有原则，对身体空间展开的反结构化实践。

那么，如何实现抽象的人在具象的身体与环境化媒介相互作用中的塑造与表达？在媒介空间中，媒介与身体的互动形成了感知、体验、批判、审美等认知标准和价值准则，这些都作为抽象人的具体映射并成为人主体性生产的结构化原则。媒介启蒙正是在这个层面才具有了理论意义。因此，媒介启蒙可以被界定为在媒介空间变革中，新媒介破除旧有原则，通过展开反结构化实践以重塑认知标准和价值准则为核心的人主体性的历史过程，在该过程中身体成为媒介与人相互影响的中介或场域。根据媒介、身体、人相互作用的方式，媒介启蒙可分为两个层次，一是媒介形式启蒙，二是媒介内容启蒙。

在乡村媒介空间由传统向现代的转型中，农民通过长期的现代媒介实践，逐步接受现代媒介并具备相应知识、观念、能力，开启现代媒介化生存的历史进程。如上文所言，媒介启蒙包含媒介形式启蒙和媒介内容启蒙两个层面。在乡村现代媒介化生存的历史进程中，媒介的形式启蒙主要基于现代媒介技术的身体实践。在国家将现代媒介网络推向农村

---

1 刘婷、张卓：《身体 - 媒介 / 技术：麦克卢汉思想被忽视的维度》，载《新闻与传播研究》，2018（5），46 ~ 68 页。

的过程中，媒介技术给村民带来了全新的感官体验，村民对现代媒介技术产生强烈的好奇并给予特别关注。如村里刚安上有线广播时，村民们对"匣子"能发出声音深表怀疑，于是都按点前来求证，当"匣子"开始播报新闻时，村民们非常惊讶，甚至有人问队长：人是怎么钻进匣子里说话的。类似的惊讶也发生在村民们初看电影时，有好奇者跑到银幕背后一探究竟，见影像皆反，甚觉有趣。现代媒介的介入，引入了新的身体实践规则，"新媒介创造新环境，不仅重塑人的感官比率，而且让身体成为媒介的伺服机制。由此，环境、身体、媒介形成了一个开放的循环回路，互相形塑，周而复始。"[1] 麦克卢汉认为这种开放的循环实践有一个重要意义是它"提供转换事物的新视野和新知觉，转化或传递经验。"[2] 并且"通过重塑感知，媒介塑造环境的塑造者、文化的创造者、社会的参与者，进而引发环境、文化和社会的变迁。"[3] 这与传统乡村社会中文化媒介的身体实践形成了鲜明对照，牛皮灯影、秦腔戏等文化媒介以经久不变的文化样式维持着乡村社会相对稳定的文化习性，将身体紧紧包裹在固定的文化空间中，难以形成身体由感知到行为再到社会关系的敏感反应。

媒介的内容启蒙主要是通过现代媒介，村民知识体系的更新和经验范围的拓展，在直接经验之外更多地接受间接经验，以此建构了村民相对开放的认知结构并了解掌握了国家话语表达。村里安装的有线

1　刘婷、张卓：《身体－媒介／技术：麦克卢汉思想被忽视的维度》，载《新闻与传播研究》，2018（5），46～68页。
2　〔加〕马歇尔·麦克卢汉：《理解媒介：论人的延伸》，何道宽译，80页，南京，译林出版社，2011。
3　刘婷、张卓：《身体－媒介／技术：麦克卢汉思想被忽视的维度》，载《新闻与传播研究》，2018（5），46～68页。

广播，让村民的获知范围由村里扩展到县里，甚至国家。电影让村民的视野从国内扩展到国外。后来电视更是深深嵌入村民的生活之中，电视的内容或文本在一定程度上为村民日常生活提供了参照和指引，有时甚至成为村民争辩的有力证据。手机的出现以及手机上网的普及，让网上找对象、电话拜年、QQ聊天等新鲜事物为村民所熟悉并实践。现代媒介、文化环境以及村民的复杂互动和循环实践，让现代媒介逐渐沉淀为乡村社会的信用资源，成为判定社会行为合理性的依据。现代媒介在被国家向乡村社会推广普及的历史进程中，它"影响个体的思维、感觉和行为，影响社会组织的结构，影响个体及群体间的政治和经济关系，影响塑造现实的文化建构的意识形态、思维定式、认识论和话语。"[1] 现代媒介启蒙对村民乃至乡村社会的意义不仅在于通过媒介将个体纳入全新的感知实践，还在于从微观到宏观更换了乡村文化的意义体系和发展逻辑，让国家、市场、民间力量角力于乡村社会的文化空间生产。现代媒介在乡村社会的深度介入也造成了一些不良后果，比如对个体而言形成了媒介依赖或媒介成瘾，自从村里卫星接收天线普及以后，村民可看的频道大大增加，村里的老年人在闲暇时间，足不出户，与电视为伴。智能手机普及后，村里的年轻人整日沉溺于上网打游戏，一些儿童经常偷大人的手机躲起来玩游戏、网聊。对乡村社会而言，现代媒介无视城乡文化差别，将城市文化和消费文化引向乡村，挤占了传统乡村文化的存续空间，乡村文化逐渐丧失了乡土味，乡村生活沾染上了浓重的消费气息，与城市的消费节奏同频共振，近年来兴起的买车热、换手机热、在城里的购房热就是明证。

1　刘婷、张卓：《身体 - 媒介 / 技术：麦克卢汉思想被忽视的维度》，载《新闻与传播研究》，2018（5），46～68 页。

中华人民共和国成立后，乡村媒介空间中全新的感知实践孕育出农民强烈的媒介参与意识，尽管有农村集体化制度力量的外在推动，但这种自发形成的媒介参与意识内在地促进了集体化时代农村广泛的社会动员和通达的信息传播。集体化时代结束后，农民在集体化时代形成的媒介参与主体性受市场力量驱动逐渐转换为媒介消费主体性，而且在媒介技术和多元价值冲击下，媒介工具理性与价值理性统一均衡的格局被打破，农民媒介主体性发展也因此受到影响。那么，如何通过对新媒介实践的合理引导来确保农民主体性的健康发展呢？从中华人民共和国成立以来农民媒介主体性的成长历程来看，农村公共媒介空间在很大程度上确保了媒介工具理性和价值理性的持续均衡发展。农村公共媒介空间具备媒介共同所有、媒介活动共同参与以及媒介场景共享的特征，规避了以个体为中心彼此割裂的媒介实践及其形成的以分散原子化为特征的异化的媒介主体性。时下乡村新的媒介实践中，公共媒介空间正在以微信群等数字社区的新形式出现，在重构共在共享共为媒介实践中发挥了重要作用，并在日常化的过程中逐渐转化为影响农民媒介主体性生产的内生力量。可以看出，在乡村媒介空间中，通过重建公共性来引导和规范主体性可能是一条颇为有效的路径。一方面需要在新的历史语境和媒介技术环境下，重新发现和唤醒乡村媒介空间的公共性，并在公共性的道德、价值框架内认识和处理好人、自身以及媒介的关系。另一方面需要以乡村认同为指向，以维护媒介空间的公共性为前提，在主体间的互动、互助、互益中完成相对主体性的确认。

第四节　属性转移、边界消弭与关系重构

如前文所述，媒介空间分析主要回答三个问题，即传播边界、媒介特质以及关系结构。媒介空间既是人借助媒介参与社会生活的主要机制，也作为制度化的存在反作用于人的传播关系建构和传播权力伸张。本节立足前文对乡村媒介空间转型的经验性考察，着重就这些问题进行梳理和回答。

一、乡村媒介空间的传统特质

费孝通认为中国乡村的本质是"乡土性"[1]，陆益龙将转型期中国乡村的基本性质概括为"后乡土性"[2]，并视其为"乡土性"的延续和发展。尽管如此，乡村"在结构上并无实质性变迁"[3]，仍然具有群体性，是斐迪南·滕尼斯（Ferdinand Tönnies）所谓天然状态的"共同体"[4]。因此，可将乡村媒介空间视作通过乡村社群以信息分享、社会交往、情感维系、文化认同为主要内容的媒介活动所形成的公共传播情境和公共传播网络，比如庙会、社戏、饭市、舞市等。乡村媒介空间从传统向现代的转型是动态连续的历史过程，考察转型的历史之变，先要回归乡村媒介空间的传统，以此为逻辑起点。

政治、经济、技术、文化等因素是媒介空间变化的重要推动力。传统乡村社会受宗族自治政治以及自然经济等因素的影响，社会形态相对

1　费孝通：《乡土中国生育制度》，6 页，北京，北京大学出版社，1998。
2　陆益龙：《后乡土中国的基本问题及其出路》，载《社会科学研究》，2015（1），116～123 页。
3　陆益龙：《乡土中国的转型与后乡土性特征的形成》，载《人文杂志》，2010（5），161～168 页。
4　〔德〕斐迪南·滕尼斯：《共同体与社会》，林荣远译，58 页，北京，商务印书馆，1999。

稳定，加之媒介技术革新缓慢，诸如灵媒、礼物、牛皮灯影、秦腔戏等传统媒介与地方文化有机融合，形成了相对稳定的媒介空间，其功能重在对地方性知识传播、地方文化传承与地方经验分享。以下将对传统乡村媒介空间进行具体描述。

（一）以"信息共享"为核心的社区传播情境

如前文所述，滕尼斯最早从共同体的角度提出"社区"概念，并将"社区"视为传统乡村的组织方式。[1] 他认为社区的本质在于关系，"关系本身即结合，或者被理解为现实的和有机的生命。"[2] 而社会是与此相对的概念，"被理解为思想的和机械的形态。"[2] "社区"概念在后来发展中，其意涵发生变化，地域性因素被强调和凸显。比如帕克概括出社区的三个基本要素："一是有按区域组织起来的人口；二是这些人口不同程度地与他们赖以生息的土地有着密切的联系；三是生活在社区中的每个人都处于一种相互依赖的互动关系中。"[3] 乔治·希拉里通过对各种社区概念对比分析，概括出社区的三个基本特征，即"地理区域、共同关系和社会互动"。[4] 受此影响，"自从社区概念被引进中国之后，人们对社区的理解便含有地域性的因素。"[5] 中国的社区研究也特别强调地域内涵。[6] 而且，互动作为维系社区的重要行为，也被置于地域框架内进行探讨，

1　〔德〕斐迪南·滕尼斯：《共同体与社会》，林荣远译，75 页，北京，商务印书馆，1999。

2　〔德〕斐迪南·滕尼斯：《共同体与社会》，林荣远译，52 页，北京，商务印书馆，1999。

3　〔美〕帕克、麦肯齐：《城市社会学：芝加哥学派城市研究文集》，宋俊岭等译，55 页，北京，华夏出版社，1987 年。

4　George A.Jr.Hillery.Difinitions of Community： Areas of Agreas of Agrement.Rural Sociology, 1955（2）： 111 ～ 123.

5　姜振华、胡鸿保：《社区概念发展的历程》，载《中国青年政治学院学报》，2002（4），121 ～ 124 页。

6　李晓非：《拿来、改造、中国式运用——社区概念中国化的思考》，载《学术探索》，2012（9），36 ～ 41 页。

比如考夫曼在探讨社区概念时对地域性互动的坚持[1]，威利斯·萨顿从互动行为的当地性、互动角色的当地性确认以及人们参与活动引发的当地性互动协调三个方面对社区性的讨论。[2]地域性互动的直接结果是既定地域内的"信息共享"。仲富兰将"信息共享"作为传统乡村社区的一个基本特质，认为"在前现代化的社会环境之下，民众生活的流动性不大，人们被限制在一个相对稳定的群体或者某个村落里……在这个群体之中的一切信息都是共有的。"[3]中华人民共和国成立前的滋泥水属传统乡村社区，远离县城，交通不便，社会生活相对封闭，一村一庙一神的民间信仰格局、宗族化的自治体系等都界定了"信息共享"与互动的社区边界和传播情境。而以"信息共享"为核心的社区传播情境也反过来强化着媒介空间的地方性或社区性。一是地方化传播情境的重复再现。比如滋泥水独有的秦腔戏班会在每年春节期间受村庙安排进行秦腔表演；村庙每年四月初八固定举办庙会；还有彰显村里文化底蕴和实力的独有的私塾教育等等。这些传播情境成为乡村媒介空间社区性和地方性的重要标识。二是村庄媒介文化对社区或地方观念的强化。讲"古经"是滋泥水代际文化传承教育的重要方式，其内容多为村外陌生世界的鬼怪故事，比如"毛野人抢媳妇"。这些故事有鲜明的社区观念预设，即村内村外彼此隔绝，界限清楚，村外象征陌生、危险，村内则安全、可靠。通过这种频繁且重复的"信息共享"，媒介空间成为社区性或地方性媒介生产的重要场域。

1　Kaufman,Harold. Toward an Interactional Conception of Community.Social Forces, 1959（10）：8 ～ 17.

2　徐琦、〔美〕莱瑞·赖恩、〔美〕邓福贞：《社区社会学》，67 页，北京，中国社会出版社，2004。

3　仲富兰：《民俗传播学》，321 ～ 322 页，上海，上海文化出版社，2007。

（二）媒介实践与乡村生活有机融合成为媒介空间建构的主要动力

传统乡土社会在血缘、地缘、民间信仰、情感归属、文化习惯等基础上孕育出维系共同体的内生性力量，它"形塑了乡村成员的认知图式和行为习惯，有效调节了人与人之间的社会关系，使他们能够顺其自然地互动，有条不紊地行事和生活。"[1]传统乡村媒介根植于乡土社会的内生性基础，成为传统乡村社区的有机组成部分并发展出与之契合的传播关系网络和互动协调机制。一方面，传统乡村媒介的内生性与有机性表现在其与乡村日常交往需求的高度吻合。尤其是在信息共享和社会互动中，区域性交往语境与内生性媒介活动全面契合并提供多维辅助，从而在很大程度上消灭了外来媒介存续的可能。正如费孝通先生在谈及"文字下乡"的境遇时所言，"在熟人中，我们话也少了，我们'眉目传情'，我们'指石相证'，我们抛开了比较间接的象征原料，而求更直接的会意了。所以在乡土社会中，不但文字是多余的，连语言都并不是传达情意的唯一象征体系。"[2]另一方面，传统乡村媒介的内生性与有机性还在于其与乡村社会的结构性嵌合。这种嵌合既表现为乡村媒介实践与乡村文化生活同构，村民是文化生活的主体，又是媒介实践的主体，也表现为乡村媒介实践成为地方性知识与乡村社区互动的场域，以实现文化整合、经验分享及关系的向内维系和巩固。传统乡村社会的滋泥水，村民们将"礼"视为"人情"的物化形式和媒介，象征着村民关系的互动和情感的沟通。马歇尔·莫斯（Marcel Mauss）认为"礼物"是人天性和力量的一部分[3]。并且，这种与人性相关联的媒介内在地体现着人们的

1　董运生、张立瑶：《内生性与外生性：乡村社会秩序的疏离与重构》，载《学海》，2018（4），101～107页。

2　费孝通：《乡土中国》，8页，北京，北京出版社，2005。

3　Mauss Marcel.The Gift. New York：W.W. Norton & Company, 1967. 8～9。

相互依赖关系[1]，成为建构和维系传统乡村社会的重要机制。"随礼"作为"人情"往来的媒介实践，清晰地勾勒出乡村社会伦理体系和关系网络。

"随礼"是"礼"的社会流动，它既是一种重要的日常媒介实践，也是发挥社会互惠互助和道德约束的重要文化机制。滋泥水人用"人情世故"的朴素道德标准和规范来约束"随礼"活动，参与"随礼"是村民社会交往的道德底线，而不参与"随礼"会被村民视为人情交往中的异类，被斥责为不通"人情世故"的"活死人"。正是诸如"随礼"等作为滋泥水人传统的、频繁往复的媒介实践不断将村民稳定在向内的社会交往结构中，形成了相对封闭的媒介空间。

（三）以时空对称的地域一致性为特征的传播关系结构

从时间与空间两个维度对社会关系的考察是探讨现代性的一个关键命题，也是乡村媒介空间转型的结构性内涵。吉登斯在论及现代性时提出了"脱域"的概念，认为它"指的是社会关系从彼此互动的地域性关联中，从通过对不确定的时间的无限穿越而被重构的关联中'脱离出来'。"[2] 这种从空间上的地域性关联和时间上的历史性关联中脱离就是"去传统"化，相互交流的媒介在他看来是重要的"脱域"机制。吉登斯将传统社会关系结构的本质理解为时空对称的地域一致性，即空间上的地域性关联和时间上的历史性关联在既定的地理边界内是连续和统一的。贝克在《风险社会》中对以个体化为特征的现代性论述也从反面证明了这一点。他认为个体化作为一种新的社会化模式，"更确切地说，就是从传统生活过程中的脱离。"[3] 这种脱离与现代媒介密切相关，比如

1　阎云翔：《礼物的流动：一个中国村庄中的互惠原则与社会网络》，李放春、刘瑜译，5页，上海，上海人民出版社，2000。

2　〔英〕安东尼·吉登斯：《现代性的后果》，田禾译，18页，南京，译林出版社，2000。

3　〔德〕乌尔里希·贝克：《风险社会》，何博闻译，162页，南京，译林出版社，2004。

电视以标准化和孤立化的传播模式"使人们从传统的塑造和划定的交流、经验和生活环境中解脱出来。"[1]并且，现代媒介开启的"脱离"造成了人们"空间和时间上的双面生活。我们在同一时刻既在这里又在其他某处……当我们在这里独自吃完饭的时候，我们同样是黎巴嫩内战恐怖景象的参与观察者。"[2]在他看来，这种时空不对称的社会关系结构，其典型症候是"个体化和制度化的'精神分裂症'。"[2]综上所述，可以明确时空对称是传统乡村社会关系的结构性特征，现代媒介则是打破传统乡村社会关系结构的重要机制。清朝同治年间，靖远遭遇兵乱，滋泥水没能逃脱，人都没了。战乱后，榆中青城的马家、赵家迁移到这里。两家祖先共同商定了"字辈诗"，以前的辈分一直没乱过，家谱都记得很整齐。两姓按辈分称呼交往，尤其是两姓通婚不能乱辈分。所以，即便是两姓通婚多了，都成了亲戚，辈分没乱过。

"字辈诗"规定了滋泥水两大姓的宗族秩序，乃至社会交往规则。一方面，"字辈诗"规则的传承实践，承载着宗族生活的社会记忆，延续着宗族秩序传统，也反映着滋泥水社会交往的历史性关联和图景；另一方面，"字辈诗"作为地方性社会关系生产的重要密码，既标识出社会关系的地域性，闻其名便知其是不是滋泥水人，便知其大致的地缘和血缘关系背景，也成为当地人非常重要的社会交往指南，比如根据姓名确定互动双方如何称谓，确定是平辈的传播关系还是不同辈分间的传播关系并展开符合礼法的交流。"字辈诗"体现了时间的历史性关联和空间的地域性关联的连续和统一，成为塑造滋泥水地方传播关系的重要媒介。

1　〔德〕乌尔里希·贝克：《风险社会》，何博闻译，162页，南京，译林出版社，2004。
2　〔德〕乌尔里希·贝克：《风险社会》，何博闻译，163页，南京，译林出版社，2004。

二、传统乡村媒介空间的消解

中华人民共和国成立后，国家媒介系统向基层的延伸、社会主义文化建设以及乡村社会主义改造三者相配合，开启了乡村社会变革的时代序幕。结合滋泥水媒介空间几个维度的历史变化，可大致将中华人民共和国成立确定为传统与现代的分水岭。自此，传统乡村媒介空间逐渐消解。

（一）"去地方化"：乡村媒介空间重新划界

乡村媒介空间的"去地方化"主要指乡村传播情境与传播关系的生产逐渐超越了社区边界，失去了地方特性，以往的地方性知识和经验难以为新的传播情境和传播关系提供有力的辅助与合理解释。中华人民共和国成立后，滋泥水的封闭被打破，伴随国家管理体系向基层延伸，出于基层乡村政治宣传和社会教育需要，国家在乡村布局基层媒介系统，其中最具代表性的是广播。1958 年左右，县里为滋泥水安装了有线广播，主要功能是传播新闻、下达通知、政治宣传和组织动员。1969 年以后，广播的日常经费纳入国家财政，公社广播站的日常经费也纳入了地方财政，农村广播作为村庄的制度化媒介被确定下来，后来广播又以有线小喇叭、半导体收音机的形态延伸到乡村家庭，进一步拉近了国家与乡村的距离。此外，县里还建立了农村放映队，通过电影下乡巡演开辟了对村民进行社会主义文化教育，让村民了解外部世界的又一渠道。于是，听广播、看电影等现代媒介活动在国家力量的推动下逐渐融入了村民的日常生活，构建出突破地方界限的媒介空间，形成了国家与乡村的强关联。与此同时，滋泥水在"破旧立新"的观念指引下，传统乡村媒介空间被改造，"去地方化"的传播情境和传播关系被塑造。

改革开放后，一方面，集体化时代发挥重要作用的基层乡村媒介体系因年久失修、缺乏管理而逐渐瘫痪，以行政力量组织的媒介空间逐渐式微。另一方面，随着经济变轨，家庭作为独立的市场单元在越发频繁的市场活动中，被逐步纳入市场交往体系。该交往体系要求"和市场相关行为需要超越传统亲属纽带和村落边界的关系"[1]，其结果是"'市场力量'嵌入局部性的互动过程中"[2]成为乡村媒介空间"去地方化"的重要动力。上述情况可以通过乡村媒介空间的两条发展线索得到说明。一条线索是市场力量推动的现代媒介空间演进。20世纪80年代以后，随着城乡区隔的打破和家庭经济条件不断好转，村民开始追随和效仿城里人的媒介生活，电视以及 VCD、DVD、卫星接收天线等时髦的现代媒介陆续进入村民家庭，村民逐渐习惯了流行音乐和港台电影并被裹挟进现代媒介营造的娱乐浪潮中。后来的手机、互联网等媒介在统一市场框架内的推广和普及也让滋泥水的媒介空间保持了与外界的同频共振，并将其纳入全球体系，村民的媒介生活也因此更具有了开放性和同质化特征。另一条线索是市场力量对传统媒介空间的改造。20世纪90年代以后，村庙重建并不断扩张，也逐步展开了市场化运作，在传统的随心布施和香火钱之外发展出名目繁多、明码标价的各类项目，村庙的服务对象也拓展到外乡人。滋泥水的庙会也不再单纯是团聚全村人的文化集会，而成为同其他村庙争夺村外信众的重要契机。而且，村民对民间信仰活动的功利心与日俱增，本村村庙也不再是村民参与民间信仰活动的唯一场所，村际交错的局面逐渐形成。在后来的村庙发展中，村庙组织者因利益冲突走向分裂，在各方民间资本的支持下另立山头，修建新村庙

---

1 阎云翔：《中国社会的个体化》，陆洋等译，144页，上海，上海译文出版社，2012。
2 〔英〕迈克·克朗：《文化地理学》，杨淑华、宋慧敏译，155页，南京，南京大学出版社，2003。

并与原村庙形成对峙，村民信众被分流。市场化、网络化和全球化深刻影响着社会生活的方方面面，通过开放连通的媒介空间，滋泥水也被卷入其中，村民超地域性的信息需求、交往需求和文化需求日益凸显，尤其是年轻村民开始竞逐超地域性的文化和生活体验，因此，借助网络在尽可能大的范围内对接"去地方化"的信息结构和交往体系成为村民的迫切愿望。比如上级政策通知的传达成为不同层级微信群组间的信息分发；通过加入不同微信群成为获取务工资讯、生意信息的主要渠道；农产品的外销方式也由到周边城镇售卖变为借助电商、微信朋友圈行销全国；农家乐也开始网上宣传和网上预订。曼纽尔·卡斯特用"流动空间"[1]来阐释这种新的空间逻辑，即地方空间被纳入网络并以新的逻辑组合，再反作用于地方空间。对村民而言，个体媒介实践被网络重新组织，"不管他们行动的特定背景如何具有地方特性，每个个体都会对那些在后果和启示上均带有全球性的社会影响有着直接的促进和增强作用。"[2]

（二）嵌入性融合：乡村媒介特质差异性转化

媒介与乡村社会的互动机制伴随现代媒介在乡村社会的推广和发展逐渐由内生转向嵌入性融合。传统乡村媒介内生于乡土社会并与乡土社会有机关联，体现为媒介实践与日常生活同构，媒介空间与日常生活空间融合。中华人民共和国成立后，国家管理体系向基层乡村延伸，现代媒介作为辅助国家管理的外部力量被嵌入乡村社会，并且在滋泥水社会转型中，为滋泥水人开辟了新的传播场景和生活维度，从此，现代媒介逐渐走进村民的生活日常。这种嵌入性融合也成为现代媒介与乡村社

1　〔美〕曼纽尔·卡斯特：《网络社会的崛起》，夏铸九等译，467 页，北京，社会科学文献出版社，2001。

2　〔英〕安东尼·吉登斯：《现代性与自我认同：晚期现代中的自我与社会》，夏璐译，2 页，北京，中国人民大学出版社，2016。

会互动的主要机制。而传统乡村媒介则伴随滋泥水原有社会结构的逐步瓦解而转化为隐性力量，并渐渐失去了在乡村媒介空间再生产中的基本动能。

现代媒介作为乡土之外的异质力量不断进入乡村，融入乡村，改变乡村。从早期的电灯、有线广播到后来的电视、手机、互联网等，都不断打破滋泥水原有日常生活情境和传播关系网络，通过嵌入乡村社会生活，重新组织村民的日常交往，逐渐消除与以往的巨大反差并形成了滋泥水村民的媒介化生存，即"作为一种'工具性存在'，媒介越来越成为人在生产、生活中须臾不可离的一个中介物，甚至有时候成为目的本身，即人们逐渐形成的对媒介的某些非目的性的精神依赖。"[1] 早年滋泥水人对卫星接收器的偏爱、对家庭影院的热衷以及现如今对手机上网的痴迷都是最好的例证。现代媒介不断以这种嵌入性融合的方式将自身内化为乡村社会的结构性力量，并实现其在乡村社会的新陈代谢。但需要说明的是，并非所有外来媒介都能实现嵌入性融合，它的前提是应和乡村社会需求，符合乡村社会实际。卫星接收器与有线电视在滋泥水的博弈可以说明这一点。

（三）时空"脱域"：乡村媒介空间中的传播关系重构

中华人民共和国成立后，国家在乡村嵌入了现代媒介主导的基层媒介系统，实现了与乡村的传播连接，形成超地域性的传播网络。该媒介网络打破了传统乡村媒介空间"时空对称"的地域一致性，开启了"脱域"的历史进程。一方面，现代媒介实践作为国家管理乡村的制度安排，村民的媒介参与行为被视为对国家的积极响应和对管理制度的遵守。另一

---

1 赵瑞华：《媒介化生存与人的异化》，载《新闻记者》，2010（2），29～32页。

方面，"国家时间"与"国家空间"重新定义着乡村的生活方式。20 世纪 70 年代，滋泥水开始安装"小喇叭"，国家媒介网络进一步延伸到每户家庭，国家与乡村的信息连接进一步强化。村民参与国家政治事务的积极性空前高涨。20 世纪 80 年代以后，新建的火电厂征用了滋泥水部分土地，作为补偿，火电厂与滋泥水达成煤场卸煤的长期用工协议，于是滋泥水人便成为当地最早的一批打工者。随着电厂后期不断扩建，其生活区功能完善、设施齐全，在与新建的平川区连成一体后，与城市并无二致。在电厂的打工生活让滋泥水人对城市生活有了直接的认知和体验，再加上媒体编织的城市生活场景，在一定程度上强化了人们对城市的向往。经过多年的个人奋斗和积累，一些人在城里买了楼房，开始了城市生活。这种新的生活方式让村民游走于城乡之间，"不流动的乡土演变为大流动的村庄"[1]。而且，"由于受到大众媒体和他们自己在城市工作经历中所接受的信息和影像的影响，越来越多的年轻村民已经有了强烈的个体权利意识。"[2] 正是这些具有自主意识的游走村民及其媒介实践成为乡村媒介空间突破地域界线，实现对外连接拓展的重要力量。再加上现代媒介互联互通、网罗内外功能的不断强化，市场组织力不断下沉，共同构建出"脱域"的媒介空间。通过该媒介空间，村外信息资源得以分享，关系资源得以整合，传播网络得以延伸，乡村的"外循环"传播系统逐渐形成。比如 2012 年的钓鱼岛事件激起国人愤怒，滋泥水村民天天看新闻，关注最新动态，手机相互转发，还将听到或收到的最新消息在棋牌室、村口的商店以及村部等公共场合线下交流，表达愤慨。村里的私家车上挂起了中国国旗，并在车体显眼的位置贴上了"钓鱼岛是

1　陆益龙：《后乡土中国的基本问题及其出路》，载《社会科学研究》，2015（1），116～123页。
2　阎云翔：《中国社会的个体化》，陆洋等译，15页，上海，上海译文出版社，2012。

中国的"标语。在"脱域"的媒介空间中，村民与外界信息共享、情感共鸣，被激发出强烈的国家观念。再比如村民出外办事难的情况较普遍。为此，村里各家族通过定期举办家族聚会，让在外工作的家族成员与村内家族成员密切情感联系，整合家族成员的外部社会关系资源，为家族成员从事村外社会活动提供清晰的社会关系地图和有效的社会关系援助。

三、当代乡村媒介空间转型与重构的可能性

费孝通曾"赋予乡土性质三个主要维度：一是社会主体的非流动性，二是社会空间的地方性，三是社会关系的熟悉性。"[1] 若以上述维度衡量，城镇化进程中，滋泥水的乡土性弱化，但并未消解，属半乡土社会，理由如下：一是村民的流动性有限。尽管很多滋泥水村民外出务工并在城里买了房，但并未隔绝乡土联系，在乡下有地有房有亲戚，经常往返于城乡之间，其根基仍在乡村。二是虽然其社会空间超越了地方性，呈现出城乡融合的特征，但基于地方性的乡村社会结构依旧存续，比如血缘关系和地缘关系仍然是指引村民社会交往的重要依据。三是传统的熟人社会关系尽管受到多种因素的冲击，但受乡村集体经济内聚、乡土关联以及微信等新媒介技术组织，熟人关系被重新整合。正是在持续变化的半乡土社会中，传统与现代相互角力，城市与乡村相互融合，这些都限定着乡村媒介空间的变化取向。首先，现代媒介在乡村的嵌入和发展使深植于乡土的传统媒介被不断边缘，二者在乡村媒介空间中出现结构失衡，从而导致网络文化、都市文化、消费文

---

1 陆益龙：《后乡土中国的基本问题及其出路》，载《社会科学研究》，2015（1），116～123页。

化大肆传播，对乡土文化形成冲击。其次，现代媒介不断突破和建构着村民的时空观念，让乡村传播关系突破地理社区的边界，在广阔的时空中组合、流动，这在一定程度上对熟人社会关系形成冲击，削弱了乡村认同。最后，处于传统乡村社会的滋泥水，村民们积极参加秦腔、皮影戏等公共媒介活动，由此建构的媒介空间维系着乡土文化传承和乡村认同。从中华人民共和国成立至20世纪70年代末，国家在乡村建立和发展现代媒介系统，通过制度保障现代媒介主导的公共媒介活动，构建新的媒介空间，实现了国家与乡村的密切联系并维护着乡村的集体性。20世纪80年代以后，伴随乡村经济社会转型和媒介技术的快速发展，村民的媒介自主权不断发展，乡村公共媒介活动日渐式微并逐渐缩小为"小圈子"活动乃至个人活动，参与媒介活动变成了个人事务，媒介空间呈现出圈层化和临时散聚的特点。尤其是在智能手机和移动互联网普及以后，该特点愈发显著。虽然发生了上述变化，但乡村媒介空间重构依然是可能的。

一是传统对乡村媒介空间转型到底意味着什么？滋泥水媒介空间从传统向现代的转型并不意味着传统的消失或传统在现代媒介空间构建中不发挥作用。相反，在滋泥水媒介空间走向开放的过程中，地缘关系、血缘关系、社群观念等乡土性传统恰恰成为勾连村内和村外传播关系的基础，定居在城里的村民通过微信群等形式保持与村里的联系，村里有庙会等活动也会邀请外地村民回乡参加。而且，滋泥水媒介空间的开放性带来的社会交往危机也会由这种乡土性组织的传播关系网加以应对。比如通过定期的家族聚会，密切在外工作的家族成员与村内家族成员间的联系，梳理整合家族成员的社会关系资源，为家族成员从事村外活动提供关系地图和关系援助。就此，一些学者也主张重新发现乡村和地方，温铁军认为乡村孕育的群体文化和价值理性能够"内部化"处理外部性问题。[1]赵月枝提出"乡村作为方法"[2]，将解决农村乃至全球问题的面向由外部拉回乡村内部。这说明传统之于乡村的意义具有多样性和丰富性，而且，乡村传统在脱离了地方物质基础后仍可作为一种重要的精神资源应对现代性危机，并在全球与地方、城市与乡村角力的媒介空间中成为构建乡村传播主体性和传播关系的精神基础，比如乡村青年以反映乡土生活为题材的直播和短视频流行网络就是重要例证。

二是乡村媒介空间转型的内在动力发生了怎样的变化？如前文所言，媒介实践与乡村生活有机融合成为传统乡村媒介空间建构的主要动力。中华人民共和国成立以后至20世纪70年代末，现代媒介通过制度性嵌入，进入乡村并成为组织动员村民，改造乡村文化，维护乡村集体性的重要手段，媒介空间建构的主要动力是国家推动。20世纪80年代以后，集体化时代建立的基层现代媒介网络逐渐瘫痪，在乡村家庭经济发展、市场渗透、媒介技术变革等多种因素的影响下，村民的媒介自主性形成并发展，媒介的制度性嵌入受阻，比如村民对县广电局有线电视安装的排斥。尤其是在智能手机和移动互联网普及的情况下，媒介实践成为村民私人事务，带有明显的隐私性。这说明个体需求已成为乡村媒介空间建构的根本动力。

三是媒介空间转型中，乡村共同体如何演变？媒介空间有凝聚共识，形成认同的社会功能，结合滋泥水媒介空间的发展历程，可将共同体的演变大致区分为文化共同体、制度共同体和经济共同体三个阶段。传统

---

1 温铁军：《"中国经验"、"比较优势"与乡村建设试验》，载《中国乡村建设》，2009（2），1～7页。
2 白洪潭：《赵月枝：乡村作为方法？理论思考与实践意义》，http://www.shiwuzq.org/portal.php?mod=view&aid=1222。

乡村媒介空间中，以宗族自治和地方文化主导的媒介实践塑造了文化共同体。中华人民共和国成立以后至 20 世纪 70 年代末，以政治宣传和社会主义文化推广为主旨的媒介实践塑造了制度共同体。20 世纪 80 年代以后，滋泥水凭借电厂实现了家庭经济的快速起步，在经历了与电厂近 40 年的同步发展后，电厂逐渐没落，而滋泥水则利用自身独特的区位优势发展起了乡村集体经济，开办物流园和商砼有限公司并实现村民分红。尽管改革开放后几十年的乡村媒介实践呈现出政府、市场、技术、传统等多种因素交织的复杂局面，但遵循着从家庭经济到集体经济的逻辑主线，为塑造乡村经济共同体服务。需要注意的是，塑造经济共同体彰显了滋泥水集体经济的内聚力，也说明当下开放的乡村媒介空间"再地方化"趋势，比如外出务工村民减少，都选择在村里发展；除了已有的村集体企业，村里着手规划住宅楼项目、美丽乡村建设；围绕村内不同事务组建了微信群组，最大范围地凝聚村民，整合资源，共谋发展。可以预见，经济共同体的形成与乡村媒介空间的"再地方化"会孕育出新的乡村文化共同体。

四是乡村媒介空间转型向何处去？滋泥水媒介空间从封闭走向开放并与外部媒介空间相连互动并深受影响。外部媒介空间蕴含的解构力量让乡村媒介空间属性转移、边界消弭、关系重构，冲击着乡村认同。基于当前开放的媒介环境，如何重塑乡村认同，形成应对解构力量的内部包容转化能力便成为乡村媒介空间转型的重要方向。从当前滋泥水媒介空间的发展情况来看，在发展壮大乡村集体经济和美丽乡村建设的指引下，滋泥水媒介空间的圈层化和临时散聚将会因共谋发展，共享发展成果的共同目标而逐渐转向内聚并发展出内向公共性。这种内向公共性正是乡村的内部包容转化能力，它以塑造乡村共同体为目标，以乡土性为传播的精神基础，以乡村为传播的物质基础和"媒介"，以村民为主体，利用多样化工具和手段传播乡村的文化、生态、经济、生活等丰富意涵，构建鲜活的乡土传播情境并在该情境中形成公共传播关系。

滋泥水媒介空间的转型，一方面表明乡村并非处于被动和受支配地位，开放的媒介空间中，乡村的存在和意义是作为重塑传播情境，建构传播关系的精神资源，乡村的存在和意义也应该通过乡村媒介空间转型得到强调，从而形成对全球化、城市中心主义的积极应对。另一方面表明"再地方化"是乡村媒介空间与乡村经济社会积极互动的结果，这对新历史语境下塑造乡村共同体有重要的现实意义。主动转型是乡村媒介空间发展的出路，它彰显了农民的媒介主体性和文化自觉，未来，乡村媒介空间转型如何助力乡村振兴，可能是今后乡村媒介空间研究需思考和探讨的主要问题。

主要参考文献

中文部分

[1] 爱德华·苏贾：《后现代地理学：重申批判社会理论中的空间》，王文斌译，北京，商务印书馆，2004。

[2] 埃弗里特·M. 罗杰斯、柏伯尔·J. 伯德格：《乡村社会变迁》，王晓毅译，杭州，浙江人民出版社，1988。

[3] 爱德华·霍尔：《无声的语言》，何道宽译，上海，上海人民出版社，1991。

[4] 安东尼·吉登斯：《现代性与自我认同：晚期现代中的自我与社会》，夏璐译，北京，中国人民大学出版社，2016。

[5] 阿格妮丝·赫勒：《日常生活》，衣俊卿译，重庆，重庆出版社，2010。

[6] 包亚明：《后现代性与地理学的政治》，上海，上海教育出版社，2001。

[7] 本·海默尔：《日常生活与文化理论导论》，王志宏译，北京，商务印书馆，2008。

[8] 保罗·莱文森：《手机：挡不住的呼唤》，何道宽译，北京，中国人民大学出版社，2004。

[9] 本尼迪克特·安德森：《想象的共同体：民族主义的起源与散布》，吴叡人译，上海，上海人民出版社，2005。

[10] 布尔迪厄：《关于电视》，许钧译，沈阳，辽宁教育出版社，2000。

[11] 陈煜：《中国生活记忆：建国 60 年民生往事》，北京，中国轻工业出版社，2009。

[12] 曹锦清：《黄河边的中国》，上海，上海文艺出版社，2001。

[13] 戴维·巴勒特：《媒介社会学》，赵伯英、孟春译，北京，社会科学文献出版社，1989。

[14] 戴维·莫利：《电视、受众与文化研究》，北京，新华出版社，2005。

[15] 杜赞奇：《文化、权力与国家》，王福民译，南京，江苏人民出版社，1996。

[16] E.涂尔干：《宗教生活的初级形式》，林宗锦、彭守义译，北京，中央民族大学出版社，1999。

[17] 方晓红：《大众传媒与农村》，北京，中华书局，2002。

[18] 弗里曼、毕克伟、赛尔登：《中国乡村：社会主义国家》，陶鹤山译，北京，社会科学文献出版社，2002。

[19] 弗里德曼：《中国东南的宗族组织》，刘晓春译，上海，上海人民出版社，2000。

[20] 费孝通：《江村农民生活及其变迁》，兰州，敦煌文艺出版社，1997。

[21] 费孝通：《乡土中国》，北京，北京出版社，2004。

[22] 郭建斌：《独乡电视：现代传媒与少数民族乡村日常生活》，济南，山东人民出版社，2005。

[23] 郭庆光：《传播学教程》，北京，中国人民大学出版社，1999。

[24] 戈夫曼：《日常接触》，徐江敏等译，北京，华夏出版社，1990。

[25] 戈夫曼：《日常生活中的自我呈现》，黄爱华、冯钢译，杭州，浙江人民出版社，1989。

[26] 郭于华：《仪式与社会变迁》，北京，社会科学文献出版社，2000。

[27] 甘肃省靖远县地方志编纂委员会：《靖远县志》，兰州，甘肃文化出版社，1995。

[28] 甘肃省地方史志编纂委员会：《甘肃省志·教育志》，第 59 卷，兰州，甘肃人民出版社，1991。

[29] 格雷姆·特纳：《普通人与媒介：民众化转向》，许静译，北京，北京大

学出版社，2011。

[30] 格奥尔格·齐美尔：《社会是如何可能的：齐美尔社会学文选》，林荣远译，桂林，广西师范大学出版社，2002。

[31] 赫伯特·席勒：《大众传播与美利坚帝国》，刘晓红译，上海，上海译文出版社，2006。

[32] 亨利·詹金斯：《融合文化：新媒体与旧媒体的冲突地带》，杜永明译，北京，商务印书馆，2012。

[33] 贺雪峰：《乡村社会关键词：进入 21 世纪的中国乡村素描》，济南，山东人民出版社，2010。

[34] 何晓敏：《媒介演化的自组织规律初探：以互联网的演化为例》[硕士学位论文]，厦门，厦门大学，2009。

[35] 哈罗德·伊罗生：《群氓之族：群体认同与政治变迁》，邓伯宸译，桂林，广西师范大学出版社，2008。

[36] 黄宗智：《中国研究的范式问题讨论》，北京，社会科学文献出版社，2003。

[37] 黄光国、胡先缙：《面子：中国人的权力游戏》，北京，中国人民大学出版社，2004。

[38] 赫伯特·马尔库塞：《单向度的人：发达工业社会意识形态研究》，刘继译，上海，上海译文出版社，1989。

[39] 黄树民：《林村的故事：1949 年后的中国农村变革》，素兰、纳日碧力戈译，北京，生活·读书·新知三联书店，2002。

[40] 黄升民、宋红梅：《广电媒介区域化进程研究：中国城市广播电视媒介区域化生存与发展》，北京，中国国际广播出版社，2009。

[41] 贺雪峰：《新乡土中国：转型期乡村社会调查笔记》，桂林，广西师范大学出版社，2003。

[42] 金玉萍：《日常生活实践中的电视使用：托台村维吾尔族受众研究》[博士学位论文]，上海，复旦大学，2010。

[43] 金耀基：《从传统到现代》，北京，中国人民大学出版社，1999。

[44] 吉尔兹：《地方性知识：阐释人类学论文集》，王海龙、张家瑄译，北京，中央编译出版社，2000。

[45] 柯克·约翰逊：《电视与乡村社会变迁》，展明辉、张金玺译，北京，中国人民大学出版社，2005。

[46] 康纳顿：《社会如何记忆》，纳日碧力戈译，上海，上海人民出版社，2000。

[47] 克利福德·格尔茨：《文化的解释》，韩莉译，南京，译林出版社，1999。

[48] 孔飞力：《叫魂：1768 年中国妖术大恐慌》，陈兼、刘昶译，上海，上海三联书店，1999。

[49] 李红艳：《乡村传播学》，北京，北京大学出版社，2010。

[50] 李春霞：《电视与中国彝民生活：对一个彝族社区电视与生活关系的跨学科研究》[博士学位论文]，成都，四川大学，2005。

[51] 李明伟：《知媒者生存：媒介环境学纵论》，北京，北京大学出版社，2010。

[52] 罗杰·菲德勒：《媒介形态变化：认识新媒介》，明安香译，北京，华夏出版社，2000。

[53] 林文刚：《媒介环境学：思想沿革与多维视野》，何道宽译，北京，北京大学出版社，2007。

[54] 刘君德、靳润成、张俊芳：《中国社区地理》，北京，科学出版社，2004。

[55] 理查德·布茨：《美国受众成长记》，王瀚东译，北京，华夏出版社，2007。

[56] 罗小茗：《制造"国民"：1950-1970 年代的日常生活与文艺实践》，上海，上海书店出版社，2011。

[57] 刘军宁：《市场社会与公共秩序》，北京，生活·读书·新知三联书店，1996。

[58] 李书磊：《村落中的"国家"：文化变迁中的乡村学校》，杭州，浙江人民

出版社，1999。

[59] 李立志：《变迁与重建》，南昌，江西人民出版社，2002。

[60] 李博：《生态学》，北京，高等教育出版社，2000。

[61] 刘家林：《中华人民共和国新闻传播 60 年长编（上）》，广州，暨南大学出版社，2010。

[62] 刘少文：《1872—2008 中国的媒介嬗变与日常生活》，北京，中国社会科学出版社，2010。

[63] 罗伯特·洛根：《理解新媒介：延伸麦克卢汉》，何道宽译，上海，复旦大学出版社，2012。

[64] 刘晓春：《仪式与象征秩序：一个客家村落的历史、权力与记忆》，北京，商务印书馆，2003。

[65] 罗荣渠：《现代化新论：世界与中国的现代化进程》，北京，商务印书馆，2004。

[66] 麦克卢汉：《理解媒介：论人的延伸》，何道宽译，北京，商务印书馆，2000。

[67] 明恩溥：《中国乡村生活》，陈午晴、唐军译，中国香港，中华书局，2006。

[68] 迈克尔·E. 罗洛夫：《人际传播：社会交换论》，王江龙译，上海，上海译文出版社，1991。

[69] 马克·波斯特：《第二媒介时代》，范静哗译，南京，南京大学出版社，2000。

[70] 迈克·克朗：《文化地理学》，杨淑华、宋慧敏译，南京，南京大学出版社，2003。

[71] 莫里斯·哈布瓦赫：《论集体记忆》，毕然、郭金华译，上海，上海人民出版社，2002。

[72] 马克斯·韦伯：《韦伯作品集：经济行动与社会团体》，康乐、简惠美译，桂林，广西师范大学出版社，2004。

[73] 莫利、罗宾斯：《认同的空间：全球媒介、电子世界景观和文化边界》，司艳译，南京，南京大学出版社，2001。

[74] 莫利：《电视、受众与文化研究》，史安斌译，北京，新华出版社，2005。

[75] 曼纽尔·卡斯特：《网络社会的崛起》，夏铸九等译，北京，社会科学文献出版社，2001。

[76] 孟繁华：《众神狂欢：世纪之交的中国文化现象》，北京，中央编译出版社，2003。

[77] 纽博尔德：《媒介研究的进路：经典文献读本》，汪凯、刘晓红译，北京，新华出版社，2004。

[78] 尼尔·波斯曼：《技术垄断：文化向技术投降》，何道宽译，北京，北京大学出版社，2007。

[79] 尼克·库尔德利：《媒介仪式：一种批判的视角》，崔玺译，北京，中国人民大学出版社，2016。

[80] 尼克·库尔德利：《媒介、社会与世界：社会理论与数字媒介实践》，何道宽译，上海，复旦大学出版社，2014。

[81] 帕克、麦肯齐：《城市社会学：芝加哥学派城市研究文集》，宋俊岭等译，北京，华夏出版社，1987。

[82] 裘正义：《大众传播与中国乡村发展》[博士学位论文]，上海，复旦大学，1991。

[83] 齐格蒙特·鲍曼：《共同体》，欧阳景根译，南京，江苏人民出版社，2003。

[84] 切特罗姆：《传播媒介与美国人的思想》，黄静生、黄禾生译，北京，中国广播出版社，1991。

[85] 施拉姆：《大众传播媒介与社会发展》，金燕宁译，北京，华夏出版社，1991。

[86] 史蒂文森：《认识媒介文化：社会理论与大众传播》，北京，商务印书馆，2001。

[87] 斯特伦：《宗教生活的理解》，金泽、何其敏译，上海，上海人民出版社，1985。

[88] 斯科特：《弱者的武器》，郑广怀、张敏、何江穗译，南京，译林出版社，2007。

[89] 萨姆瓦：《跨文化传通》，陈南译，北京，生活·读书·新知三联书店，1988。

[90] 孙立平：《传统与变迁：国外现代化及中国现代化问题研究》，哈尔滨，黑龙江人民出版社，1992。

[91] 邵培仁：《媒介生态学：媒介作为绿色生态的研究》，北京，中国传媒大学出版社，2008。

[92] 滕尼斯：《共同体与社会：纯粹社会学的基本概念》，林荣远译，北京，商务印书馆，1999。

[93] 吴文藻：《吴文藻人类学社会学研究文集》，北京，民族出版社，1990。

[94] 吴凡：《阴阳鼓匠：在秩序的空间里》，北京，文化艺术出版社，2007。

[95] 王冰：《北美媒介环境学的理论想象》，北京，光明日报出版社，2010。

[96] 王铭铭：《溪村家族：社区史、仪式与地方政治》，贵阳，贵州人民出版社，2004。

[97] 王铭铭、潘忠党：《象征与社会：中国民间文化的探讨》，天津，天津人民出版社，1997。

[98] 王笛：《街头文化：成都公共空间、下层民众与地方政治（1870—1930）》，李德英等译，北京，中国人民大学出版社，2006。

[99] 吴毅：《村治变迁中的权威与秩序：20世纪川东双村的表达》，北京，中国社会科学出版社，2002。

[100] 吴猛、和新风：《文化权力的终结》，成都，四川人民出版社，2003。

[101] 乌尔里希·贝克：《风险社会》，何博闻译，南京，译林出版社，2004。

[102] 王雅林、董鸿阳：《闲暇社会学》，哈尔滨，黑龙江人民出版社，1992。

[103] 谢咏才、李红艳：《中国乡村传播学》，北京，知识产权出版社，2005。

[104] 夏雨禾：《微博空间的生产实践：理论建构与实证研究》，北京，中国社会科学出版社，2013。

[105] 徐琦、莱瑞·赖恩、邓福贞：《社区社会学》，北京，中国社会出版社，2004。

[106] 西里尔·E·布莱克：《比较现代化》，杨豫、陈祖洲译，上海，上海译文出版社，1996。

[107] 希尔斯：《论传统》，上海，上海人民出版社，1991。

[108] 尤游：《大众传媒在农村社区的角色变迁》，上海，上海交通大学出版社，2011。

[109] 阎云翔：《私人生活的变革：一个中国村庄里的爱情、家庭与亲密关系（1949—1999）》，龚小夏译，上海，上海书店出版社，2006。

[110] 阎云翔：《礼物的流动：一个中国村庄中的互惠原则与社会网络》，李放春、刘瑜译，上海，上海人民出版社，2000。

[111] 阎云翔：《中国社会的个体化》，陆洋等译，上海，上海译文出版社，2012。

[112] 伊尼斯：《传播的偏向》，何道宽译，北京，中国人民大学出版社，2003。

[113] 杨念群：《空间·记忆·社会转型》，上海，上海人民出版社，2001。

[114] 于建嵘：《岳村政治：转型期中国乡村政治结构的变迁》，北京，商务印书馆，2001。

[115] 杨念群：《再造"病人"：中西医冲突下的空间政治（1832—1985）》，北京，中国人民大学出版社，2006。

[116] 俞德鹏：《城乡社会：从隔离走向开放——中国户籍制度与户籍法研究》，济南，山东人民出版社，2002。

[117] 英格利斯：《文化与日常生活》，周书亚译，北京，中央编译出版社，2009。

[118] 约瑟夫·皮珀：《闲暇：文化的基础》，刘森尧译，北京，新星出版社，

2005。

[119] 约书亚·梅罗维茨：《消失的地域：电子媒介对社会行为的影响》，肖志军译，北京，清华大学出版社，2002。

[120] 伊锡尔·德·索拉·普尔：《电话的社会影响》，邓天颖译，北京，人民大学出版社，2008。

[121] 詹姆斯·凯瑞：《作为文化的传播》，丁未译，北京，华夏出版社，2005。

[122] 张乐天：《告别理想：人民公社制度研究》，上海，上海人民出版社，2005。

[123] 赵世瑜：《狂欢与日常：明清以来的庙会与民间社会》，北京，生活·读书·新知三联书店，2002。

[124] 仲富兰：《民俗传播学》，上海，上海文化出版社，2007。

[125] 赵玉明：《广播电视年鉴》，北京，中国广播电视年鉴社，2012。

[126] 翟学伟：《中国人的日常呈现：面子与人情的社会学研究》，南京，南京大学出版社，2016。

[127] 朱莉亚·伍德：《生活中的传播》，董璐译，北京，北京大学出版社，2009。

[128] 周长富：《麦克卢汉媒介技术哲学评述》[硕士学位论文]，上海，复旦大学，2009。

英文部分

[1] Agrawal, Binod C. Television Come to the Village: An Evaluation of SITE. Bangalore: Indian Space Research Orangization, 1978.

[2] Agrawal, Binod C. Women, Television, and Rural Development: An Evaluative Study of Site in a Rajasthan Village. Government of India, Space Applications center: Ahmedabad, 1980.

[3] Chatterjee, P.C. Broadcasting in India. New Delhi: Sage Publications, 1987.

[4] Daniel Lerner. The Passing of Traditional Society: Modernizing the Middle East. Glencoe ILL.: The Free Press, 1958.

[5] Dentith, Simon. Bakhtinian Thought: An Introductory Reader. London and New York: Routledge, 1995.

[6] Fuller, Matthew. Media Ecologies: Materialist Energies in Art and Technoculture. London: The MIT Press, 2005.

[7] Hansen, Mark B. N. New philosophy for new media. London: The MIT Press, 2003.

[8] Jane Arthurs, Iain Grant. Crash Cultures: modernity, mediation and the material. London: The Cromwell Press, 2003.

[9] Jim McGuigan. Culture and the Public Sphere. London and New York: Routledge, 1996.

[10] Stam, Robert. Subversive Pleasure: Bakhtin, Cultural Criticism, and Film. Baltimore: The Johns Hopkins University Press, 1989.